体育教育与运动训练研究

汤丹凤 张 迪 薛 媛 ◎ 著

吉林出版集团股份有限公司

· 图书在版编目（CIP）数据

体育教育与运动训练研究 / 汤丹凤，张迪，薛媛著
. — 长春：吉林出版集团股份有限公司，2022.9
ISBN 978-7-5731-2320-6

Ⅰ. ①体… Ⅱ. ①汤… ②张… ③薛… Ⅲ. ①体育教学－教学研究②体育运动－运动训练－教学研究 Ⅳ. ①G807.01②G808.1

中国版本图书馆CIP数据核字（2022）第179380号

体育教育与运动训练研究

著　　者	汤丹凤　张　迪　薛　媛
责任编辑	滕　林
封面设计	林　吉
开　　本	787mm×1092mm　　1/16
字　　数	260 千
印　　张	12
版　　次	2022 年 9 月第 1 版
印　　次	2022 年 9 月第 1 次印刷

出版发行　吉林出版集团股份有限公司
电　　话　总编办：010-63109269
　　　　　　发行部：010-63109269
印　　刷　廊坊市广阳区九洲印刷厂

ISBN 978-7-5731-2320-6　　　　　　　　　　　　定价：68.00 元
版权所有　侵权必究

前　言

体育运动训练主要是指在体育教练员的引导下来开发运动员的身体状态，从而提升其专项运动水平的能力，力求达到优秀运动水平的一种专业组织的训练状态。体育运动训练是开展竞技体育活动的一个重要过程，是为了提高运动员专项技能的运动水平与成绩，在运动教练的指导下所开展的专业的、有计划的体育活动。体育教学蛙牙欧是指根据新课程规定与体育教学大纲，由体育教师向学生传授体育相关的基础知识、基础技能，并且对学生进行品格塑造的教学过程。体育教师需要根据国家统一规定的教学大纲与学校安排的教育计划来开展体育教学，指导学生进行身体锻炼，掌握基础体育知识与技能，通过体育锻炼养成良好的思想品德，形成健壮的体魄，推动学生身心全面发展。

体育运动训练是一个需要长时间不断累积的过程，它需要根据训练项目的特点来开展训练活动。相对于体育教学来说，体育运动训练的专业性更强，但是体育运动训练训练理论、训练方法与训练内容都可以给体育教学带来启示，使体育教学实现教学目标起到一定的积极作用。

本书首先阐述了体育教学概述的基本内容，然后分析了体育教学模式和体育教学方法的创新，最后对大学体育教学训练的方法、大学体育瑜伽训练、大学体育舞蹈体能训练做出了详细的探讨。

为了提升本书的学术性与严谨性，在撰写过程中，笔者参阅了大量的文献资料，引用了诸多专家学者的研究成果，因篇幅有限，不能一一列举，在此一并表示最诚挚的感谢。由于时间仓促，加之笔者水平有限，在撰写过程中难免出现不足的地方，希望各位读者不吝赐教，提出宝贵的意见，以便笔者在今后的学习中加以改进。

目录

第一章 体育教学概述 1
第一节 体育教学的概念和性质 1
第二节 体育教学的特点和功能 3
第三节 体育教学的原则和规律 13

第二章 体育教学模式 29
第一节 体育教学模式的基本理论 29
第二节 体育教学中典型的教学模式 34
第三节 新型体育教学模式的构建和运用 56

第三章 体育教学方法的创新 76
第一节 体育教学中多媒体技术的应用 76
第二节 高校体育教学中微课的应用 95
第三节 高校体育教学中慕课的应用 98
第四节 高校体育教学中翻转课堂的应用 101

第四章 体育教学训练的方法 111
第一节 力量素质和速度素质训练 111
第二节 耐力素质和柔韧素质训练 115
第三节 灵敏素质和协调能力训练 122

第五章 体育瑜伽训练 130
第一节 高校瑜伽教学中柔韧素质 130
第二节 高校瑜伽教学中形体训练 133
第三节 高校瑜伽教学中呼吸训练 137
第四节 高校瑜伽教学中表象训练 141

第五节　高校教学中体育瑜伽体位 ……………………………………………145

第六章　体育舞蹈体能训练 ……………………………………………………149
　　第一节　有关体育舞蹈体能训练的理论基础 ……………………………149
　　第二节　体育舞蹈专项体能特点 …………………………………………155
　　第三节　体育舞蹈体能评定及训练 ………………………………………160
　　第四节　体育舞蹈形体训练的特点、内容、功能 ………………………177
　　第五节　体育舞蹈形体教学的特点及要求 ………………………………181

参考文献 ……………………………………………………………………………184

第一章 体育教学概述

体育教学是学校体育的一个核心组成部分。学校体育发展的历史轨迹鲜明地折射出了体育教学诸多方面的变化。现阶段，针对体育教学的研究，具有重要的理论和现实意义，体育教学的科学化操作和实施是促进学生健康成长、提高国民身体素质的一种重要及有效途径。本章主要就体育教学的基本知识进行详细的阐述和分析，主要包括体育教学的概念与性质、特点与功能、原则与规律以及体育教学的发展状况，旨在为全面地认识体育教学、理解体育教学的重要性、切实推进体育教学的研究和科学化实施奠定基础。

第一节 体育教学的概念和性质

一、体育教学的概念

在当代学校系统内，体育教学是一个人尽皆知的术语，目前的定义有很多种，但对于这个术语的理解，全国体育学院通用教材上已有明确定义。然而，体育教学究竟是怎样的一种教学活动或教育过程，却众说纷纭，存在歧义。在概念理解上的问题，一直在体育教学的许多环节中有所表现，而且每当一种新的教学思想被提出或引入，体育教学的概念都会以一种新的说法呈现出来。体育教学是众多学科教学的一种具体形式，为了更深入地认识体育教学的概念，首先就需要了解教学的相关知识，对教学的基本含义进行分析是认识体育教学的重要前提。

（一）教学的基本含义

"教学"是一种动态行为，是教学工作者对具体的学科或技能组合进行的一种有组织、有计划的教学行为，可以从宏观和微观两个方面对教学的含义进行分析，具体分析如下。

首先，从宏观角度分析，教学是一种特殊的教育活动，它是指教学者就一种或多种文化为对象，对受教者进行教育，以此让受教者获得这种文化的活动。其中的教学者是掌握某种知识或技能的人，他与接受教育的人共同构成教学的主体。

其次，从微观意义上来讲，教学是一种直观的教师进行教授与学生进行学习的活动。在这个活动中，教师是教学的引导者，是教学活动的组织者和知识传授者；学生是教学的"受众"和主体。简而言之，教学是一种以特定文化为对象的"教"与"学"的活动。

综上所述，可以认识到，教学是一种教育活动，这种活动需要教师和学生的共同参与，并为了实现某一具体的教学目标而相互协作。

（二）体育教学的概念分析

有关体育教学的概念，各个教材的说法不一，如潘绍伟、于可红的《学校体育学》，其认为体育教学"是学校体育的重要组成部分，是实现学校体育目标的基本组成形式，是教师的教与学生的学的统一活动"。与其他形式的教学一样，体育教学同样需要系统的组织与管理。但是，与其他学科教学不同的是，体育教学对教学环境的要求更高，所需器材和教学场地更加严苛。因此，体育教学并不是一种随意的、随心而行的教学活动，更不能将其等同于一种课余的休闲娱乐活动，因为它需要很多要素的构成才可以正常、合理、科学地开展。

我们认为，不能把目的、任务放在概念之中，因为"概念"是人们对客观事物认识的总结，只有概念明确，才能进行正确的思考和判断，进行合乎逻辑的推理，从而获得正确的认识。概念应具有简洁性、科学性。

如果把事物的目的、功能、价值等问题放在概念之中，就会把概念的内容变得冗长，以上教材中就有这样的表述，这是不合理的。

从本质上来讲，体育教学主要在学校的环境中进行，主要参与者是体育教师和学生，具体的活动内容为学生在教师的组织和指导下，对体育相关基本知识、体育运动技能、体育运动素养进行了解、掌握和提高。教学的目的在于促进学生的身心健康发展、完善学生的个性心理特征，提高学生的社会适应能力，使之成为社会需要的人才。

二、体育教学性质

性质是指"一种事物区别于其他事物的根本属性、本质属性"。按此理解，性质即是事物的本质，性质的确定是形成概念的基础，那么什么是体育教学的本质呢？体育教学与其他学科教学之间（如语文教学、数学教学、英语教学、生物教学、社会教学、物理教学、美术教学、音乐教学、劳动教学等）有怎样的本质区别呢？

体育教学和其他学科的教学最根本的区别就在于它本身所具有的体育教学性质。这种体育性质使其具有以下特征。

（1）体育教学的教学地点多为户外，但现代体育教学场所通常在室内的场馆。

（2）教学中师生都要承受一定运动负荷与心理负荷。

（3）教学过程是身体活动与思维活动的结合，并且还有较频繁的人际交往。

（4）体育教学侧重于发展学生身体的时空感觉以及运动智力。

（5）教学更加关注学生自我的操作与体验等。

现代体育教学最重要的教学形式就是体育运动技能的教学，它是体育育人的主要方式，而对于运动技能的传授也是体育教学与其他学科教学的主要区别之一。在体育教学中，学生想要全面地掌握体育运动技能，需要经过几个教学阶段（认知阶段、联系阶段与完善阶段）才能实现。具体来说，在体育运动技能的认知阶段中，学生与体育运动技能之间的联系最为密切，该阶段教学的主要目的就是让学生对所学技能的结构、要素、关系、力量、速度等要素进行表象化的认识。从这一角度来看，体育运动技能不仅仅是学生提高身体素质、完成技术动作的一种方法，因此可以认为运动技术不具有人的特性，而只是一种"操作性知识"。

通过以上论述，我们可以认识到，体育教学的本质就是"一种针对运动技术和知识的教学"。在体育教学中，学生学会了运动知识并将之转化为运动技能，体育教学的本质就达成了。

第二节　体育教学的特点和功能

一、体育教学的特点

作为教学活动的一种，体育教学与其他学科得教学有许多相似的特点，体育教学与其他学科教学的共性主要体现在以下三个方面。

（1）体育教学和其他学科的教学都属于教师与学生的双边活动。教师与学生在教学活动中发生的各种形式的交流频繁，如语言上的交流和肢体动作的交流等。过往这种交流更多是从教师向学生的方向（教师传授给学生某种知识和技能），现代教学要求教师开始注重让这种交流从学生向教师的方向。

（2）体育教学和其他学科的教学均是以班级为单位开展教学活动，实际的教学过程中，班级教学的组成方式会根据需要或有所不同，如学生入学时组成的自然班，或根据学生的不同兴趣组成的单项班等。

（3）体育教学与其他学科教学的目的都是为了传授某种知识或技能。除了以上与其他学科教学所共有的特点外，体育教学还有其自身的特点，主要表现如下。

（一）教学环境的开放性

体育教学主要是在室外进行的，目前，我国各级院校的体育教学多以体育实践课为主，体育教师组织的大多体育课主要在学校操场进行。其他学科主要是在封闭的教室、实验室等地方开展教学活动，体育教学的教学空间更富有变化性，环境更加开放。

针对当前体育教学环境的开放性，这就决定了体育教学具有不同于室内教学的特殊要求，开展体育教学活动应注意以下几点。

首先，由于体育课多在操场进行，所以受到的干扰因素较多，如天气、地形、周边设施与噪音等，体育教学的组织管理工作愈加复杂，需要精心设计与统筹安排体育教学的组织形式、教学步骤与方法。

其次，室外的体育教学是动态的，大部分的教学时间学生都处在不断变化与形式多样的运动中，而且当班级内学生较多时，教师可采取分组教学。

最后，由于一些学校的体育基础设施条件较差，体育教师应重视学生的安全教育。

（二）教学过程的直观形象性

体育教学各个过程体现了鲜明的直观形象性。如体育教师的讲解除了要达到其他学科教师讲解的基本要求之外，还要使语言更加生动形象、贴切有趣，把所要传授的东西进行艺术性的描述，用生动的语言把复杂的技术动作形象化、简单化，加深学生对教学内容的感知。同时，体育教师的演示形式特殊，需要运用非常直观形象的动作示范、优秀学生的示范、学生的正误对比示范、教学模具或人体模型或动作图示等，使学生从感官上直接感知动作，建立正确的、清晰的运动表象。学生通过观看各种直观的动作演示，获得生动的表象，并与思维结合起来，从而达到掌握体育知识、技术和技能的目的，同时，还发展了自身的观察能力和形象思维能力。

体育教学组织与管理过程也体现了直观形象性，学生的一举一动都是外显的、直接的、可观察的。因此，体育教师的言行须具有榜样作用，对学生的身心都是一种无形的教育，学生的课堂表现则是真实的、直接的、显现的，特别是在学生学习与运动过程中所表现出来的言行都是最为真实的一面，这一信息正是体育教师需要观察、帮助与反馈的最好信号。

体育教学过程拥有直观形象性特点。这种直观性主要体现在讲解、示范和教学组织管理三个方面。具体分析如下。

首先，教师对教学内容的讲解具有直观形象性的特点。在体育教学过程中，教师讲解体育教学内容，不仅要达到与其他学科教师讲解要求一致，还要求体育教师的语言更加生动，并且富有一定的肢体表现能力，以使学生有形象、贴切、有趣的感觉。尤其是在某些拥有较难技术动作的体育运动教学中，教师不仅要对体育教学重点进行详细描述，还要用生动、形象的语言把复杂的技术动作进行简单化的讲解，做到深入浅出，以便于学生理解。

其次，教师对体育动作技能的示范具有直观形象性的特点。在体育教学过程中，每一项体育项目的教学都涉及技术动作或战术配合，为了加深学生的理解和认识，教师有必要进行动作示范和实践演示。在教师运用示范法时，需要运用极为直观形象的动作示范，其中包括正确动作的演示和错误动作的演示，这些演示都是非常直观地展现在学生眼前，不能有任何的艺术加工和变形，这样才会使学生从感官上直接感知动作的正确与错误，以利于他们建立正确的、清晰的运动表象。当学生建立起正确的动作表象后，再配合教师的讲解，使之与思维结合起来，从而掌握体育知识、体育技术和体育技能，改善其身体素质，提高运动水平。

最后，教师对体育教学的组织与管理具有直观形象的特点。体育教学中，教师与学生的接触更多，关系更融洽，对学生的组织与管理也带有直观性，因此需要更加富有责任心、更具有活力，身体力行，这对学生的身心也是一种无形的教育。有助于教师对学生的观察与帮助，把控教学过程，也能为学生创造轻松的教学环境，使学生在教学中表现出来的言行都是他们最为真实的一面，有利于体育教师获得正确的教学反馈，并及时修正。

（三）人际关系的多边性

在体育教学中，人际交往占据重要位置，体育教学中的人际交往具有多边性的特征。

现代体育教学的组织形式主要是在单人、双人、小群体以及全班之间不断转换，要求学生在不同的时空内完成不同的身体运动，不断地变换地位，彼此之间建立多种不同的联系。因此，在体育教学过程中，师生之间、生生之间、小群体之间具有频繁且形式多样的人际交往关系。

针对体育教学过程中人际关系的多边性特点，体育教师可以运用多种方式与学生进行交流与沟通，并引导学生相互之间进行配合、鼓励与评判学生在体育课堂中初步体会社会交往，培养学生的合作意识，提高其人际交往能力。

（四）技能学习的重复性

新的《体育（与健康）课程标准》指出，现代体育教学应促进学生完成运动参与，促进学生的身体健康、心理健康，并提高社会适应能力。体育教学的最基本的目的则是使学生掌握运动技能，而达成这一体育教学目的，就必须重复学习运动技能。

运动技能的形成具有阶段性和规律性，运动技能形成大致分为四个阶段：练习分解动作阶段、练习连贯动作阶段、独立完成连贯动作阶段和熟练完成连贯动作阶段。学生要想熟练掌握运动技能，需要经过长期的反复练习。学生无论是掌握篮球、足球和排球运动中的复杂技能，还是学习体操中的滚翻、田径中的跑步技能，都需要经历由不会到会、由简单初步学习到复杂深入学习、由不熟练到熟练的一个发展过程。在此过程中，体育教师要严格遵循循序渐进的原则，逐步指导学生掌握各种运动技能，根据不同运动技能的特点安排练习内容和时间，通过反复练习，使学生掌握、提高其运动技能。

（五）身体活动的常态性

在体育教学中，学生需要不断重复学习体育运动技能。这也决定了学生在体育教学活动中，要经常进行身体活动，即体育教学具有身体活动的常态性特点。在体育课堂教学过程中，教师与学生的身体操练非常频繁，这种几乎常态化的活动成为体育教学非常显著的特点。

一般性（主要是指文化类学科）的教学多在教室（实验室、多功能厅）进行，且要保持相对安静，这样才能够激发学生的思维并达到很好的学习效果。而与这些学科相比，体育教学却刚好相反，其教学的地点多为户外用运动场馆，普遍较为宽阔，而且在大多数时间的运动技术练习环节并不需要刻意保持安静，学生之间、学生与教师之间都可以随时有相关的交流和沟通，如此才更有利于对运动技术的学习。

体育教学要求学生应掌握基本的运动技能，体育教学过程中充满了对身体活动的要求是体育教学与其他学科教学的最大不同之处。因此，在体育教学中，几乎所有内容都涉及身体活动，或者是为即将到来的身体活动做准备活动，就是对作为"身体知识"的体育教学最好的诠释。在体育教学过程中，不仅是学生要进行具有一定运动负荷的运动，教师在做示范、做指导和参与到组队教学赛中也需要付出不少的体力。可见，体育教学身体活动常态性的特点不止针对学生，同时也包括教师。

（六）身心练习的统一性

一般认为，身体与心理是两种不同的事物，彼此间并没有很多的交集。实则不然现代科学研究发现，身体健康有助于改善心理健康，而心理健康与否也可以影响身体健康。因此，现在体育教学具有要求学生身心共修的特点。

体育对人自身自然的改造，不仅是形态结构与生理机能的统一，还是身与心的统一。体育教学要在追求体育文化传承的同时，促进学生身体改造，并强化学生的心理与社会适应能力的发展。体育教学营造了不同于智育教学的氛围，这些生动的、直观的、外显的、情绪化的教学情境为学生的心理与社会适应能力的健康发展提供了良好的环境。因此，体育教学中的身心发展是一元的，这也符合了辩证唯物论观点。身体发展是基础，心理发展是依赖于身体的发展而存在，心理的发展同时促进身体的发展。

（七）教学内容的情感性

体育教学内容是非常丰富的，它会涉及多种与体育相关的内容，不仅限于球类运动、游泳、田径，还包括如体育舞蹈、瑜伽等内容。通过对这些内容的学习，学生可以普遍从中体会到源自体育的丰富情感。体育教学的美，首先体现在师生运动过程中的人体美、运动美。师生通过运动塑身，形成了身体各部分线条的美、身体比例对称的美，同时实现运动过程中人体运动的美，这些都是外显的内容。其次，还体现了人体运动过程中的精神美，如在运动中克服生理、心理障碍顺利完成教学目标，运动过程中体现谦虚、谦让、礼貌等风范。

体育教学中，学生丰富的情感体验主要表现如下。

（1）在体育教学过程中，学生可以体会到只有体育才能赋予的人体美和运动美。一方面，学生通过体育教学，能掌握体育健身的方法和技能，以此来达到运动塑身的效果，使身体外在形态保持优美的线条和良好的比例。另一方面，学生通过不同运动，可以认识到一种人体不同动作展现出的动作美和肌肉的动态美，这种美只有在运动中才能看到，是极为外显的美。

（2）除了体育运动的人体美与运动美，体育教学活动还体现了教学内容的审美性。每一个运动项目都表述着不同的审美特征与美学符号，如球类项目，除了表现个人的运动优势外，还需要兼顾群体合作、协调、互助等人际素养；田径项目更多的是表现个人的运动天赋，同时也需要有永不言败的豪气；乒乓球项目展示的是东方人的灵巧与技艺等。这些内容都是人类积累下来的体育知识与技能，体育教师通过科学的概括和艺术的提炼，卓有成效地将其传授给学生，使学生去感知、去体验，从中获得美的享受、美的启迪，净化心灵，陶冶情操，促使身心健康和谐发展。其次，教学是一种创造性的社会活动，师生共创的课堂教学情境能给人以意境的顿悟和精神上的启迪，令人回味无穷。同时，体育教学中教师和学生之间有一条无形的通道联系着，构成了教与学的系统。教师传授知识的过程中，伴随着师生间丰富而真诚的情感交流。

（3）通过体育教学中对美的感受，可以促进学生提高审美能力。既然有美的存在，那么就要有欣赏美的人和能够欣赏美、懂得如何欣赏美的能力。

（4）体育教学能使学生真正领悟体育精神。每一项运动都向人们展现出了不同的美的特点和审美特征，如球类运动可以表现个人对球类技术的掌握能力，集体球类项目中除了个人能力外，还包含了与队友之间的协作和互助精神。这些内容都是人类积累下来的丰富的体育内涵，而通过体育教学能促进学生感受到体育的精神美，掌握体育的精髓。

（5）在体育教学过程中，学生可以通过参与体育活动可以陶冶情操，平衡心态。如学生在关键时刻始终保持冷静的心态，或是在胜利时表现出谦虚等。

（6）体育教学是一种创造性的社会活动，其创造的成果就是让学生获得内在的顿悟和精神上的启迪。同时体育教学沟通着学生与学生、教师与学生，对学生提高社会适应能力具有及其重要作用。

（八）教学条件的制约性

体育教学内容丰富，涉及要素较多，也就使得体育教学会受到更多客观条件的制约，这是体育教学的重要特点之一。体育教学活动受到的制约主要是学生运动基础、学生其他基本情况（年龄、性别、生理和心理特点）、体育教学场地条件、器材、气候等，这些因素都会影响体育教学质量的高低。具体来说，主要表现在以下两个方面。

首先，就教学主体来讲，学生作为体育教学过程中体育知识与技能传授的受众，与学生有关的诸多情况会对体育教学本身造成一些影响，因此体育教学要想进行的顺利，获得良好的教学，就要注重在学生的运动基础方面以及体质强弱等实际情况的区别对待。这些差异具体如男生与女生不同的身体形态、机能水平、运动能力等，根据这些差异，学校体育教育部门和体育教师在进行教学设计、教材选择和教学组织等方面的制定时就要考虑周全，否则就会影响教学目标和教学效果的实现。

其次，就教学环境来讲，体育教学环境是体育教学的重要载体，其质量的高低对体育教学会产生较大影响。例如，体育教学活动多数在户外开展，将会面临的是严重的空气污染，或邻近马路带来的噪音污染等问题，这些问题势必会影响体育教学主体在教学活动中的状态与情绪；天气对于室外体育教学的影响也是不能忽视的，这点在早年间越发明显，如遇到雨、雪、大风等恶劣天气时体育教学不得不停止，转而来到室内进行一些体育理论课的教学，如此长期以来势必会影响体育实践课的教学计划顺利展开。

（九）传承运动知识的操作性

与其他学科所不同的是，体育运动知识是"身体知识"，这种知识是人类知识发展过程中的一种特殊的知识，是人们从自然外部知识的追求转向人体内部知识的结果，是面向人类自我、人类人体、人类自身的一种挑战。在教育界十分重视发挥"学生主体性"的今天，这种追求人类自我知识的回归不仅代表了体育教学的特殊性，还予以体育教学知识传承的特殊意义。从这一层面上分析，体育教学传承的"身体知识"并不是传统意义上的"下里巴人"，"身体知识"也是一种科学知识，是一种真正回归人类自身感觉的知识，这种知识的重要性只是没有被发现和挖掘而已。可以预见，今后这类知识必将得到人类的认可并将广泛地用于人类身心的健康研究之中。

（十）师生身体活动的频繁性

在体育教学过程中，由于"身体知识"的来源是身体的不断操作与实践。因此，教师需要不断地进行运动动作的示范、反馈与指导，而学生更需要身体操作与体验，没有身体的反复操作与演练，运动技能是无法习得的。所以，在体育课堂教学过程中，教师与学生的身体操练非常频繁。这在其他学科教学中是罕见的，其他课程的学习必须要在室内进行，并且要保持相对安静，这样才能够激发学生的思维并产生很好的学习效果，而体育教学却相反，活动过程中既有学生强烈的身体活动，也有学生欢快的体验情绪，这些都是外显的行为表现，没有过多的文化渲染，只有纯真和自然。

(十一)客观外界条件的制约性

体育教学区别于其他学科教学的另一特点是体育教学效果更容易受到外界各个方面的影响与客观事实情况的制约。如学生的运动、年龄、性别、生理和心理特点，体质强弱，客观气候条件，场地，器材设备等，这些因素都在各个层面影响着体育教学的质量。从体育教学对象来看，体育教学要实施教育的全面性不仅在运动基础方面要注意区别对待，还必须体现对学生的年龄、性别、生理和心理特点以及体质强弱等实际情况的区别对待。如男女学生在身体形态、机能水平、运动素质、运动功能等方面具有明显的差异。在教学设计、教材选择、教学组织等方面就要考虑性别差异，如果忽视了这些特点，盲目地进行教学，不仅达不到增强体质的教学效果，而且还有可能增加学生安全方面的风险。从体育教学环境角度来看，体育课堂教学基本在室外进行，而室外的影响因素较多，如马路上的汽车声。同时，学生也有了更为广阔的视野，这个视野容易使学生的注意力分散。还有一些不可控的因素，如天气等，都会对体育教学产生干扰。同时，体育教学对客观气候条件和场地、器材设备条件的要求也较高。因此，从学生的体育教学计划到具体课时计划，从教材内容选择到教学组织方法实施，体育教师都必须考虑到这些客观实际与影响因素，尽量减少各种因素的干扰，提高体育教学质量与效果，同时还要利用严寒、酷暑等条件培养学生适应环境的能力。

总之，体育教学受多种体育教学条件的制约，要想顺利开展体育教学，摆脱不利于体育教学的各种条件因素的影响，体育教师从学年的体育教学计划到具体课时计划，从教材内容选择到教学组织方法实施。都必须考虑到这些客观实际与影响因素，结合教学实际，科学选择体育教学内容、方法和组织形式，尽量将制约因素的影响程度降至最低。

二、体育教学的功能

体育教学不仅要向学生传授生物、生理、心理、医学等自然科学和体育基本知识，还要将科学的身体锻炼方法与手段传授给学生，使学生正确掌握运动技能，同时达到学习、健身与锻炼的目的。此外。体育教学对培养学生爱国主义情感、集体主义价值观、互帮友爱和顽强拼搏、积极进取的精神也发挥着极大的促进作用。具体来说，体育教学主要具有以下功能。在此，我们根据功能是事物的属性特征、功能的中性论特点，把体育教学功能归结为以下几个方面。

(一)传播体育知识

体育教师承担着传播体育知识的重要责任。因此，体育教学具有传播体育知识的重要功能，其主要是通过改造学生身体的手段来实施教学的，从教与学的角度来说，可以将体育知识形容成一种"身体的知识"。这种知识最初伴随着人类的发展而发展，每个人类社会时期都有相应的"身体的知识"的传承，如在原始社会，身体的知识就是人类通过走、跑、跳、投、打等动作捕获猎物或逃避猛兽追捕等行为。而在现代社会中，体育知识的传承内容变成了某项体育运动（如篮球、体操）的基本知识或某些体育技能。

现代教育强调以人为本，人们对以人为本的教育教学理念的追求使得人类自我知识的回归，这不仅代表了体育教学的特殊性，还给予了体育教学知识传承的特殊意义。具体到体育教学中，要求教师在体育教学的开展和实施中重视学生的主体性作用，因为学生才是体育文化的继承者和传承者，体育教学就是要发挥体育文化的传承功能，使体育文化能够通过体育教学获得长久的传承。

我们应该认识到，体育教学中对体育知识的传承不是简单的"身体知识"的模仿，更多的是通过体育教学，来向教学对象（学生）传承体育文化，即体育教师通过体育教学内容向学生展现、传授和体育教学内容的相关文化。

（二）传授运动技能

体育教学中所涉及的体育运动技能对于人体的要求就不再像过去那样严格，主要是指球类、武术、田径和游泳等运动技巧和方法。科学研究表明，适当参加体育运动对人的身体素质的发展非常有益，而体育教学就是成为传授这些运动技术的最好方式。

当前，在体育教学中，体育教学活动的组织过程就是教师以体育教学内容为依据对学生传授体育知识与相关技能的双向信息传送的过程。因此，运动技术就成为体育教学的主要内容，也是重要内容。具体来说，教师在体育课中传习的是各项具体的运动技术，如足球运动中的传球技术，甚至可以细分到脚背传球技术。运动技术不同于其他学科的学习，它不仅需要学生对运动理论有深刻的了解，还要身体力行地参与技术练习，在无数次的重复中逐渐在脑中和身体上建立起对技术的表象反应，最终到熟悉动作以及可以在下意识的情况下做出正确的动作。因此，对于运动技能的训练，没有实践就无法学会。

作为运动技术的掌握者和传播者，体育教师在向学生传授运动技术的过程中发挥着十分重要的作用。体育教师对运动技术的传授应从简单的、入门的、基础的入手，在此之后逐渐积累，由简到繁，循序渐进。

（三）健身功能

增强人民体质是发展体育运动的本质属性。经过长期的改革与实践，现代体育课程在规划设计教学大纲、选择教材内容、安排课时、实施教学组织等方面已逐渐变得合理化与科学化。

促进学生身体的发展，实现体育教学的健身功能是体育教学的本质意义，这就要求体育教师应做到以下几点。

（1）始终将健康教育放在重要位置，根据其的规律特点，将各种行之有效的健身内容、方法与手段（健身的、竞技的、娱乐的、保健的方法等）应用到体育教学中去，有机协调并统一体育教学的教育性、健身性、竞技性和娱乐性等特征，从而提高体育教学质量，促进学生积极参与体育运动，科学地进行体育锻炼，进而实现强身健体的目的。

（2）为保证学生身体的健康，体育教师应酌情掌控运动负荷的强度。学生亲身参与体育运动实践在体育教学活动中是必不可少的。既然选择参与运动实践，就必然会使身体承受一定量的运动负荷。合理的运动负荷对发展学生身体素质有着极大的帮助，它对学生的机体或多或少会产生一定的刺激与影响，其影响的程度要视运动项目的内容、学生的身体素质、持续运动的时间、运动间隙时间、营养补充等状态而定。而不同运动项目对身体的锻炼重点也有区别，如足球运动对人体的耐力、爆发力、速度和灵敏有着较高要求，游泳对人体心肺功能和协调能力有着较高要求等。如果运动负荷过大，那么体育运动对学生的健康无益，反而会对学生的健康造成损害。因此，体育教师在制订教学计划前就要对学生的普遍体质与运动基础有一个清晰、全面的认识，并遵循体育教学的规律，运用科学的教法合理组织体育教学，以此来有效发挥体育教学的健身功能。

（四）健心功能

心理健康也是评定人体健康的指标之一，体育教学不仅有利于学生的身体发展，还对学生的心理健康发展具有重要的作用。

和体育教学的健身功能一样，体育教学促进心理健康的功能主要是通过教师传授来实现的，因为教师的一言一行无时无刻不影响着学生的思想，这些行为都是在潜移默化中进行的。因此，教师必须身体力行、为人师表，为学生做出表率与榜样。

体育教学的健心功能主要表现在以下几个方面。

（1）缓解压力。体育活动可以使学生得到身体和心理上的放松，缓解学生的学习压力。

（2）平和心态。在参与体育运动的过程中，学生要频繁地面对成功与失败，其中失败和挫折的次数远远多于成功。由此可以培养学生在逆境中正确调整心态的能力，作为胜利者也要做到戒骄戒躁，只有具备这样的素质才能再接再厉，取得成功。教学更为重要的作用是传授各种人类社会的道德、规范与理念，这是学生走向社会之前的必学内容。

（3）修养品德。体育教学具有帮助学生形成良好思想品德的功能。学生在体育教学与比赛中，可以养成遵纪守则的良好习惯。根据体育运动或游戏的规则，运动竞赛或游戏要想顺利进行，必须依靠参与者自觉的遵守。在体育练习或比赛（游戏）中，学生还要懂得关心同学，尊重对手，尊重裁判，自觉遵守体育课堂秩序。

（4）完善人格。系统的体育教学对陶冶学生良好情操，塑造学生完美人格具有重要作用。在体育教学中，大多体育运动或体育游戏都需要集体共同参与方能完成。体育运动取胜关键要靠集体的团结配合。因此，学生为了取胜，必须认识到团结互助、协调合作、发挥集体力量的重要性。学生作为体育运动团队中的一员，需要处理好个人利益与集体利益的关系，应抱有克服一己私欲，顾全大局的思维行事。

（五）美育功能

正如前面所叙述到的，体育中蕴含着丰富的美，健、力等同时蕴含于体育运动中，静态的人体造型和动态的运动节律都具有美的特质都表现出人们向往美。体育运动不仅在运动过程中突出了"美"的要素，而且在运动结果上也有淋漓尽致的体现。

体育教学的美育功能具体表现在以下几个方面。

（1）体育教学中，通过组织和引导学生积极参与体育活动实践，通过科学体育锻炼帮助学生获得完美的身体曲线。

（2）体育教学活动中会组织体育竞赛，学生通过激烈与公平的比赛而取得的成绩，使学生获得成就感。

（3）体育教学可提高学生审美意识与审美能力。通过系统的体育教学，可以帮助学生树立正确的人体及运动的审美标准，使学生体验积极、健康的审美情感，进而提高其美学素养。

（六）影响学生社会交往的功能

前文在体育教学对学生心理影响的功能中已经谈到了"团体心理"，从本质上而言，体育教学影响团体心理的功能也可称为体育教学影响学生社会交往的功能。在体育教学中，学生之间的交往具有特殊性、外显性与频繁性，这与其他任何一种教学活动或社会活动有很大的差别。在体育活动中，学生身体之间的交流非常多，交流的同时也传播着各种体育竞赛的规则。可以说，体育教学也是一个"小社会"，这个小社会赋予了学生之间需要遵循的各种规则与准则。若不遵循，必然受到惩罚；若表现突出，则得到表扬称赞。执行这个法则的人就是教师。因此，教师必须公正，才能对学生产生良好的影响，培养学生良好的体育道德规范，进而培养学生适应未来社会的各种道德规范与做人理念。

以上阐述了六个方面的体育教学功能，这些功能是体育教学的本质功能，除此之外还有一些其他的衍生功能，如体育教学的政治功能、经济功能、外交功能等。当然，这些衍生功能与体育教学本身距离较为遥远，不在本书的讨论范围之内。

第三节　体育教学的原则和规律

一、体育教学的原则

体育教学可以划分为以下七个基本原则："身心发展"教学原则；"直观启发"教学原则；"精讲多练"教学原则；"循序渐进"教学原则；"区别对待"教学原则；"负荷适量"教学原则；"安全卫生"教学原则。具体内容与要求阐述如下。

（一）"身心发展"教学原则

"身心发展"教学原则是指在体育教学中，不仅要加强学生的身体素质，而且要发展学生的心理品质和社会适应能力。因为学生在体育活动中身心发展是合一的、统一的、和谐的、一元的。体育教学体现了学生身体活动的特殊性，因此，身体活动对学生的身体必然有一定的刺激作用，对其会产生一定的影响。但同时，体育教学活动也对学生的心理产生较大的影响，其中主要的影响包括两个方面：一是对学生的个体心理产生影响，如兴趣、爱好、思维、记忆、情绪、意志等。二是对学生的团体心理产生影响，如集体意识、班级纪律、合作意识、协助态度等。人是一个完整的有机体，不仅具有生物性，还具有社会性，只有身体与心理相互协调，全面发展，人体才能正常运行。

贯彻"身心发展"教学原则的基本要求如下。

（1）在制订学段、水平、全年、学期、单元、课时等各种体育教学工作计划时应注意各类教材的选择与合理搭配，要结合青少年生长发育的特点，在不同学段与水平上有所侧重。要时刻关注学生体能的发展，遵循体能发展的规律，使学生在运动过程中有足够的运动量，对人体产生良好的作用。因此，在体育教学实践过程中，要特别注意教材对学生身体的作用。如果某教材本身具有较大的运动负荷，那么可以针对不同年龄的学生进行适量安排，如果某教材本身的运动强度不够，那么可以在体育课教学中搭配一些身体素质的练习，做好"课课练"，从而促进学生体能的发展。

（2）体育教师在实施体育实践课教学的过程中，要加强对学生有关身体健康知识、科学锻炼身体知识的教育，积极引导学生正确认识身体健康的重要性，养成科学锻炼、经常锻炼身体的习惯与爱好，并促使学生在学习较为广泛的运动技术的基础上逐渐形成某些运动特长。

（3）体育教师在制定教学目标、安排教学任务、选择内容和方法时要注意体育教学育人的作用，不能轻易放过一个运动技术传习活动、竞赛过程的教育机会，因为这些活动本身隐含着体育道德的规范、体育精神的内涵、人际关系的功用等。我们在体育教学过程中不仅要培养身体健壮的社会人才,更为重要的是培养心理健康、人际关系良好、愿意为国家发展做贡献的合格人才。而要实现培育身心和谐发展人才的目标,仅靠其他学科是不够的,只有把各个学科的育人优势都淋漓尽致地发挥出来,才能够产生最大的功效。

(4)在体育教学过程中,特别是体育课上,体育教师要充分研究学生的心理,了解学生的心理特点,激发学生的主动性与积极性,并在教法与手段上实现多样化、灵活化,使学生愉快地学习体育、锻炼身体,从而纠正"喜欢体育活动而不喜欢上体育课"的现象。因此,作为一名合格的体育教师,不仅要分析教材的内容、关注学生身体发展特点,更为重要的是深入研究学生学习体育的心理,研究学生的个人心理特征,这样才能有的放矢,从而促进学生身心和谐发展。

(5)由于教学评价具有教学导向性功能。因此,在进行体育教学评价时要注意学生身心发展的全面性,不仅要研究与确定学生身体健康方面的评价指标、运动技能方面的评价指标,而且要注意其体育学习态度、人格形成、体育道德与人际发展、社会适应能力的评价指标,把教学预设与结果评价合理地结合起来,使体育教学的身心全面发展、和谐发展的理念得到落实。

(二)"直观启发"教学原则

"直观启发"教学原则是指教师通过多样化的、具有启发价值的直观手段,使学生产生清晰的运动表象,发展学生分析、综合、概括等方面的思维能力。常用的直观手段包括体育教师的动作示范、优秀学生的动作示范、挂图、人体模型、教具、保护与帮助、阻力与助力、媒体等,这些直观的手段有利于促使学生产生视觉、听觉、本体感觉等多种感觉器官的综合作用。在其他学科中,我们也使用各种直观的手段,有些手段是共性的,如挂图、教具、媒体等,这反映了认识活动中感知与理解、具体与概括、形象与抽象的关系。感性认识是认识一切事物的基础。但在体育教学中有些手段具有一定的特殊性,如体育教师的动作示范、优秀学生的动作示范、人体模型演示、保护与帮助、阻力与助力等。

因此,体育教师除了传授体育与运动的认知知识外,还必须自己与学生亲力亲为,进行身体操作与练习,才能掌握运动技能。如果仅仅停留在理论知识的传习上,那么运动技能的掌握将永远成为一句空话。

贯彻"直观启发"教学原则的基本要求如下。

(1)体育教师首先要完善自身的运动技能,尽量做到"多能一专",同时还要在熟练掌握各种运动技能的基础上,掌握运动技术的示范技能,以避免出现"只会练"、"不会教"的情况。运动技术示范技能不同于运动技能,它是在运动技能的基础上发展起来的一种较为熟练的教学行为方式，如在动作示范过程中要注意教师示范的位置、距离、角度、方向、速度、示范面等。

（2）着力培养优秀学生骨干。根据班杜拉的观察学习原理，很多的行为与动作是在观察他人的过程中学会的。体育教学过程也不例外，学生之间的相互学习与观察是很普遍的，教师只有一个，学生则有30~60人。因此，教师的示范是有限的，只有发挥优秀学生的示范作用，才能加强直观教学的效果。但目前有关榜样示范、观察学习的实验研究还很少，有待开发与深入研究。

（3）灵活运用其他各种直观教学手段。其他直观教学手段包括各类器械、标志线、标志物、保护与帮助等。这些直观教学手段有的已经被开发，有的还有待开发，这就需要广大的体育教师勇于实践，敢于探索，根据教学目标、学生的具体情况，在不同的动作与教学的不同阶段灵活运用与开发多种直观的教学手段。但在开发与运用直观手段的过程中，要认清一个道理：直观是教学手段，不是目的。教学的目的在于通过直观手段更好地完成教学目标。

（4）在直观教学过程中，注重启发性。直观是教学手段，最终的目的是掌握运动技能，但掌握运动技能的过程并不是一蹴而就的，需要教师激发学生的主动性。因此，体育教师在展示直观教学时要注意和学生既有的生活经验结合起来或已学的动作联系起来，引导学生正确认识和理解所学的运动技能，有目的地引导、过渡、设疑、提问、对比，使学生不仅知其然，且知其所以然。

（5）正确处理直观、思维与练习的关系。直观、思维与练习是紧密相连的。"直观"是基础、是前提，没有直观教学，学生难以理解所学的运动操作知识或技术；"思维"是核心、是关键，只有教学的直观，没有教师的启发性、学生积极思维的参与，那么直观也是一句空话，因此"思维"是把教师有效指导与学生积极参与连接起来的桥梁；"练习"是必需、是需要，因为仅有直观的教学、学生敏锐的思维与理解，没有身体的直接参与练习，那还是停留在理论思维的层面上，距离熟练掌握运动技能还相差很远，这就像坐在电视机旁看篮球赛，只能是欣赏，而不可能学会打篮球。

（三）"精讲多练"教学原则

"精讲多练"教学原则是体育教学的基本原则，也是一个特殊原则。"精讲"就是体育教师在吃透教材、了解学生的基础上，用精练的语言、较少的时间，将教材的主要内容、特点、动作技术要领和技能向学生讲解清楚。"多练"是指学生在体育教师的指导下，充分利用各种机会与时间更多地参与身体运动。"精讲多练"是一个完整的概念，它要求既要重视讲的作用，又要保证练的需要，把讲和练的作用结合起来，调动师生双方面的积极性。就讲和练的关系来说"精讲"不仅为了给"多练"腾出时间，更为了给"多练"提供指导。"精讲"是基础和前提，只有体育教师"精讲"，学生才能在最短的时间内理解所学的内容、原理与方法,才能留给学生更多的时间,实现"多练"的目的。因此,在体育教学中要全面认识"精讲多练"的要领:"讲"要避免注入式、满堂灌、烦琐讲解,但并不是单纯追求讲得越少越好,要讲得简要、核心、易理解;其次在"多练"环节上,要尽量减少不必要的队伍调动和其他的时间浪费,多给学生强化练习的时间,这样才能真正实现"多练"的目的,进而更有效地达到体育教学的目的。

贯彻"精讲多练"教学原则的基本要求如下。

(1)"精讲"内容精要。在体育教学过程中,教师的讲解是必要的,但在讲解过程中必须紧扣教学的目的与要求,突出运动技术的重点与难点,做到少而精,不要滔滔不绝、长篇大论。年轻的教师往往很难控制自己,主要原因有:一是年轻体育教师往往只背诵书本的知识,而书本中有关运动技术的讲解要领是比较复杂的,如果照样画葫芦,势必会浪费很多时间,学生也难以理解;二是年轻教师没有教学经验,因此在讲解时不知道什么该说、什么不该说,什么需要详细说、什么需要简略说,这就容易造成了讲解的无目的性、内容的繁杂性,学生听了教师的讲解也是云里雾里,不知所云。

(2)"精讲"方法恰当。在体育教学过程中,教师的讲解要做到既能体现教学要求,又符合学生实际水平。教师的讲解首先要针对教材内容的特性,有的教材内容很难、有的教材很容易。其次,要针对学生的特点,不同层次的学生,讲解的方法是不同的。如面对小学生,讲解就要儿童化、口语化;对于初中生则可以结合其所学知识,在形象化教学的基础上进行一定的抽象讲解;而对于高中生则不需要口语化、形象化的语言。同时还要面向单元教学的学习基础,若是新授课,那么讲解的内容、时间、方法都要尽量符合新授课的特点;如果是复习课,那么就要对讲解的内容时间、方法做必要的调整。

(3)"精讲"语言精练。在体育教学过程中,教师的讲解要做到明白生动,要言不烦,起点拨作用,启发学生的思考和想象。对于语言运用的技巧来说,体育教师往往比其他学科的教师难以控制,有的教师口头禅很多,在教学中反复运用此类口头禅,说者无意,听者就会辨别得十分清晰。因此,体育教师要特别注意语言的各种运用技巧,口诀化讲解可以帮助教师实现这一目标,这也是体育教师运用较多的一种方法。讲解的口诀化不仅有助于学生理解运动原理,更为重要的是可以帮助教师做到"精讲"。体育教师在实现语言精练的同时,还要注意语言运用的其他技巧,如语调、语气、语速等,这些内容有助于调节课堂气氛,以此来达到讲解的最佳效果。

(4)"多练"与质量兼顾。"多练"即要求充足的数量,这是由体育教学的特殊性决定的,没有足够的身体练习,运动技能是不可能完全掌握的。所以在体育教学过程中,体育教师要尽可能地利用一切时间让学生多练。"多练"也要保证一定的质量,如果仅有数量,没有质量,这样的"多练"也是无效的。因此,体育教师要根据不同阶段的教学目的和不同的教学对象，运用最有效的练习方式，实施"多练"环节，以达到最佳的练习效果。

（5）"多练"方式多样化。学生进行身体练习的方式很多，关键是体育教师要通过多样化的练习方式，使学生达到掌握运动技能的目标。练习方式的多样化有重复练习法、间隙练习法、变换练习法、游戏练习法、改变条件练习法、循环练习法、帮助练习法等。这些练习方法不一定适合所有学生，实施"多练"的方式应该因人而异，做到区别对待。

（6）"多练"与动脑相结合。"多练"是基础，但不动脑的"多练"也是低效的。因为在学生练习的过程中，每一次练习的条件、练习的时机、练习的目的、练习的方式、练习的基础等都可能有所不同，这就需要学生经常动脑，分析每一次练习的情况，学会思维、学会反馈、学会总结，这样才能提高每一次练习的效果，而不是仅有重复的练习，而没有实质性的提高。

（7）在教师有效指导下进行"多练"。仅有学生的开动脑筋的练习有时也不能马上奏效，还需要教师的点拨与指导。有时，教师的点拨可以帮助学生节约很多时间，因为教师毕竟是先学者、引导者。因此，作为学生，要在"多练"环节积极动脑，多运用反思性思维，提高每一次练习的效果；而作为教师，要发挥巡回指导的作用，对于不同的学生、不同的问题要区别对待，不断地给予学生正确的反馈信息。只有教师与学生实现互动，学生的"多练"才能产生最佳效果。

（四）"循序渐进"教学原则

"循序渐进"教学原则是指在体育教学过程中有关教学目标、教学内容、教学方法、教学手段、运动量与运动负荷的安排要有一定的系统性和连贯性，符合学生年龄、性别、学习基础等方面的特征，体现学生的个体差异，使教学目标得到逐步提高与发展。制定"循序渐进"教学原则的主要依据是人们认识事物的规律、动作技能形成的规律和知识、技术的系统性和连贯性、教学目标的层次性等。在体育教学中，必须遵循由易到难、由简到繁，逐渐深入、逐步深化，才能使学生的知识、技术、技能、体能等得到稳步发展。

贯彻"循序渐进"教学原则的基本要求如下。

（1）深入了解学生身心发展的一般规律和特点。学生是教学的对象，学生各方面的特点是开展教学的基础。因此，作为一名优秀的教师，必须实际分析各个阶段的学生身心发展的特点，不仅要分析他们的身体发展的阶段性特征，还要分析其心理发展特征，这些特点为体育教学实施"循序渐进"教学原则提供了基础和条件。

（2）认真钻研教材，了解教材的内外部系统性。教材是教学的中介，因此，教师必须认真钻研教材。首先要善于了解教材外部之间的关系，分析它们的相通之处与不同之处，这样有助于在安排教学计划时关注教材之间的搭配。其次要善于分析教材内部的特点，即教材单元的课次、重难点等问题。

（3）教学设计需体现层次性、连贯性。教师在教学预设过程中，可以根据学生的特点与教材内外部特点来进行合理的教学设计。这里的教学设计不仅是教案，也指包含教案在内的单元教学计划、学期教学计划、学年教学计划、水平教学计划、学段教学计划。因此，体育教师不光要关注各类教学计划之间的关联性，还要注意某项教学计划的层次性，保证各类教学文件的连贯性、系统性、层次性，使运动项目的安排由易到难、由简到繁，符合循序渐进的要求，使每个学段、每个水平、每个学年、每个学期、每个单元，每节课的目标、内容、教法、手段等都做到前后衔接，从而能逐步提高。

（4）安排运动负荷与运动量要有一定的节奏。人体身心发展的特点呈现出各类波浪形，学生的身体体能的发展更是如此。因此，体育教师在安排各课的运动负荷与运动量时，一定要注意节奏。首先，课内的运动负荷与量要有一定的节奏，要根据学生在45分钟内身心变化的规律安排好他们的节奏；其次，要关注课与课之间的运动负荷与运动量安排的节奏性，一方面使学生的机体得到足够的刺激量，另一方面又要防止过度疲劳对人体造成伤害。

（五）"区别对待"教学原则

"区别对待"教学原则是指在体育教学过程中，根据学生的不同特征，如年龄、性别、兴趣爱好、体质、智力、个性、学习基础等，分别给予不同的教学，使每个学生都能得到相应的提高与发展。"区别对待"教学原则性理论依据是不同性别与阶段的学生在其生理与心理、学习能力成效方面存在差异。

贯彻"区别对待"教学原则的基本要求如下。

（1）深入了解班级中每一个学生的身心特点。学生的身心特点主要是指不同年龄学生（学龄初期6～11岁、学龄中期11～15岁、学龄晚期15～18岁）的身心特点；同一年龄学生之间的身心差异；不同性别学生的身心特点，不同学生的身体基础（身体素质、运动能力）；学前运动技术基础。

（2）深入了解班级课堂教学氛围。班级的课堂氛围对于教学效果会产生很大的作用。有的班级组织纪律性很好，学习气氛很浓，学生善于与教师配合，教师上课就会感觉较轻松，教学效果也就比较好；但有些班级学生集体意识不强，纪律比较差，缺乏学习动力与积极性，那么教师的教学意图就难以很好地得到贯彻，教学的效果也就相来说对较差。对于一个教师来说，对新接手的班级可能不太了解，这时应多与班主任联系，了解整个班级的各种情况，如学生的纪律、身体、学习、体检情况等，在教学之初应仔细观察学生的语言与行为反应，哪些学生比较调皮，哪些学生个性与自尊心很强，哪些学生有身体疾病，哪些学生体弱多病等。充分了解这些状况对于班级形成良好的集体气氛具有着很大的作用。而对于已经在班级上课多时的教师来说，班级的氛围已经相对固定，这时也要深入了解学生对教师、对教学的各种反馈意见，及时调整自己的行为，处事做到公正、公平，才能以理服人，让学生喜欢。这样的师生关系更有助于改善原有的课堂气氛，从而产生更好的教学效果。

（3）根据不同学生的特点进行差异性教学。每一个教学班中的学生都有一定的差异性，但我们也不可能对50个学生施以50种教法。作为一名优秀的教师，应善于分析其中的共性，并在此基础上分别对待处于"两极"的学生，可以让能力较好的学生挑战新的目标与任务，也可以安排他们指导水平较差的学生；对于能力与水平较差的学生，可以安排特殊的教法与手段，或降低要求，让他们在相对较低的条件下体验成功的快感。这样就能使优秀的学生用得其所，中等学生进步较快，较差的学生也能体验到体育的快乐。

（4）教师应给予特殊学生以特殊指导。对于个别基础较差的学生采取一些特殊的教法步骤和辅助练习，特别是屡学不会的学生，尤其应进行个别指导，提出改进意见，使他们达到教学要求。因为我们的教学是面向全体学生的教学，并不是个别化教学，放弃那些学习能力较差的学生的做法是违背当今教育理念的，是不可取的。

（5）根据教材的性质、具体教学条件、季节气候等特点安排不同的教学内容。同一教材，可因人而施以不同的方法和教学要求。如在教学中使用不同高度的跳高架、跳箱等。对于场地、器材、器械等教学条件的不同，教学目标、方法与手段也应各有不同。另外还要考虑地区、季节气候的特点，如夏季酷暑不要安排过大的运动负荷，否则容易中暑；冬季严寒，要注重运动前的准备活动，否则容易使机体受伤。

（六）"负荷适量"教学原则

"负荷适量"教学原则是指在体育教学过程中，根据学生的特点合理安排生理和心理负荷，并使练习与间歇合理交替，以达到增进身心健康的目的。运动负荷是一个调节运动效果的常见指标。因为学生在生长发育、逐渐成熟的每个阶段，生理机能都有相对的负荷极限。因此，学生在练习过程中如果其生理负荷和心理负荷超越了极限，就会有害于机体健康。如果负荷刺激量不足，机体的机能不能发生变化，则不能发展体能，在负荷过程中还要伴有间歇。间歇也是体育教学的必要因素，它对于调节课的节奏、消除疲劳、提高学习效率、活跃课堂教学气氛具有重要作用。所以，负荷与休息是体育教学的两个基本方面，安排得越合理越有利于提高教学效果。

贯彻"负荷适宜"教学原则的基本要求如下。

（1）认真研究与掌握运动负荷与身心发展的原理。作为一名合格的体育教师，首先要在职前教育过程中认真学习有关体育生理学、心理学的基本理论知识与原理，并在职后的教学实践中不断地加以体会与运用，这才能更好地促进学生身心健康发展。

（2）合理地安排各类教学计划中的运动负荷。在制订各类体育教学计划时，要通盘考虑运动负荷与运动量的安排。在制订学段的教学计划时，要考虑到不同年龄学生的身体特点，合理安排教材与运动负荷；在制订学年的教学计划时，要注意季节性特点，合理安排教材与运动负荷；在制订学期的教学计划时，要根据教材单元教学的特点，合理安排各单元教材的运动负荷；在制订单元的教学计划时，要根据各课次的特点，合理安排运动负荷；在制订教案时，要合理搭配各个教材，使运动负荷与休息合理交替，同时还要考虑季节、场地、器材、教材等因素。

（3）根据适应性规律有节奏地加大运动负荷。运动负荷不能总是停留在一个水平，如果今天跑50米，明天也跑50米，一周或一个月之后还跑50米，那么学生的体能发展就会成为一句空话。就体能发展的规律而言，运动负荷是需要逐渐提高的。因此，体育教师在制订各类教学计划时既要注意安排合理的运动负荷，同时也要关注运动负荷在各个时期的节奏，这样才能够对学生的机体产生足够的刺激，达到逐渐发展体能的目标。

（4）根据不同的课型、教材、学生，合理安排运动负荷。例如，复习课是以提高技术、技能和身体素质为主的，运动负荷的安排就要比新授课大；高年级和体育基础较好的教育班，运动负荷的安排就要比低年级和体育基础差的教学班大；运动负荷较低的教材要搭配运动负荷较大的教材等。另外，生活条件、营养条件、气候条件等因素也要在安排运动负荷时加以考虑。由于学生身体机能不同，同样的负荷可能产生不同的效果。因此，在体育教学中不能只根据某些表面数据来衡量运动负荷的大小，还要看机体内部的变化情况，这就要求对教学工作加强医务学监督。

（5）合理安排积极性休息的方式和时间。学生体能的发展不仅取决于运动负荷的量和强度，还取决于合理的作息的时间、方式与次数应根据学生身体的状况而定，还要考虑学生的心理和生理特点。例如，同样的负荷，身体素质好的学生比身体素质差的学生恢复得快。休息的方式包括积极性休息和消极性休息，积极性休息方式更有助于学生身体的恢复。因此，要合理安排各种不同的积极性休息方式，如慢跑、热水浴、按摩推拿等。

（七）"安全卫生"教学原则

有关"安全卫生"的教学原则，在有关教材中没有涉及，基于体育教学活动安全与卫生问题的特殊性和体育教学实践中安全问题的困境，我们认为有必要增设"安全卫生"教学原则。这个教学原则意味着我们在体育教学设计与实践过程中，必须结合教材的性质与特点、学生的年龄特点等，时刻关注学生的运动安全与卫生问题，做好各种预防措施，以减少不必要的身体伤害，保证学生在安全卫生的条件下有效地进行各种体育类活动。

贯彻"安全卫生"教学原则的基本要求如下。

（1）建立"健康第一""安全第一"的思想。"健康第一"的思想已深入人心，也是政府导向性的理念，但是，体育课的安全问题始终是一个学校体育和体育教学中的大问题。近年来虽然受到了政府、学校领导、教师、家长的高度重视，但体育课的身体受伤事故还时有发生。因此，我们在进行体育教学过程中一定要做好各种预防工作，切实贯彻"安全第一"的教学理念，把学生的安全问题、健康问题放在体育教学工作的首位。

（2）做好体育教学的各种安全措施。"凡事预则立、不预则废"。首先，体育教师在课前要提前10～15分钟到上课地点（遇到特殊性教材需准备更多的器材时，还要更早到达），将上课的场地器材提前布置好，打扫干净，创造优美的育人环境，这是衡量体育教师的工作态度、责任心、事业心的一个很重要的方面。其次，体育教师要根据上课内容，提前仔细检查每一件器材，特别是双杠、单杠、跳马等器材。再次，体育课前应做好准备活动，这是防止损伤必不可少的环节。体育教师要培养学生体育课前认真充分做好准备活动的好习惯，在做好一般准备活动的基础上，突出强调能结合教材内容中的专项准备活动，使学生身体各关节、肌肉充分活动开，为学练主教材做好身体准备。最后，体育教师要在体育课中安排并教会学生各种体育运动技术的保护、自我保护与帮助方法，引导学生根据自己水平与能力参加运动，要防止有些学生因为逞强好胜，而教师又没有及时制止而造成的伤害事故等。以上这些做法只是做好各种安全防范措施的一个很小的部分，关键在于每一个体育教师要有一份责任心，为学生的安全着想，这样才能够做好各种预防举措，减少伤害事故的发生。

（3）实施"安全第一"原则不能违背体育教学规律。如果只选择难度很小的教材进行教学，那么体育文化在学生中的传承就会遭遇极大的障碍，学生也就体验不到难度较大运动项目带来的快乐。因此，体育教师不能受"安全第一"观念的影响，在选择运动项目时不要弃难求易。

（4）关注体育教学过程中的运动卫生。日常生活中要经常注意卫生，这是预防外源性疾病的重要措施，在体育教学的运动过程中也是如此，只是我们很少提倡与关注罢了。昔日的体育教学由于条件较差，学生往往在泥土地里上体育课，运动过程中把整个场地搞得尘土飞扬，这是典型的运动卫生反面例子。当然，由于社会的进步与发展，人民生活水平的提高，除了在少数偏远的贫困山区学校还存在此类现象之外，现在大多数学校的运动场所早已今非昔比，基本比较干净整洁。那么体育课的卫生问题就不重要了吗？非也，卫生问题不仅限于看得见的尘土，同时还要注意各种自然的环境变化，如冷环境、热环境。在冷环境下参与体育活动，如果不注意运动的时间、强度、衣服的增减等问题，同样也会造成学生身体上的伤害；在高于40摄氏度的热环境下参加体育活动也是如此，容易出现中暑、晕厥等现象。因此，冬天的体育课准备活动的运动负荷显然要大些，时间要长些，运动刺激要高些，以身体微微发热、身体各关节和肌肉都活动开为目的，为主教材的学习做好准备。夏天的体育课准备活动的运动负荷要适当小些，运动时间要短些，运动强度要低些。其次，在运动建筑设备等方面也有相关的卫生问题，如室内建筑的通风、采暖、降温、采光、照明等，游泳池池水的卫生，这些都会直接影响到学生的健康。最后，在运动过程中也要注意运动卫生，如运动之前不要吃得过饱，吃完饭半小时以后才能运动，运动中不要过量饮水，运动结束不要马上饮水，长跑之后不要马上躺下休息，等等，这些问题也是有关青少年的卫生健康问题，同样应引起注意。

二、体育教学的规律

体育教学规律可分为一般教学规律和特殊教学规律。一般教学规律包括教和学相互依存、辩证统一的规律，认识事物的规律，在教学过程中教育、教养、发展任务相统一的规律；特殊教学规律包括体育教学过程的特殊规律，人体生理机能活动能力变化的规律，人体机能适应性规律，青少年身心发展的规律，动作技能形成的规律。综上所述体育教学规律划分为一般教学规律与特殊教学规律。我们认为，体育教学首先应该是教学，应符合一般教学规律，这是大家的共识，我们重点要讨论的是体育教学的特殊规律，它是否符合体育教学的性质和特点。

（一）"人体机能适应性"规律

"人体机能适应性"是《学校体育学》《体育教学论》等教材中的体育教学规律之一，但我们在实践中发现，此规律虽对体育训练具有着很强的指导作用，但对体育教学的影响却相对较小。针对这一现象，我们对"人体机能适应性"教学规律进行了深入研究。"人体机能适应性"规律是现代运动生理学对于人体运动过程中有机体能量储备等发生一系列变化的一种规律性总结，对于运动训练实践具有重要的指导意义。但是它是否同样适用于体育教学过程？是否也是体育教学过程中的客观规律？对于这个问题，我们持否定态度。教科书上对"人体机能适应性"规律的描述如下："当人体开始运动，身体承受运动负荷，体内异化作用加强，体内能量储备逐渐下降，这一期间称为'工作阶段'，经过间歇和调整，可以使体内的能量储备逐渐恢复并接近或达到运动前的水平，这是'相对恢复阶段'再经过合理的休息和能量的补偿，机体恢复功能可以超过原来的水平，称为'超量恢复阶段'。"但它主要是在运动训练过程中总结出来的规律，而且它必须符合以下几个必要条件。第一，运动必须达到足够的强度与运动量，足以使人体产生比较强烈的刺激与能量的消耗。第二，各个运动训练课之间的运动强度、运动量间歇时间安排要科学，让运动对人体的刺激有一个比较好的衔接，使人体有充足的时间消除疲劳。第三，必须对运动员有一个定量的检测，用以说明各个训练课次的情况。

但是在体育教学过程中，以上运动训练中的各种条件是很难达到的。第一，缺乏检测学生的各种仪器与设备。因此，要测试学生的各种生理、心理变化的指标基本是不可能的。第二，每节体育课的运动负荷、间歇时间安排不可能像运动训练那样达到科学化。第三，体育教学的运动负荷安排一般达不到极限，因为体育教学是以锻炼身体、发展身心健康为目的。少年儿童心率上升的时期短而快，最高阶段的延续时间较短，承受急剧变化的负担量的能力较低。因此，对于小学和初中低年级的学生来说，体育教学的生理负担量不宜过大，活动的时间不宜过长。而青少年阶段可以延长时间，承担一定的运动负荷，但它也不是无极限的，不以专项训练水平的提高为目的。第四，在课程的安排方面，一般每周有2~3节体育课，课的安排是间断的，不像运动训练有周密的训练计划。第五，在教学内容方面课的内容是多样的，既有三大球，又有田径、体操、校本课程内容等，而运动训练则是专项化的训练。基于以上分析，我们认为在体育教学过程中不可能达到运动训练中的"超量恢复"。

综上所述，体育教学中学生"人体机能适应性"规律的确存在，但需要细化为几个基本的规律。一是体育教学中学生人体生理机能活动变化规律，这个规律为制定体育课的目标、各阶段的任务提供依据。二是体育教学与学生身体发展非线性关系的规律，这个规律不存在"运动与身体健康的因果关系"，不存在人体机能"超量恢复"原理，因为这是由体育教学的实践特点所决定的。三是体育教学内容对不同学生具有不同的身体刺激规律。具体阐述如下。

（1）体育教学中学生人体生理机能活动变化规律。人的机体进行身体练习时，其机能状况的特点是：开始练习时人体克服生理机能的惰性，体内各器官系统的机能从相对较低的水平逐渐上升（上升阶段）。以后在一段时间内，机能活动的能力稳定在较高的波浪式变化不大的范围（稳定阶段）人体产生疲劳后机体机能活动能力下降（下降阶段），随后恢复到安静时的机能状态（恢复阶段）。人体的机能活动能力是从上升阶段到稳定阶段，再到恢复阶段的。只有单节体育课才符合人体生理机能活动能力变化规律。因此，体育教学中应根据学生人体生理机能活动变化规律，合理安排教学内容、教法、负荷等。

（2）体育教学与学生身体发展非线性关系的规律。学生的身体发展本身具有一定的规律，这是由学生的先天遗传因素所致。因此，学生即使不参加体育活动，生长发育也在进行之中，运动只是影响学生身体发展的一个外界因素，掌握得好，会促进学生身体的发展；掌握得不好，则会损害学生的身体。运动对学生的身体会产生一定的影响，这是个不争的事实。但是，从结果来看，这个影响到底是运动造成的还是学生本身的生长发育所形成的，这是无法测量的。因此，可以认为运动过程中给予学生的负荷与学生身体的变化不是相对应的关系，即非线性关系，而只有指向性关系。即给予学生适宜的运动负荷，对学生的身体发展会有一定的促进作用，但具体的数量则还不明确。

（3）体育教学内容对不同学生具有不同的身体刺激规律。教学内容与运动负荷有内在的本质联系。所谓运动负荷（又称生理负荷），是指人做练习时所承受的生理负荷。运动负荷包括运动量和运动强度两个方面。在教学过程中只有保持适宜的运动负荷，才能收到较好的教学效果。不同的教学内容对运动负荷有直接的影响，如某次教学内容是太极，那么学生的心率是达不到每分钟180次的；初中生100米快速跑，跑后即刻心率可达到每分钟160次以上，慢跑1分钟，心率一般在每分钟130次左右。显然，教学内容与运动负荷是直接相关的，教学内容与运动负荷的相关性规律是体育教学所特有的规律。在体育教学过程中，运动负荷较大的教学内容有跑、跳、攀登等，而走、爬、投掷等的运动负荷则相对较小。所以，在体育教学过程中应高度重视教学内容与运动负荷的相关性，在教学内容的安排上，可以交替安排运动负荷大和运动负荷小的练习。通常把正常学生取得最佳健身效果的心率区间确定为每分钟120~140次，而在一节课内，可将此心率保持的时间控制在10分钟以上，并以中等强度和中等量结合的运动负荷为主，兼顾学生的课后恢复。因此，应根据不同教学内容的特点科学地安排教学内容，以更好地促进学生身体的发展。

（二）运动技能形成规律

运动技术教学是体育教学的本质之一，它不同于一般的知识教学，必须实施有效的实践与操作。运动技术教学也不同于一般的操作技能，体育教学直指"身体运动"。因此，我们必须了解运动技能形成的规律。关于运动技能形成规律各类教材中涉及较多，其观点也基本趋于一致。因此，本书主要以陈述前人观点为主。

（1）粗略学习运动技术阶段。从生理学角度来看，此阶段由于新的运动技术所引起的内外刺激对学生身体来说都是新异刺激，并通过各种感受器（特别是本体感受器）传到大脑，引起大脑皮层有关中枢神经细胞的强烈兴奋，但因大脑皮层内抑制过程尚未建立起来。但是，大脑皮层的兴奋与抑制过程都依照大脑皮层本身的运动规律趋于扩散，使条件反射暂时联系很不稳定，出现了泛化现象。具体表现为动作僵硬，动作不协调、不准确，多余动作、错误动作很多，动作时机掌握不准确，节奏紊乱。从心理学角度而言，此阶段学生的视觉起到了主导作用，学生主要通过观察教师、优秀学生、教学媒体的各种运动技术演示，在头脑中建立比较正确的运动表象，但在初学时仍缺乏感性的认识与直接的经验。因此，虽然注意力高度集中，但情绪紧张，心理能量消耗大，在大脑中建立的运动表象或隐或显，由此直接表现为动作吃力、不协调。

（2）掌握分解动作、改进与提高完整运动技术阶段。从生理学角度来看，随着学生学习的深入，学生大脑皮层运动区的兴奋与抑制过程在时空上的分化开始发展，大脑皮层运动中枢的兴奋和抑制过程逐渐集中，由于抑制过程加强，特别是分化抑制得到发展，由泛化进入分化。第一、第二信号系统的相互作用开始得到加强，具体表现为逐渐学会各个分解动作，多余动作开始减少，动作的时机与节奏开始符合要求等。从心理学角度来看，学生的注意力的分配能力开始增强，感知觉开始分化，视觉、听觉、动觉开始同时发挥作用。但此时条件反射还很不稳定，易受新异或强烈刺激干扰，精神依然较为紧张，注意力范围很小，动作较为忙乱，连贯动作不协调、呆板，出现的错误动作很多等。因此，这一阶段的教学任务是在粗略学习运动技术的基础上，进一步消除紧张情绪，熟练各个分解动作，并加深理解各个动作结构的内在联系，在掌握各个分解动作的同时，建立完整动作的概念与连接。根据这一阶段的特点和任务，教师应运用多种教学方法，增加重复练习的次数与时间，在不割裂完整动作的基础上，比较各个分解动作，帮助学生纠正各种错误动作，领会技术动作的关键，根据完整动作的要求，有节奏地进行各个分解动作的组合练习，从分解动作过渡到完整动作。

（3）掌握完整运动技能阶段。从生理学角度来看，通过完整运动技术的反复练习，运动技能逐渐形成，运动动力定型趋向巩固，大脑皮层运动区内兴奋与抑制过程不论在空间和时间上都更加集中，有时可以在脱离意识控制下完成动作，在不利环境与条件下，运动形式不会遭到破坏，植物性神经功能与躯体性神经功能开始协调配合。从心理学角度来看，学生的精神紧张不断降低，注意力范围不断扩大，语言的作用开始加强。具体表现为：完整动作完成情况较好，动作协调、省力，基本没有错误动作，动作的相互矛盾与干扰逐渐减少，动作比较连贯，节奏性较好。

这一过程运动动力定型虽已基本巩固，但仍然要经常加以练习，否则动力定型还会消退。对于复杂、难度大的运动技术，如果缺乏经常的练习，不仅其运动技能难以进一步巩固，而且很容易消退。因此，此阶段的任务是要求学生在各种条件、环境下经常练习，关注运动技术的各个细节，加深动作技术的理论和原理的理解与消化，并配合运动实践，从而促进完整运动技能达到自动化程度。

此阶段对于中小学学生的体育教学具有特殊的意义与作用。体育教学毕竟不像运动员的运动训练，运动员具有很好的身体素质与充足的运动时间，而中小学学生的身体素质较差，运动时间也相对较少。因此，需要结合中小学学生的年龄特征，对于较难、较复杂的运动技术要进行分解教学。当然，教师在分解动作时不能破坏其运动技术的完整性，在分期完成分解动作之后，要注意各个分解动作的连接练习，部分完整练习。只有这样，才能从分解过渡到完整，为熟练掌握完整动作打下坚实的基础。

（4）运动技能自动化阶段。从生理学角度来看，随着运动技能的巩固与发展，学生掌握的运动技能开始出现自动化现象。所谓的自动化，就是指在练习某套动作时可以在脱离意识的情况下自动完成。所谓下意识或无意识地完成动作不是真正意义上的没有意识地去完成动作，只是指在大脑皮层兴奋性很低的情况下可以完成一些活动或动作。例如，在骑车过程中人完全不需要意识控制，如车把的稳定、重心的移动、踏车的动作等，都能下意识地加以调整，注意力可以转移到观看周围的情况。从心理学角度来看，这一阶段精神紧张完全消除，注意力范围扩大到最大程度，运动感觉对动作的控制调节占据着主导地位等。具体表现为：能高度准确、熟练和省力地完成动作，动作娴熟、准确、漂亮、省力，并能体现运动技能的个性化特征。继续发展，可以表现为运动技巧和运动能力，并能随机应变、灵活自如地运用。但是运动技能的自动化是在下意识情况下完成的，一时的动作误差往往不易被察觉，如果重复多次而被巩固下来，也会使已形成的动作技能变质。因此，这一阶段的教学任务主要是巩固发展已形成的动力定型，使学生熟练、省力、轻快地完成动作，并能在各种变化的条件下自如地运用。根据这一阶段的特点和任务，教师应继续要求学生进行强化练习，并注意运动技术的细节问题，使学生参与各种条件环境下的练习，特别是运动比赛，不断地巩固已形成的动力定型。

动作技能形成的四个阶段是有机联系的。由于学生的学习基础、学习条件、教学的组织和教法水平以及其他有关条件不同，四个阶段的具体特点和所需的时间也有所不同。一般情况下，中小学学生要达到运动技能的熟练化、自动化程度，其难度非常大，要实现这样的目标，体育教学仅仅是个基础，关键是课外体育和自主锻炼，体育教师的作用仅仅是把握体育课堂教学的时机，传授正确的运动技术，激发学生运动兴趣，正确选择各种教法，纠正学生的错误动作，对学生掌握多种运动技能起到推动作用。

（三）心理活动能力变化规律

体育教学中学生的心理变化情况是非常复杂的。因此，我们需要简化学生的体育学习过程中的多种心理学指标。涉及心理学的因素很多，如学生在体育学习中的注意、思维、记忆、情绪、意志、兴趣、爱好、性格、个性特征、世界观等，要考察全部的因素与内容，会变得异常复杂。本书主要针对几个心理过程的重要指标（如果涉及心理特征，则更为复杂）进行分析以期引起理论研究工作者与实践教学工作者的关注。这里选用的几个重要指标是兴趣、注意、思维、情绪、意志。

（1）体育教学中不同年龄学生的注意力特征

①学龄初期（6、7岁至11、12岁）的儿童有意注意正在开始发展，无意注意仍起着重要作用，所以外界客体很容易引起他们的无意注意。尤其是小学一、二年级的学生容易把注意转向外部的、吸引他们的刺激物。这一年龄的学生有意注意的稳定性不强。研究表明：7~8岁的儿童一般仅能保持有意注意10~15分钟。实验证明，如

果要求一年级的学生在3～10分钟内连续做7次练习。那么，在完成了第五次练习之后，就会看到很多注意力分散的现象。所以，在体育教学中不应强制儿童去完成练习。

②学龄中期（11、12岁至14、15岁）的学生有意注意有了进一步发展。11、12岁至14、15岁的学生能够在适当的教学条件和对教材有较强动机的情况下，毫无困难地保持有意注意40～50分钟，他们能将注意分配并能立即把注意转移到有关的单个对象上。尽管如此，他们仍容易分心。这种分心是由多种原因造成的，行动具有冲动性、耐受性，追求尽快地自己做动作，要求在积极活动中得以成长，或者是由于教材过于抽象、高深，与他们的知识经验相差很远等。

③学龄晚期（14、15岁至17、18岁）的学生具有长时间地保持有意注意的特点。高中生已具备了长时间地保持注意的有意义的动机，他们明显地表现出试图自我认识和自我表现，并能完全自觉地接近这一目标。因此，他们的注意稳定性有了很好的发展，注意的范围能够达到了一般成人的水平，能够在比较复杂的活动中很好地分配自己的注意。所以，在体育课上他们不仅在教师做示范动作时，而且在讲解动作以及讲述理论问题时，都能保持注意。对于小学生和初中生来说，组织注意的主要因素是提供教材的形式；而对于高中生而言，更重要的是提供的教材内容，他们也十分注意教材内容的先进性和科学性。

（2）体育教学中不同年龄学生的思维特征

思维的年龄特征只是针对总的发展过程中那些具有某些共同现象和特性的时期或阶段来说的，通常指的是学生在一定的年龄阶段中所表现出来的一般的、典型的、本质的特征。各个时期的思维特征并不是单独的，而是交叉存在的。在某一阶段之初，可能还保存着大量的前一阶段的年龄特征；在这一阶段之末，也可能产生较多的下一阶段的年龄特征。思维的年龄特征还表现出各阶段、各种心理现象发展的年龄特征，如：小学四年级以前以具体形象成分为主要形式，四年级以后则以抽象逻辑成分为主要形式；初中二年级是从经验型向理论型发展的开始，也是从逐步了解对立统一的辩证思维规律的开始。

（3）体育教学中不同年龄学生的意志特征

小学生的意志目的性和独立性差，盲目性、受暗示性和独断性较为明显；小学生的果断性表现随年级升高而不断发展，但不稳定；小学生的自制品质逐步发展，抗内外诱因的能力逐渐增强；小学生的坚韧性品质迅速发展，但各阶段不平衡。

初中生的果断性有所提高，但表现出一定的摇摆性；自制性不强，仍需外界的督促；坚韧性逐渐增强，但不够稳定。

高中生的目的性明确，有自己的主见；果断性处于较高水平，但对局面的正确把握仍然不够；自制能力显著提高，并表现出一定程度的冲动性；坚韧性达到一个新阶段，但易受外界影响的现象依然存在。

（4）体育活动过程中学生兴趣的特征

兴趣对人的认识和活动具有非常重要的意义。兴趣是在需要的基础上产生的力求认识、探究某种事物的心理倾向，由获得这方面的知识在情绪体验上得到满足而产生。兴趣受到环境的影响：一个温暖、和谐的家庭会使儿童"以人取向"、冷漠、孤僻家庭中的儿童会"以事取向"。研究表明，儿童有趋向某种兴趣的遗传倾向性，与父母的兴趣显著相关。在儿童时期，兴趣常成为支配心理活动和行动的主要心理倾向，到了青年时期，理想往往成为支配心理活动与行动的主要倾向。兴趣一般可分为直接兴趣和间接兴趣。直接兴趣是指人对事物或活动本身产生的兴趣，这往往是由于客观事物引人入胜而引起的。例如，有的学生喜欢上体育课只是因为体育教师的示范动作很漂亮。间接兴趣是指人对活动的结果产生的兴趣。例如，有的学生为了学好某个动作要领而聚精会神地听教师讲解时所表现出来的兴趣。年龄小的学生大多是对事物或活动本身产生兴趣，年龄大些的学生才对活动的结果产生兴趣。在活动中，这两种兴趣相辅相成，随着年龄的增长、身体的发育、素质的发展与运动能力的提高而不断发生变化。

第二章 体育教学模式

第一节 体育教学模式的基本理论

在信息化技术不断更新发展的趋势下,网络信息化教学模式对我国教育领域产生了直接影响,各大高校也在逐渐改革传统教学模式,以便能进一步适应教学环境的实时变化。近些年来,高校体育教学模式也发生了一定改变,但是在传统教学观念的影响下,高校体育教学依旧有待进一步的创新改革,这样才能够更好地满足现代化教学的需要。所以,创新体育教学模式,全面提高体育教学水平与质量已经成为必然趋势。据此,本节主要对高校体育教学模式的创新发展进行深入探究,以期为体育教学改革提供参考。

一、高校体育教学模式的误区

(一)认知阶段误区

国外先进的体育教学模式极具吸引力和新颖性,以及可操作性。但我国高校在引入时,并未深入探究其中的相关理念,只是为了引进而引进,单纯模仿他们的体育教学模式,却忽略了对相关理念的引入。这并不具备灵魂的躯壳,根本无法长久生存,缺乏先进理念的体育教学模式也很难长时间处于正常的运行状态。

(二)选择阶段误区

1. 规律误区

体育教学模式的合理选择,需要严格遵守相关教学规律。首先,高校在设计体育教学模式的时候,应明确要求该模式既要与普通学科的认识规律相同,又要符合体育学科自身的独特规律,即技能形成规律、运动负荷规律等。其次,高校在选择体育教学模式时,还应该注重与本校学生的特色、认知规律等相符,应适应于本校学生的发展。

2. 构成误区

任何的教学模式都包含四大部分,即教育理论、教学过程、教学方法、教学条件。

高校科学、合理地选择体育教学模式时，需要对各组成部分进行综合考虑，不同的模式都有其相对应的理论、过程、体系及条件，彼此之间不能混淆。

3. 要素误区

高校在选择体育教学模式时，应明确其与其它教学要素间的密切联系，即计划、目标、内容、结构、方法、教师、学生、评价等。只有与其它教学要素及相关标准要求相符时，才能顺利将教学模式引入教学过程，从而产生更好的实用价值。

（三）实施阶段误区

1. 操作误区

在体育教学模式的实施过程中，应切忌一味求全，如果全面涉及教师、学生、设施设备等各个环节，将会无法明确主题，难以发现关键问题。所以，高校应先在小区域内验证，然后再构建可行、有效的相关机制，并根据实际情况进一步优化，最后大范围推广与实施。

2. 管理误区

体育教学模式的顺利实施，还需要政府、教育部门、学校等部门相互协作、共同管理，不论是哪一方或哪一环节出现失误，都会对体育教学模式的实施效果造成直接影响，甚至还会被迫停止，导致整个计划都无法实现。

3. 评价误区

高校在试行新型体育教学模式一段时间之后，应注意对其具体落实情况进行全面评价，即领导、教师、学生、家长等全方位的评价，一旦出现问题，应及时采取有效措施加以解决。同时，高校还要积极关注教学过程与教学效果的评价，最大限度的防止各种衍生问题的出现，从而为教学模式的顺利实施提供保障。

二、高校体育教学模式现状分析

（一）指导思想

教学指导思想是教学模式的核心，传统的高校体育教学指导思想以技能教育与素质教育为主，但是近年来，许多高校都根据自身情况转变了教育理念，将培养终身体育作为体育教学的指导思想。当然，仍有少数体育教师在教学指导思想上认识不足，没有与时俱进，这就需要高校进一步强化教师对教学指导思想的深层学习，以提高其对教学的综合认识。

（二）教学大纲

教学大纲直接影响着高校体育教育事业的有序发展，其对于扩大体育教学空间形成了一定的促进作用，并在明确体育教学模式的总趋势和总方向方面发挥着重要的指导作用。现阶段，大多数高校对体育教学时间的安排都比较合理。许多高校在与国家相关规定的基础上，结合本校学生的特色、地域差异等，对体育教学进行科学合理的规划与安排。

（三）教学条件

教学条件实际上就是教学环境、场地设施、教学器材等，因素是教学进一步实施的必要条件，也是体育教学顺利开展的重要基础。其一，目前，高校体育教学场地设施的配置并不完善，尤其是造价较高的场地设施，还有少数学校未实现现代化体育场所的构建，这就直接导致了学生难以实时接触新项目。所以，我国大部分高校的场地设施还有待健全，现代化与综合型体育场地也急需完善。在目前的体育教学中，学生可利用操场进行跑步、跳远等常规项目的训练，但是部分专业项目的场地却比较匮乏，这根本不能满足学生的多元化运动需求，进而大大制约了教师与学生进行体育运动的主动性与积极性。其二，高校体育教学器材不健全。当前，只有少数器材能够满足体育教学需求，品种比较单一，无法满足大部分教师与学生的多样性需要。另外，部分学校更换体育用具也不够及时，如网球、羽毛球等因使用频率较高，损坏速度较快，如不及时更新，会严重影响教学效果。

（四）师资结构

对于高校体育教学而言，体育教师是最关键的人力资源，也是体育工作的组织者与指导者。目前，高校体育教师的年龄结构相对合理，但是在学历上，以本科学历教师居多，相较于其他学科而言，体育教师的学历相对偏低。因此，高校需进一步深化对教师的继续教育和培训，或积极引进更多高学历、高能力、高水平的教师，以提高教师队伍的综合实力。

（五）教学内容

当前，高校体育教学主要是锻炼学生的体育运动技能并发展其体能，而对提高学生心理素质、强化学生安全意识、提高学生社交能力等综合素质方面的训练不多，在教学内容上也忽略了对学生学习兴趣与健身需求的重视，根本体现不出体育教学的现代性。高校几乎很少开设健美操、瑜伽等大学生感兴趣的时尚体育运动项目，主要是因为高校的硬件设施不完善，不具备开设课程的条件。

（六）教学方法

高校的体育教学形式大都是依据学生兴趣设计的，其中多数院校以年级划分，进行分班教学，有的项目按照性别进行划分。在教学方式方法上，还有一些体育教师依旧利用讲解与示范的方式，没有重视学生的感受，为学生提供的自行练习时间过少，教学过程单一、呆板，无法充分调动起学生的积极性与主动性。再加上教师缺乏对新型教学方式的有效引进，对体育教学方式的创新不够，从而使得其教学效率与质量难以提高。

三、高校体育教学模式创新发展的策略

（一）更新指导思想

高校体育教学指导思想是体育教学模式的核心，所以，必须先树立科学有效的、先进的教学指导思想。体育教师也应做到与时俱进，不断引进新知识、新技术，拓展学生的知识面，增加学生学习体育的兴趣。另外，在体育教学中，高校还应基于全面发展的角度，积极引入现代化教育思想，争取为社会培养出更多高素质、高能力的优秀人才。

（二）丰富课程设置

现阶段，高校体育课程的设置比较单一，要适当增添一些学生有兴趣的项目，如拓展训练、瑜伽、健美操、野外生存等，以此调动学生的学习积极性与主动性，有效缓解教师的压力。同时，高校应在条件允许的基础上，根据自身实际情况，增加一些与大学生身心特性相符合的体育课程，以提升学生综合素质。

（三）师资队伍建设

对于高校教育事业而言，教师占据着主导地位，是提高教学水平与效率的关键所在。高校体育教师的综合素养与教学质量、学生健康发展之间息息相关。所以，高校应高度重视提高体育教师的综合能力，为教师提供多元的培训平台，全面培养更多高素质、高能力的体育教师人才，从而实现高校体育师资队伍的优化建设。

（四）突出本校特色

各大高校应就本校实际情况、学生特点及所在区域的特色，创建与学校、区域特色相符的体育教学模式，将自身特色凸显出来。同时，还应努力把校内与校外的体育活动、课内与课外的体育活动全面结合，构成校内、校外、课内、课外的一体化教学模式，为实现体育教学目标提供有力支持。

四、现阶段高校体育教学模式的构建

（一）原则

1. 创新课程内容

高校应遵循精细化、实用化等原则，适当增添实践性与应用性课程，促使学生的实践能力得到全面提升。传统教学中理论与实践能力的培养只是体现在课堂教学上，

是在学生学习基础课程理论之后,才进行后续的技能教学。而全程一体化教学模式,是将技能教学始终贯穿于整个教学过程,让学生在每个阶段都能进行体育学习,这样一来,不仅会使学生的综合技能培养得以深化,而且还能实现学生综合素质的提升。

2. 优化教学内容

高校应注重提炼学科课程与技能培养的相关内容,进一步优化课程内容的讲授顺序,使得课程内容彼此之间实现相互联系与对照,从而促使学生将教师所传授的体育知识与技能内化吸收。

3. 实现全程一体化教学

高校要为学生创建教学技能训练场所,保证技能培养的连续性,在校内和校外、课内和课外之间实现全程一体化教学,最大限度地提高教师与学生的综合技能。

(二)构建

全程一体化教学模式不是传统阶段性技能教学,而是系统、立体的技能培养过程,其主要把技能培养始终贯穿于学生的整个大学时期,也就是基于课堂教学,将技能训练贯穿于各学期的体育课程中。在不同学期的体育教学中,侧重安排相应的运动技能训练项目,并与第二课堂实现有机结合,形成课内外、校内外、教学训练与竞赛强化训练相结合的一体化教学模式,多层次、综合性培养教师与学生的体育素养与能力,推动学生及时内化知识并深化技能。

综上所述,基于新形势,高校体育教学模式实现了历史性转变,开拓了体育教师实现专业化、综合化发展的新时期。高校应对体育教师全身心投入体育课程教学改革的积极性与主动性给予认同与鼓励,当其遇到问题时,学校应及时给教师提供帮助,或出台相关措施加以解决。虽然,近些年的高校体育教学模式发生了一定改变,但在传统教学理念的影响下,体育教学模式依旧有待进一步的创新、优化,以便能够更好地满足现代化建设的需要。这就要求高校必须深入了解体育教学的本质,明确体育教学的任务,掌握体育教学的规律,确定身体素质与运动技能教学的核心地位,基于新型体育教学模式,带动体育教学创新发展,开创体育教学的新形势、新局面。同时,高校还要深化人才培训培养,构建全程一体化的教学模式,其中,不仅要突出体育专业学生的优势,还要弥补其不足,将技能训练始终贯穿于整个体育课程教学过程,从而促进学生全面、综合发展。

第二节 体育教学中典型的教学模式

一、CBE 理论的高校体育教学模式

为有效改善高校体育教学效果，推进高校体育教学深化改革，提高高校体育教学水平，有必要逐步摒弃传统滞后的体育教学模式，加强 CBE 理论在高校体育教学中的应用，对高校体育教学模式进行创新。基于 CBE 理论，对高校体育教学模式进行创新构建，要引导教师摒弃传统滞后的教学观念，将培养大学生的体育运动能力和综合素质作为核心目标，促进大学生积极参与体育课堂教学。

（一）CBE 理论概述

CBE 理论，是指能力本位教育理论。该理论注重培养学生的能力，并以此为出发点，确立人才培养模式，并制定具体的教学方案。CBE 理论的核心，在于对学生职业岗位能力和综合素质方面进行培养。在教学过程中，学生占据核心地位和主体地位，要明确教学的具体目标，并对能力培养的详细方案进行科学制定，要有效保障教学内容具有较强的实用性。CBE 理论的教育目标在于有效培养学生职业岗位能力，并基于这一导向，对课程资源进行建设，对主要教学内容和具体教学方法进行合理选择，合理制定教学计划，并对教学进度进行有序安排，对教学评价体系进行优化，有效增强大学生职业岗位能力和综合素质。

高校体育致力于锻炼大学生的体魄和运动技能，增强大学生的综合素质。要基于 CBE 理论的科学指导，对高校体育教学模式进行科学构建，摒弃传统体育教学的思想观念和教学模式，引导大学生深入理解和全面掌握体育理论知识、体育运动技能和相关锻炼方法，有效增强大学生的身体素质。同时，对体育教学方案和内容进行优化，有效增强大学生职业岗位能力和综合素质。

（二）CBE 理论在高校体育教学中的实施应用

1. 引导学生熟悉体育学习锻炼环境

在高校体育教学中，对 CBE 理论实施应用，要引导学生熟悉体育学习锻炼环境，引导学生全面了解高校体育教学的具体内容、各项体育教学资源和体育锻炼设施等。另外，体育教师要引导学生了解高校体育教学的相关制度和具体规章。

2. 明确 CBE 理论在高校体育教学中的实施流程

高校师生要明确 CBE 理论在高校体育教学中的实施流程。在此基础上，体育教师要科学地指导学生对体育课程的各阶段学习目标、体育锻炼计划进行合理制定，并督

促学生严格遵循学习目标和体育锻炼计划、有序开展体育学习和锻炼，确保学生在规定期限内完成体育学习任务。

3. 对学生入学体育水平进行评价

高校体育教师要对学生入学的体育水平进行客观公正的评价，并依据评价结果，引导学生对体育学习锻炼的各项计划进行制定，并将评价结果作为体育成绩，对学生档案进行录入。同时，体育教师要综合考虑高校体育教学的各项状况，增强体育教学计划可行性。

4. 对学生的体育学习锻炼成绩进行评定

高校体育教师要基于 CBE 理论确立各项体育评价指标和相关要求，并合理确定体育考核时间，对学生演示的体育动作进行观察测定，在此基础上，对学生的体育学习锻炼成绩进行评定，并将成绩录入学生档案。

（三）基于 CBE 理论的高校体育教学模式创新构建策略

1. 对高校体育教学目标进行明确

基于 CBE 理论，对高校体育教学模式进行创新构建，要对高校体育教学目标进行明确。高校体育教学，不仅要注重锻炼学生的各项体育运动技能，还要深入挖掘体育运动项目具备的交际功能，强化体育课堂教学过程中的学生交互行为，促进高校学生开展体育运动项目竞争和团结协作能力，有效增强学生的竞争精神和合作精神。例如，部分体育项目具有较强集体性。对于此类体育项目，教师在教学过程中，可设置具有较强互动性和趣味性的体育比赛，组织大学生分成多个小组，开展小组间的对抗比赛，在此过程中，有效增强学生的竞争精神和合作精神，并锻炼学生的体魄和意志能力，在潜移默化中增强学生的人际交往能力，加强体育教学课程对学生职业岗位能力有较大培养。

2. 基于职业能力创设体育教学情境

加强高校体育教学对 CBE 理论的应用，要充分体现"能力本位"，并基于职业能力对体育教学情境进行创设。体育教师要深入考察并明确掌握各项体育运动项目的特点及其蕴含的教育功能，对体育教学情境进行科学创设，实现对大学生岗位职业能力的有效培养。教师要对体育教学情境进行科学创设，凸显集体互动性，实现对大学生体育学习个性化需求的良好满足，并有效促进体育教学集体目标的实现。教师要对体育课堂教学内容进行拓展延伸，将素质拓展的相关项目纳入体育教学课程中，增强大学生的集体意识和职业岗位能力。

3. 培养大学生的个性化能力和综合素质

基于 CBE 理论，对高校体育教学模式进行创新构建，要强化对大学生个性化能力和综合素质的有效培养。教师要引导并鼓励学生对各项体育运动项目进行自学，大幅度提高学生的自学能力，并强化学生对CBE理论的深刻认识，在潜移默化中增强学生的自学意识。教师要强化对大学生的科学指导，激发大学生对体育运动项目的学习兴趣和热情，引导学生对感兴趣的体育运动项目进行深入学习和反复锻炼，有效强化学生的个性化体育素质和运动技能。同时，在体育课堂教学过程中，教师要对后进生给予更多关注，并为后进生设置合理的体育教学目标，激发后进生对体育运动项目的学习兴趣和自信心，有效增强大学生的综合素质。另外，教师要兼顾个性化和集体化体育教学，促进大学生加强体育学习过程中的沟通交流。

4. 加强体育职业规则和道德教育

体育运动项目呈现出较强的交际性。多数体育运动项目存在相应的规则，学生在参与体育运动项目的过程中，自觉遵守各项规则，就能在潜移默化中增强自身教养。在CBE理论指导下，高校体育教学要加强体育职业规则和道德教育，帮助大学生有效完善其职业能力结构。通常，高校在开展体育教学过程中，所引进的各项体育项目，均具备相应的教学制度和各自的规则。对此，教师要加强体育运动项目相关制度和具体规则对学生的约束性作用，引导学生在参与体育运动项目的过程中开展有序竞争和有效合作，引导大学生树立良好的规则意识，并对大学生各项体育行为进行安全合理地控制。

综上所述，CBE理论注重培养学生能力。加强CBE理论在高校体育教学中的应用，对于增强学生的职业岗位能力和综合素质具有至关重要的意义。CBE理论在高校体育教学中的实施应用，要引导学生熟悉体育学习锻炼环境、明确CBE理论在高校体育教学中的实施流程、对学生入学体育水平进行评价、对学生的体育学习锻炼成绩进行评定并基于CBE理论加强高校体育教学管理。基于CBE理论，要通过对高校体育教学目标进行明确、基于职业能力创设体育教学情境、培养大学生个性化能力和综合素质、加强体育职业规则和道德教育、采用人性化的体育教学方式等策略对高校体育教学模式进行创新构建。

二、"互联网+"时代高校体育教学模式

随着我国互联网的进一步发展，其对于高校体育教学的冲击将会变得越来越显著，传统体育教学方法和模式在未来教学过程中将难以产生效果，必须要对教学进行必要的改革。作为一名高校体育教师，在当前也应该充分认识到互联网对高校体育教学的诸多冲击，并且能够尽快地转变教学理念，将自身放在跟学生同等的位置上，并积极学习各类新型教学方法，灵活利用互联网的优势来提高体育教学的最终效果。这样，高校体育教学才能够在网络背景下实现更好的发展，发挥体育教学的真正价值。

（一）何为"互联网+"新型教学模式

互联网以高效便捷、实时沟通、信息共享而优势凸显。如何充分利用"互联网+"，改变传统的备课、课堂教学、教育资源的差异给学生带来的不公平体验感，受条件限制，无法挖掘学生的潜质。发散思维，自主能动性学习差等都可以在这一互联网教育模式下改变，以共享信息为平台，互相交流学习，实时答疑；以大数据为背景，了解当代学生的学习情况，动态调整教学模式，提高教学质量，实现教学相长和资源共享。

那么什么是"互联网+"的新型教学模式？

"互联网+"新型教学模式是指教师以"健康第一"为指导，以新课标、新理念为准则，以学生为主体，事先在互联网上公布各个学期体育项目相关的教学内容和任务，提供各个专项的相关信息和视频，鼓励学生在课外需要主动使用互联网，对所选专项有一个基本常识和技能的感官认识，从而能正确选课，再通过课堂内的教学传授、自主学练、交流探究、总结提高等教学措施来完成教学任务的一种教学体系。既能避免学生选课时瞎选乱选的盲目行为，又能为学生主动熟悉各项体育项目提供足够时间和空间。其结构形式为：网上公布教学计划和教学内容及相关视频——了解项目特性和运动原理——激发兴趣——选课学习——交流探讨——探究创新——总结评价——强化提高。

（二）互联网信息技术对高校体育教学的积极意义

1. 促进了高校体育教学内容的扩充

传统体育课堂教学，往往是以教师为中心，让学生反复练习教师所示范的技术动作，属于被动学习，缺乏趣味，学生学习效率低下。因此，为了提高体育教学效率，就要丰富体育教学内容，提升其趣味性和多样性。在高校体育教学内容活动的设计中，通过引入信息技术与体育专业知识相结合，不仅能发挥互联网信息技术的优势，还会丰富体育教学的内容，从而吸引学生的注意力，激发学生自主学习的动力，培养学生良好的锻炼习惯和意识。

2. 可以在一定程度上弥补高校体育教学的不足

传统的体育教学，由于受场地、器材等因素的困扰，很难做到因材施教，而网络信息技术的迅速发展和广泛应用把人类带进了一个全新且高速发展的信息时代。随着网络信息技术不断地被应用到教学的各个领域之中，学生获取知识的途径呈几何倍数增长，高校体育教学也不仅仅局限于课堂教学，在教师的指导下，学生可以通过信息网络学习到各种各样的体育技能和知识。

（三）"互联网+"高校体育教学的改革途径

1. 转变教师教学理念

在传统教学模式中，教师跟学生之间的地位处于不平等状态，教师通常都站在主体地位上，学生只能被动地接受教学内容。在这种教学环境中，教师具有较强的权威性，并且跟学生间的交流沟通非常有限，最终教学效果也不会很高。而在互联网不断发展的背景下，学生的思想受到互联网的影响变得更加开放，并且开始抵触传统教学中的师生关系。这个时候，高校体育教学就应该在这方面做出改革，转变教师的教学理念，优化教学过程中的师生关系。

在这之中，教师应该认清互联网时代的转变，并积极接受互联网思想的熏陶，在教学过程中跟学生建立平等的交流关系。体育教学的内容相对于高等数学、专业课等学科来说本身就相对轻松，因此教师在教学过程中更应该弱化自己的主导形象，而应该尽可能的引导学生共同完成教学过程。这样以后，教师就能够实现跟学生的平等交流，不会受到太多的抵触。

2. 使用新型教学方法

在高校体育的传统教学中，教师一般采用的方法都是"示范—模仿法"，并且还会在一些体育运动开始之前给学生进行必要的讲解。这种方法虽然在短期内比较有效，并且能够让学生快速掌握各类体育运动的技巧，但是很难对学生进行强化训练，难以保证教学的质量，最终使得学生的体育训练效果参差不齐。特别是在网络背景下，很多信息化技术都已经拓展到了教育行业中，因此高校体育教育也应该灵活使用各类新型教学方法。

本节认为翻转课堂和多媒体教学通常在体育理论教学和课堂教学中具有较好的效果，但对于单个体育运动项目的技能熟练度提升方面的效果非常有限。在这种背景下，可以在高校体育教学中推行慕课教学法，即将部分体育教学内容放置在互联网平台中，让学生能够随时随地通过智能手机、平板电脑等终端来查阅到各类教学内容，提高体育教学的灵活性。不仅如此，慕课平台中还可以放置一些视频、图片、分解教程等资源，可以让学生清晰直观地看到各个体育运行项目的技巧，并且还能够随意回放各个动作，增强了教学效果。但慕课平台在高校体育中推行也是一件长期工作，需要高校投入一定的资源来着手完善。高校可以考虑逐步建设所有学科的慕课平台，充分利用这种新型的教学方法，将互联网跟教育教学真正融为一体。

3. 优化校园体育文化

在高校体育的传统教学中，很难形成特色鲜明的校园体育文化，最多体现在一些校内标语上。这也使得学生在接受体育教学过程中很难受到校园文化的影响，使得体育教学的效果一直都不理想。在互联网快速发展以后，高校大学生能够通过互联网来接触到更多的文化内容，使得高校内部文化组成变得非常复杂，无法对大学生群体产生正向的影响。

想要保证高校体育教学在网络背景下的教学效果，就应该改善高校校园文化，真正建立富有体育精神的新时代校园文化。这也需要高校管理者能够明确体育精神对于大学生身心成长的重要性，做好社会主义核心价值观相关宣传的同时，也能够跟体育院系共同开展一些校内体育活动，比如新生篮球赛等。通过这些活动在校内营造一种体育文化氛围，解决高校体育教学受到互联网多元文化的冲击问题。

4．"室内""室外"相结合，增加多媒体教学在体育教学中的应用

现代的体育教学，不应局限于体育场地（馆）当中，而是应该以教室、体育场地（馆）相结合，为多媒体教学提供更多授课时间。例如教师在教授体育技术动作和战术的时候，需要给学生演示和讲解，在传统教学中，老师的示范比较麻烦和抽象，学生理解上也会产生障碍，所以现在可以通过教室中的多媒体设备，通过多媒体技术来辅助体育教学，让学生通过观看技术和战术的视频图画教学或者体育比赛视频来进行学习，这样的教学更容易提升学生的注意力，且更简单易懂，让学生加深对体育运动认识的同时，提高体育技术的掌握能力。

5．创新体育教学内容，深化课程改革

在信息化的教学活动中，有很多的教学资源和教学方式，但是在教学活动中要选择适合本堂课的教学资源，不能一味追求教学内容的丰富性和多样性，而忽略学生对内容的接受程度。所以，在选取教学内容时，要对其进行取舍，选取更适合学生理解和接受的，能使学生明确教学目标的，且能对学生达到教学效果的教学内容。

三、MOOC时代高校体育教学模式

随着社会的高速发展，社会对体育人才的需求更多，如何实现高素质体育人才的培养是目前各大高校主要教学研究工作之一。人才的培养应该适应时代的发展需求和社会的前进步调，在现今信息海量化的时代，高校的教学模式也应该出现新的改变，使教学模式和具体的教学手段更加适应社会的需求。针对网络课程的高速发展趋势，高校在开展体育教育的时候可以运用网络课程的优势，强化学生对体育知识的学习和掌握程度。

（一）MOOC的科学内涵及发展趋势

1．内涵

MOOC是指规模较大的呈现开放性质的网络课程，是一种可以自主学习的网络平台，涵盖海量的学习信息。MOOC有着三个主要的课程特征，在很大的程度上能帮助浏览者进行高效的学习。第一是指课程特征。浏览者可以在平台上进行自由化的资源获取和观看，这样的课堂模式不需要浏览者根据教材开展具体的学习活动，同时，这些资源的获取是免费的，浏览者不需要为此支付任何费用。第二是对浏览或是学习的人员没有数量的限制。相对传统的课堂教学模式讲，这样的模式更加方便学习者的学习，不再受教室的环境和大小限制，无论多少人员都可以同时进行网络课程的学习和

使用，这样就大大方便了人员的浏览和学习，实现多人同时学习的需求。第三是具有开放的授权特征，浏览者不再局限于浏览网站的限制，通过网络课程开放授权，学习者可以通过不同的网页平台进行网络课程的浏览和学习。这样的模式方便了浏览者的信息查找，使学习者可以进行更好的网络平台的学习，提升自身学习成果。

2. 发展趋势

目前，MOOC 是国外各大高校比较受欢迎的一种教学模式，通过众多教学信息的提供，学生的学习效果实现明显增长。据相关资料显示，国外很多高校为了提升教学的整体效果，加大对教育资金的投入，制作众多的具有较高科学性和学科性的开放课程，深受学生们的喜爱。国外高校提倡终身学习的理念，认为知识的吸取是一项长时间的工作，没有具体的时间限制，知识作为一种重要的精神养料，人们应该重视知识的传播和学习，提升教学资源的开放性建设。

（二）开展 MOOC 体育课程的优势

1. 提升学生在体育课堂中的注意力

我国传统的体育教学是以封闭式的教学模式为主要手段，传统高校体育课程的课时一般为 90 分钟，学生在进行体育知识的学习中会出现注意力不集中的现象。现有的 MOOC 将整体的体育课程时间控制在 10—15 分钟之间，这样长度的课堂学习可以让学生以最好的注意力进行体育知识的学习和掌握。虽然体育课堂的时间较短，但是 MOOC 课堂将重要的体育知识融入进视频资源中，可以将重点的体育知识进行更好、更系统的总结和传播，这样可以提升学生对体育知识的学习效果。

2. 强化学生在体育教育中课堂的主体性

MOOC 是一种新型的教学模式和教学手段，创新了原有的高校体育教学课堂形式，在很大的程度上提升了课堂教学的开放性，同时通过这种新颖的教学模式提升学生的课堂注意力，强化学生的学习效果。MOOC 的课程时间控制在 10—15 分钟之间，这样的时间控制可以给学生提供更多的提问和交流时间，学生在体育课程的开展中可以强化自身对体育知识的掌握和理解程度，强化学生体育课程的主体性。同时，这样短时间的课程控制可以让学生以小组的形式开展知识的讨论，对那些没有完全掌握或是存有疑虑的知识开展小组的讨论，强化学生之间的学习交流效果。

3. 丰富了体育教学的资源

使用网络课程的体育教学，在一定程度上提升了教学资源的丰富率，使学生在接受体育教学的时候可以进行更多视频资源的观看，掌握这些网络视频中的体育知识点。使用网络课程的教学手段可以丰富原有的高校体育教学的模式，改变了原有的课堂教学模式，创新了体育知识的传播途径。可以说，MOOC 在很大程度上丰富了高校体育课程教学资源的总量，提升了学生接受体育知识的主动性，强化了高校的体育教学成果。

（三）我国大学校园开展体育教育网络课程的情况

1. 现状分析

随着近几年我国教学工作的改革和创新，我国已经开始了高等教育资源的平台共享建设，同时重视对一些新的教学理念和教学模式的引进和借鉴工作的开展，我国逐渐转变之前封闭式的教学模式，努力实现开放式教学工作的开展。根据最新的调查资料显示，我国高校在开展体育教育的工作中缺少足够的重视，国内几家重要的教学网站涉及体育专业的教学视频资源很少，甚至有的较为出名的教育网站上没有开设体育教学的网络课程，不能进行网络在线的学习。由此说明，目前我国高校的体育网络在线课程开设工作没有引起相关部门和院校的重视，未能给学生提供优质的网络在线学习平台。

2. 具体平台的使用情况

目前，就我国各类高校的教学工作调查情况来看，只有不足20所院校加入到MOOC中，这些学校开设的课程主要是以计算机课程、英语课程为主，仅有四川大学和华东师范大学开设了有关体育教学的MOOC课程。这样的数据资料就会给人直观的印象——我国高校网络在线课程的建设程度很低，有关体育教育的网络课程更是少之又少，整体的体育在线课程的建设需要强有力的支持，MOOC体育课程的建设应该受到各大高校的正确认知，各大高校应该积极强化有关体育教育的网络课程的建设力度，提升整体体育教育的成果。

（四）基于MOOC提升高校的体育课程的建议

1. 提升模式的信息化发展力度

现今是一个信息飞速发展的时代，为了提升学生体育学习的效果，高校应该努力提升MOOC教学模式的信息化建设程度，提升其发展力度，强化学生课程学习的效果。现阶段正是我国开展高校改革的时期，使用先进的教学技术和教学媒介是目前高校改革的主要手段之一，也是高校改革的一个重要表现形式。当前正在高效发展的MOOC模式是一种先进的信息化平台，是为学生实现网络学习的技术支持，通过开发体育的MOOC的课程，可以强化当前的教学改革成果，为体育教学的现代化提供有力的支持。

2. 更新高校师生观念提升MOOC课程的构建水平

体育教学是目前各大高校开展教学工作中的一个重要组成部分，体育课程的教学力度应该适应目前社会对体育人才的各项要求，应该积极引用先进的教学手段和教学媒介提升教学的成果。目前很多高校的体育教师根据多年的教学经验形成一套独具特色的教学思维和手段，形成一种固定化的教学理念和教学手段，导致很多高校在开展体育教学的过程中，课程的开展形式主要是传统的知识讲授，不能适应目前的教学发展需求。所以，为了实现更好的体育教学工作的开展，强化高校的体育教学现代化，高校的师生必须更新现有的教学观念，强化网络平台教学在各大高校的应用，推动这种全新的教学理念和手段的发展速度。

3. 借用国外的发展经验提升我国 MOOC 课程的灵活程度

目前，国外的 MOOC 课程发展程度较高，同时取得一定的教学成果，在体育教学的工作中有着一定的经验。为了提升我国高校体育教学工作的开展成果，高校应该吸收国外高校在开展网络课程教学工作中的经验以及开展的先进手段，努力提升高校体育网络课程的建设程度和发展情况。同时，我国高校在开展 MOOC 课程的时候应该以灵活的态度进行课程的改革，不能全部照搬国外的发展模式和手段，应该根据自身的发展情况以及国内体育课程的开展现状进行灵活性的课程开展。同时在课程开展时，重视学生对体育课程的意见反馈，通过学生的直观感受提升网络课程的建设成果。

MOOC 课程是目前具有先进水平的教学手段和媒介之一，高校在开展体育课程的工作中，应该积极引用国外的发展经验和先进的教学手段提升体育教学工作的先进性，同时应该根据高校自身的发展情况和课程的建设水平灵活运用 MOOC 课程，灵活调整体育课程的安排情况。

四、基于人才培养的高校体育教学模式

高校作为体育人才培养的摇篮，肩负着为社会各阶层培养高素质人才的使命。然而，在当前高校体育教学中，由于体育教学模式滞后，在一定程度上导致体育人才培养成效远不如想象的好。为此，随着素质教育的不断实施与深化，就要求高校应着眼社会需求，并结合自身办学条件，及时革新体育教学模式，培养更多体育优秀人才。鉴于此，本节就结合自身教学经验，谈谈基于人才培养的高校体育教学模式改革，以及为相关教学研究提供可参考价值。

（一）培养高校体育人才的必要性

在当今社会环境下，高校人才培养的主要目标着眼于服务、生产及建设等多个方面，并重视学生能力、知识、素质的全面发展。为此，高校人才培养的教育活动与课程设置都是围绕培养应用人才的目标展开。而体育教学作为高校教育教学的重要组成部分，对大学生身心健康发展有重要作用，所以体育教学更具有鲜明实践性及应用性。鉴于此，高校应结合体育教学与社会发展需求，革新高校体育教学模式。即打破传统教学观念，以学生个性需求为出发点，因材施教，充分发掘学生体育潜能，提升学生社会适应能力及就业竞争力。所以说，在素质教育及新课程背景下，培养高校体育人才势在必行。

(二)基于人才培养的高校体育教学模式方向选择

首先,当前高校体育学生多为"90后",由于学生个性特征较为显著,对新型教学模式欢迎程度更高,所以基于人才培养的高校体育教学管理部门要充分引进更多新型体育人才,旨在满足学生对教学内容趣味性、自由性及体育教学内容多元化的需求。

其次,高校体育教学与其他学科教学存在的一个最大不同点,即授课过程对设备器材配置要求很高,并不是只要一块空地就可以了。以拓展训练或定向越野等项目来说,高校必须配备相对固定的场地及设备,如若缺乏相应场地及设施就无法顺利开展相应教学内容,进而影响学生训练情况。所以说,优化体育教学设备配置是非常有必要的。

再次,随着高校体育教学模式的多元化,如果没有与之相适应的教学组织形式来支撑,高校体育教学有效性是难以提升的。对此,只有针对不同教学模式,选择合理且适宜的教学组织方式,才能为高校学生更好的学习提供一定保障,进而培养出更多体育优秀人才。

因此,在素质教育不断深入的当下,国内诸多高校已经设置了新型体育项目,如瑜伽、围棋及舞狮等,不仅激发了学生的学习热情,还为学校体育课程学习带来了更多趣味性。为此,结合时代发展进一步调整高校体育课程结构至关重要。

最后,在当前高校体育教学中,教师授课内容、教学实践能力、课程创新意识等多方面还没有形成科学的评价标准。虽然高校已制定相应评价制度,如实践技能展示、实践成果展示,但这些评价制度还缺乏一定可行性(重视锻炼结果,忽视学习过程),不利于学生全方面协调发展,更不利于优秀人才的培养。为此,完善高校教学评价体系非常有必要。

(三)基于人才培养的高校体育教学模式改革建议

1. 强化教学新型人才引进

据了解得知,当前大多高校由于缺乏一定的高水平体育专业人才,导致基于人才培养的体育教学改革停滞不前,甚至出现了教学效率低下、学生学习兴趣不高等问题。为此,要想实现素质教育下高校体育教学模式改革,加强对人力要素的重视是关键。人力要素对于任何组织的发展进步都是非常重要的,特别是高水平的人力要素对组织发展进步有重要促使作用。为此,基于人才培养的高校体育教学模式改革也不例外,也需要高水平人才的辅助开展教学,以培养更多优秀人才。

基于此,在人才培养视角下,为进一步满足新课改新要求下高校体育教学模式的基本需求,开展体育教学模式改革,强化教学新型人才引进至关重要。特别是一些新型的体育项目,如街舞、射击、棒垒球等,都需要新型优秀体育人才提供教学。尤其是对于那些刚起步的高校来说,强化教学新型人才引进更为紧迫。因此,在素质教育不断深化的当下，为进一步优化高校体育教学质量，培养更多体育人才，高校必须强化高水平体育教学人才的引进，旨在更好地开展体育教学，促使学生积极主动地参与进来。与此同时，高校还要对现有体育教师进行培养，包括教学理念、体育理论科研水平及教学能力等，进而提升高校整体师资水平，完善专业结构。由此可知，在素质教育背景下，基于人才培养的高校体育教学模式改革，迫切要求教师有极强的专业能力，需要不断更新自身知识系统，为培养更多优秀人才做好准备。

2. 优化体育教学设备配置

实践教学离不开教学设备，教学设备既要有实践教学的基础，也是实践教学的保障，更是衡量实践教学及规模的重要指标。然而，经实践得知，在当前大多高校之中，均存在不同层面上的体育教学设备问题，不仅影响着高校体育教学质量（利用率不高、浪费严重），还影响着高校体育教学改革进程的推进。鉴于此，基于人才培养的高校体育教学模式改革，优化体育教学设备配置尤为重要。

具体而言，为全面弥补高校体育教学设备配置问题，高校应基于人才培养视角主观性增加和完善新的教学器材及设备配置，为培养更多体育优秀人才奠基。具体而言，对于一些体育实施较为老化的设备及时更新换代，且相应的增添一些新型的体育教学器材，促使师生能够在不同程度上得到体育教学及学习上的满足。基于此，高校体育教学相关管理部门，应合理科学的进行资金规划与配置，以及适当增加高校体育教学设备配置资金，进一步扩大新型体育教学设备配置，为实现体育人才培养贡献力量。由此可知，基于人才培养的高校体育教学模式改革，只有在体育教学设备配置上加以重视并全面完善，才能进一步推动体育教学模式改革，培养更多优秀体育人才。

3. 创新高校体育教学组织

随着新课程改革的逐步深入，传统形式下的体育教学组织已不能满足现代化体育教学需求。究其原因，传统形式下体育教学组织形式单一且枯燥，不仅无法调动学生学习积极性，也无法激发学生运动潜能。为此，基于人才培养的高校体育教学模式要想得到改革，创新体育教学组织是非常重要的。实际上，高校体育教学模式改革就等同于教学组织创新，只有创新才能进一步推动改革发展，培养更多体育优秀人才。

以高校班级授课为例，虽说这是一种基本教学组织形式，但随着高校体育教学发展，这种教学模式也就需要不断改革与完善。如创立新的课程结构模式，在班级授课基础上加强个别化指导，改变和丰富班级授课中学生的组织方式等。如分层教学是顺应新课改新要求下诞生的一种新的教学方法，将分层教学应用到高校体育教学之中，可让各层次学生都能找到适合自己的学习内容与方法，从而以饱满的兴致参与其中并体会到成功的喜悦，最终获得更为优质的教学效果，培养更多体育人才。

4. 调整高校体育课程结构

在新课程改革背景下，科学合理且能调动学生学习积极的体育课课程结构，既能优化课堂教学效率，还能提升学生课堂体育技能训练质量。相反，设置不科学、不合理的体育课程结构，既不利于课堂教学效率的提升，更不利于学校对体育人才的培养。为此，基于人才培养的高校体育教学模式改革，调整高校体育课程结构与以上所述三点同等重要。

具体而言，以学生全面发展为核心，构建专业理论、专业实践及素质教育人才培养体系是高校体育人才培养的定位。只有找准体育课程在人才培养中的定位，才能根据学生专业特点，合理设置高校体育课程，为学生个体发展服务。即高校体育教师要跟随时代发展，拓展一些新兴体育项目如瑜伽、交谊舞、围棋、舞狮等，并将这些新兴体育项目引进体育课程建设之中。其次，高校还可以实行选修与必修相结合形式，强化学生课堂学习自主性的同时丰富学生课程结构合理性。最后，还要将终身体育理念融入体育课堂教学，旨在通过课堂学习养成终身体育锻炼意识，提高学生身体素质。由此可知，调整高校体育课程结构是推动基于人才培养的高校体育教学改革的重要途径之一，高校应加大重视程度，不可忽视。

5. 完善高校教学评价体系

影响基于人才培养的高校体育教学改革因素，除以上四点之外，也包括高校体育教学评价体系。为此，要想推动基于人才培养的高校体育教学模式改革，完善高校教学评价体系举足轻重，只有制定切实可行的教学评价制度，才能科学评价学生，促使学生更好地学习发展。

例如，高校教师可以记录学生各阶段的专业及实践成绩，如每个学习阶段的量化分值，并对其进行综合分析，旨在研讨与分析的基础上及时调整体育教学计划，促使学生明确自身阶段性任务，并朝着这个方向科学有计划地开展体育训练，以期望成为一名优秀的高校体育人才。由此可知，基于人才培养的高校体育教学评价体系，不仅要将过程性与结果性有机结合在一起，还要将理论性与实践性结合在一起，进而有效提升高校体育教学评价体系的科学性及公平性，为培养优秀体育人才奠定坚实基础。

综上所述，基于人才培养的高校体育教学模式改革势在必行，本节主要从强化教学新型人才引进、优化体育教学设备配置、创新高校体育教学组织、调整高校体育课程结构、完善高校教学评价体系这五方面进行探究与分析，旨在通过多种途径全面推动高校体育教学模式改革，为社会培养更多体育专业人才。因此，我们作为新时代背景下的高校教师，一定要加大此方面的重视程度，并做出相应的改变，以期为我国基础学校体育工作有效开展及社会各阶层奠定良好人才基础。

五、生态文明理念下高校体育教学模式

为了更好地构建高效生态体育教学，首要需要弄清楚的则是高校体育在教学模式

转变方面所遇到的问题。目前,基于生态文明理念,针对高校体育教学现状的调查研究,发现了诸多阻碍高校体育教学模式转变的问题,具体如下:

(一)生态文明理念下高校体育教学模式的转变问题

1. 生态体育认知不足,体育活动组织不力

随着我国对生态文明建设的重视,"五位一体"的生态文明建设已经被写入国家发展战略之中。然而,目前很多高校还并未将体育教学的生态化发展给予一定的重视。由于高校体育的教学模式一直以来延续的都是传统教学理念和教学方式,所以很多高校尚未认识到"生态教育"的根本目的与发展意义,生态体育教学也依旧停留在理论层面。甚至,很多高校出现了敷衍了事的状态,认为活动过后,一切回归平常,这严重阻碍了我国高校体育配套设施的引进,也不利于师生生态意识的提升。

2. 高校地理位置不利,生态体育教学不佳

通过相应的调查发现,目前我国各大高校大多数处于城市繁华地段,虽然所处地理位置十分优越,但是教学环境较差,且存在一定交通拥挤现状,导致学生的整体体育训练效果不佳。另外,在现实的生态体育教学模式转变下,笔者发现现有的生态体育教学模式并未抓住学生的兴趣点,教学内容、教学模式都并未引起学生的注意,评价方式也并未关注过学生个体之间运动能力的差异化,往往一概而论。加之高校教师自身体育素养与知识水平的限制,无法充分满足生态理念下高校体育教学模式转变的需求。

3. 配套设施严重滞后,生态体育开展不顺

近年来,随着各大高校的扩招,高校的学生呈现爆发式增长的趋势。高校用于体育锻炼的场地本就不够用,加之目前高校将学校的大量训练用地用于本校的基础建设项目,使得学校的体育健身场所更是骤然减少,活动面积严重不足。其次,因为高校资金投入及思想认知层面的限制,生态体育配套设施建设相对滞后,生态校园环境、体育运动场馆、硬件设施等配备不足,成为影响高校"生态体育"发展最为关键的要素。根据笔者所见,目前很多省级高校甚至没有自己的游泳馆、乒乓球馆,仅仅有的只有田径跑道和篮球场。这对于高校开展多样化的体育教学是非常不利的。

(二)生态文明理念下高校体育教学模式的转变措施

1. 树立生态体育文明新理念

高校体育引入生态文明理念,目的是为了建设人与人、人与环境、人与社会的和谐发展。首先,要明确教师与学生的理念,使得高校的体育建设与生态理念紧密结合,让传统的体育教学向更健康、更文明的方向发展。其次,要让学生明确生态文明体育的重要性,加强身边环境以及周边设施的重视,提高对自然的热爱程度,实现人与自

然的和谐。最后，树立高校体育教学的科学化与系统化，引导学生树立正确的体育锻炼思维，遵循科学的体育运动规律，科学进行体育运动，逐步实现人与社会的和谐发展。

2. 创建生态体育教学新环境

要想创建生态体育教学模式的新环境，首要需要建设的则是高效生态体育发展所需要的自然环境。自然环境就是涵盖高校在里面的所有人类活动已有的物质前提，所以在健全高校体育教学生态化结构的时候还应该构建它应有的自然生态环境。一方面，高校在选址上要远离市中心较繁华路段，以免城市交通拥挤，噪音干扰不利于学生正常的体育锻炼。要选取远离城市的周边郊区位置，最好是环境优雅、安静的场所。另一方面，对于体育场地以及配套设施、器材的选择则要注意内外部空间的科学运用。例如：把高校的空地实现合理运用，建立安全生态体育场所，对各项运动设施给予后期修护，同时将场馆内的器材定期更新换代，为学生营造更安全的运动环境。

3. 创新生态体育教学新模式

生态理念下的体育教学模式转变不仅仅要对体育内容本身进行转变，还需要对体育教学评价进行转变。将传统的只会量化的体育评价逐步纳入心理、情感等因素进行考评，在评价过程中，要重视学生课余时间的体育锻炼方式、身心发展程度以及价值观念形成。另外，在体育的教学中，要以学生为本，重视学生自身的需求，尊重学生个体的差异化，善于发现学生体育锻炼的擅长项目，用欣赏的眼光看待每一个学生，引导学生树立正确的生态化体育锻炼意识，提高学生对高校体育运动的重视。

总而言之，生态理念下的高校体育教学模式的转变研究是为了让高校逐步摆脱传统体育课堂对学生的限制，转变师生的意识，提高学生对生态文明的认识程度，从而增强学生对于高校体育的重视度。这对提高学生的身体素质，养成学生体育锻炼习惯具有重要意义。

六、VR 虚拟信息技术的高校体育教学模式

当前科学技术的发展日新月异，体育教学引入 VR 虚拟信息技术对改变当前体育教学具有较强促进作用。进入新世纪，随着信息技术不断完善，信息化在教育教学领域不断得到更好的应用，VR 虚拟信息技术在高校体育教学之中运用成为大势所趋。高校体育课程具有较强理论性、特殊教学手段的特点，在 VR 虚拟信息技术下的"沉浸式"课堂，具有较好的教学效果。笔者在本节中首先概述了 VR 虚拟信息技术，然后研究了高校体育教学中 VR 虚拟信息技术的应用情况，最后探讨了 VR 虚拟信息技术在高校体育教学中的实际应用。

(一)VR虚拟技术概念内涵及其发展

1.VR技术的概念内涵

VR虚拟信息技术又简称为VR技术，所谓的虚拟现实指的是在计算机的帮助下对人类感知进行模拟，我们又称其为虚拟环境。我们在对这种环境进行创造的时候，相关人员通过听、触、视等多种感觉的作用下对感知进行强化，进而让人们在计算机制造的虚拟世界之中沉浸，具有身临其境的现实感。在创设的学习情境之中我们广泛应用虚拟现实技术，这对学习内容的形象和趣味具有较强促进作用，以实现更好的学习效果。把VR虚拟信息技术引入到高校体育教学之中，不仅可以让危险动作的训练更加安全，还可以把培训成本进一步降低。所以，对体育教学领域来讲，VR虚拟信息技术相对多媒体、计算机技术更具优势。

2.起源与发展

VR虚拟信息技术是一种集合多种技术的高科技，综合运用的技术有模拟技术、仿真技术、计算机技术等，这也是今后研究的重要方向。虽然自2016年之后虚拟信息技术才被人们所熟知，但是实际上其发展历程已经走过了六十载。当前，很多高校已经致力于研发和应用VR虚拟信息技术，有的高校成立了系统仿真、虚拟现实技术实验室，不断促进VR虚拟信息技术向现实应用。如浙江大学、哈工大、北航等学校在虚拟施工、人机交互等方面具有很深的研究。这些高等院校的实验室甚至可以承担较高的项目，实践表明，VR虚拟信息技术可以让学生在很好的场景下开展学习，让学生的体验更明显，这对学生掌握和巩固知识具有较强的促进作用。

(二)VR在高校体育教学中的应用情况

1.国内学校教育中VR技术的应用现状

随着计算机技术的不断提升和教学理念的改变，在各个体育领域，现代科学技术有很深的应用，特别是在体育教学培训中的应用更加深入。北京有家科技公司在VR领域具有较深的研究，他们在课堂教学之中使用VR技术进行有效的整合，研发的"IES"沉浸式课程体系获得很大的成功，并在高校体育教学之中进行有效应用。2016年在广东工业大学举行了VR虚拟信息技术在教学之中的应用实践研讨，因此在高校体育教学领域VR虚拟信息技术有了更广阔的应用。

2.VR体育教学相比传统体育教学表现出的优势

我们有效的运用VR虚拟信息技术，可以确保老师的指导更加精确，让老师更有效地开展教学。借助VR虚拟信息技术，老师可以对学生的动作进行有效的捕捉和多次播放，对学生动作的正确性和规范性进行检测，让师资力量压力进一步减轻。在互联网和大数据的作用下，VR虚拟信息技术可以有效记录学生体育学习情况，如学生的运动时间、类型、身体情况等，在计算机的帮助下向老师和学生反馈体育教学结果，对老师来讲可以更好地对训练进行有效的调整。对学生来讲，在VR虚拟信息技术的作用下，学生学习兴趣得到培养，学习体育知识的热情高涨，可以让学生更好地理解和掌握运动技能。同时在VR虚拟信息技术的帮助下，原来安全、场地、设施等体育教学受限因素将不复存在，在VR虚拟信息技术的帮助下，我们可以对多种体育项目所需的场地进行模拟，高校可以更好地开展体育教学活动。

(三)VR虚拟信息技术在体育教学中的应用

1.虚拟现实沉浸课

3D仿真模拟是沉浸式学习的起源，在教学课堂上有很好的表现。随着沉浸式虚拟现实技术的不断提升，在视听设备的帮助下，学生可以对学习环境进行科学有效的构建，实现和真实学习同样的感受。把沉浸式虚拟现实技术引入到体育教学领域，一些奇幻的学习体验，如漫步星空可以实现，一些美妙的学习乐趣，如畅游深海也能达到。事实上，和其他国家相比，我国把虚拟现实技术引入到课堂教学中的时间最早。

一些高精技术教学，如航空航天、医学等课堂教学之中具有完整的沉浸式虚拟现实技术应用体系，和其他学科教学模式相比，体育领域的竞技活动具有一定的特殊性，在体育教学之中引入沉浸式虚拟现实技术和其他学科存在很大的不同。作为一门综合性学科，运动训练学科涉及管理学、物理学、医学、心理学等众多学科，不管是教学内容还是训练内容的方式方法等都受限于体能、技能等多种因素影响。把沉浸式虚拟现实技术引入到体育领域，核心的影响因素为中心，在平台上集合终端、应用系统等于一体化，构建和真实学习环境一样的学习模式，以便于学生能够全神贯注地投入到学习之中，获得类似一对一教学的效果和感受。

当前VR技术虚拟环境并不是简单地构建3D仿真，或者对实际场景进行模拟，而是实现360度全景式的虚拟实景。体育教学的特殊性决定了其具有特殊的虚拟环境构建，运动项目的不同所需要实现的虚拟场景存在一定的不同。因此这就要求我们必须根据体育运动项目的实际情况对其教学进行虚拟现实沉浸，并在其中很好的融入其他技术，诸如AR、MR技术等，以便于保持丰富多彩的课堂形式。

2.教材体系的应用

对大学体育教学来讲，教材在其中扮演着一个重要的角色，通过教材理论知识的帮助，我们可以更好地了解和读懂动作标准和要求，以便于更好地对各种技术尽快掌握。传统的体育教材，一般使用文字结合图片的形式描述技术动作，但是不管文字如何描述、图片如何的精美都无法把技术动作全方位的展现出，只能退而求其次的使用分解动作进行展现。在VR技术的帮助下，我们可以把这种情况很好的改变，也就是说我们可以通过，VR技术虚拟环境让学生全方位360度观看动作要领。我们把2D的图片转变为3D的动画，通过这种形式对教学知识点进行对应展现，让原本枯燥、难以理解的理论知识更好的转变,确保技术要点以更加生动和直观的形式不断展现,这对学生学习主动性和激情的激发很有帮助,可以把重难点知识尽快地突破,实现效率和质量并重。体育专项 VR 教材主要有课本、手机终端等组成,承载着和课本相对应的知识点。

在信息技术不断发展的当今时代,课堂形式的变更越来越先进,对现代体育教学而言,传统体育课堂传授知识的执教模式已经不再适应,尤其是引入 VR 技术虚拟环境之后,其具备的超时空性、仿真性等特点,开辟出了全新的执教领域和天地。在虚拟化教学的帮助下,可以在教室内展现出以前必须在操场上开展的体育项目的学习,让死气沉沉的课堂教学变得更加生动有趣。如游泳课程教学之中,我们在对理论知识进行传授的时候,会更加的清楚。在移动终端的帮助下,可以对教学进行极大地辅助,发挥着独特的作用。同时,VR 技术虚拟技术还可以让老师和学生的交互性大大提升,不再受时空限制。

对体育教学事业来讲,高校体育教学改革是其中的一个重要环节,在"互联网+"技术浪潮下,VR 技术虚拟信息技术得以呈现和不断完善。科学技术获得极大的进步,硬件和软件的水平不断提升,价格上也更加有优势,相信在今后高等院校教学过程中,VR 技术虚拟技术的应用会更加广泛,也会取得更好的效果,对此,作为高等院校的体育老师应该有清醒的认识。

七、面向阳光体育的高校体育教学模式

我国社会整体发展速度正在不断加快,在这样的时代背景之下,我国教育事业的整体发展进入到了一个新的阶段。但是对于很多大学生来说,其综合体育素质较差,并没有养成良好的体育锻炼习惯,这也导致其身体素质以及心理素质较差,将来走向社会势必会面临着多方面的考验以及打击,如果学生自身的心理素质较差,很难在社会上立足,同时也不利于学生的健康成长。因此,对于高校而言,展开体育教学是非常重要的,但是传统的高校体育教学模式往往与现阶段的阳光体育教学理念还存在着一定的差距,这势必会影响到高校的综合体育教学质量,同时也不利于学生的综合健康发展。这样的时代以及教育背景之下,高校应该对自身的体育教学体系以及模式进行不断改进,从而促进高校体育教学事业不断发展。

(一)阳光体育教学理念在高校体育教学落实过程中存在的问题

1. 目标意识不强

从现阶段我国高校体育教学活动展开的实际情况来看,虽然很多学校已经全面落实了阳光体育教学的理念,但是从整体的落实效果来看,往往存在着教学目标意识不强的情况。在新的教育教学形势之下,如果高校体育教学的目标意识较为薄弱,这势

必会对高校今后的体育教学事业展开并产生较为严重的影响。对于高校方面来说,在展开体育教学的时候,不仅要让学生掌握相关专业知识以及专业技能,同时还应该使学生的身体素质以及心理素质与现阶段我国社会发展实际情况相契合,这样才能够保证高校学生的综合素质得到有效提升,在正式踏上社会之后,可以更加从容地面对种种来自外界的考验,这也是高校体育教学的重要意义以及职责体现。但是很多高校在展开体育教学的时候往往会受到传统体育教学理念的影响,这也在很大程度上影响到了高校教育事业的整体发展。很多学生都没有养成良好的运动习惯,因此,如果不受到教师的监督,学生的身体素质就会下降,这不利于学生在现今竞争日益激烈的社会环境中长久发展。

2.高校体育设施存在落后的情况

从现阶段我国高校体育教学活动展开实际情况来看,很多学校都存在着体育设施较为落后以及体育设施不健全的情况,很多高校为了可以更好地节约教育教学活动展开的成本,往往对体育教学的重视程度不够,在体育设施采购方面的资金投入较小,这也使得高校体育教育事业的发展速度较慢。体育设施是体育教学活动展开的基础,对于体育课程来说,应该是一门以实践操作为主的课程,体育设施对于体育教学活动的展开有重要意义。除此之外,阳光体育教学对高校体育教师自身的专业水平也是有很高要求的,但是很多高校的体育教师往往没有达到这样的水准,缺乏教学经验,并且对新的教学理念以及教学器材的接受速度较慢,这也直接导致了体育教学模式的创新速度较慢,很难赶上时代以及教育事业的整体发展脚步,这也是导致阳光体育教学整体质量难以得到有效提升的关键。

(二)阳光体育的高校体育教学模式创新体系构建策略

1.转变体育教学观念

想要更好对阳光体育进行落实,高校方面首先应该注意对传统的体育教学理念进行一定的转变,从而使其与现阶段我国教育事业的整体发展理念以及社会的发展理念更加适合,这样才能够保证学生今后踏向社会之后有较强的心理素质,对自身有更加明确的认知以及定位。面向阳光体育,高校教育部门的相关领导人员应该清晰地认识到体育教学的重要性,对传统的体育教学理念进行转变,坚持以学生为本的教育理念,注重体育教学情感化,这样一来可以使学生在体育教学活动中的重要性得到更好的体现。例如,高校在对学生展开篮球教学的时候,其中有一个非常重要的环节是投篮教学,教师完成基本动作教学之后,可以让学生自行练习,当学生练习一段时间之后,教师要组织学生展开小组投篮竞技游戏,这样一来可以有效提升学生篮球学习的积极性,同时也可以激发学生篮球学习的兴趣。

2. 注重开展课外运动

面对阳光体育，高校应该将体育教学的内容与学生的课外活动进行关联，高校方面可以定期在校内展开体育竞技比赛，例如篮球、足球、羽毛球、排球等比赛活动。这样一来势必会使学生的业余生活得到极大的丰富。例如，高校可以定期举行足球比赛，足球是一项全民运动，同时也是一项集体性很强的运动，可以让很多学生都参与到运动项目当中。同时教师还应该注意对相关参赛的学生进行技术指导以及团队协作指导，这样可以使球队的整体凝聚力得到有效提升。同时，在进行足球比赛的时候，学生还应该做好相应保护措施，避免在运动中出现受伤的情况。

从现阶段我国高校体育教学活动展开的实际情况来看，尚且还存在着诸多问题，学校方面应该积极对自身的教育教学模式进行改进，同时还应该根据学生的实际情况对其展开有针对性的体育教学。面对阳光体育，高校应该注重对体育教学模式进行丰富，告别传统单一的体育教学方式。此外，高校方面还应该进一步提升体育设备的采购以及更新力度，体育设施是保证体育教学整体质量的关键，只有保证体育设施的供应，才能够保证体育课程的实践性得到更好体现，从而使得高校体育的综合教育效果得到更好的体现，有助于学生身心健康成长。

八、文化传承视野下高校体育教学模式

中国作为四大文明古国之一，拥有五千年的文化历史，我国的文化源远流长，博大精深，一直以来都是人们的精神向导。在我国社会发展进入新时期后，我国在教育中的改革也表明国家对文化传承的高度重视，对文化复兴的强烈期望。在高职院校的教育改革中如何融合中华文化，是改革中重要的环节，对于文化传承起着重要的作用。

（一）文化概念

文化是人们对生活的升华，是人们在满足物质需求后对精神需求的追求，是人们在社会发展中，为后人创造的文明。在精神世界中有所寄托，先辈在精神追求的过程中，创造了文字，发明了笔和纸，通过诗词歌赋让我们有机会了解到他们的精神追求，这就是文化。

（二）体育文化

体育文化与早期人们生产生活有很大的关联，受到地区和民族文化的影响，是人们对生产劳动的总结和升华，也是在和平时期人们对尚武精神的推崇，逐渐演变成为体育文化。反映了人们对物质生活的满足，也追求身体健康的精神。

（三）文化传承创新与高校体育文化

一个国家的综合实力在文化传承上有重要的体现，只有综合实力强的国家，才不

会被国外的文化侵蚀，才会将本国的文化进行传承。任何国家和民族的发展都离不开文化的熏陶，而文化也离不开社会和人民，人离开文化熏陶就会丢失精神追求，就会变成野蛮人。社会离开文化的熏陶，社会的风气就会变得焦躁，不知道生活的美好，渐渐地变得麻木愚昧。文化、人和社会是相辅相成的关系，只有携手共进才能让人民进步，社会进步，文化才能得到传承。高职院校是为社会培养人才的基地，因此不能没有文化的熏陶，高职院校教育作为在社会发展中的重要角色，所以在文化传承创新方面有着重要的责任，是向学生传播文化的重要基地。高职院校的教育，如果对学生没有文化传承的教育，就不可能培养出品格高尚的大学生，不能培养出高素质技能型人才，对社会的发展就没有价值。所以在高职院校的教育中文化传承创新是重要的教学目标，高职院校需要在校园内为学生创造良好的文化氛围，在文化传承创新上要成为领头羊，只有这样才能增强我国文化复兴的建设，才能让我国的文化在全球多元化的影响中生生不息。

体育文化作为高职院校校园文化的一部分，主要是利用学生的体育活动，培养学生的体育精神，增强学生文化意识的教育。高职院校拥有良好的体育文化氛围，不仅可以培养学生体育锻炼意识，还可以培养学生的社会责任意识，可以让学生对于参加社会活动变得更加积极，培养学生在社会工作中的交际能力。所以在新时期对于新文化的需求，高职院校体育文化要积极的创新改革。高职院校体育文化反映这个时代这个国家的特征，在教育中影响着学生的社会价值观，也影响着学生对于体育精神的认知，和体育活动的行为。体育文化从其本质上讲，是体育活动中体现出来的精神价值，这种体育精神影响着学生的精神追求和行为作风，是在人们长期的体育活动中总结的意识形态，是人们超脱于体育活动的内心追求，是体育文化的灵魂。不管是哪种形式的体育运动，都不能没有体育精神，体育行为是人们为了满足对于体育活动需求进行的活动。体育行为有很多种，比如观赏比赛、购买体育用品的消费、组织体育活动的一些有关体育的一些行为和活动，这就产生了体育行为文化。高职院校体育教学的重要性，是可以影响学生的体育行为和体育活动习惯，从而对学生的体育精神产生影响。体育精神的培养，可以决定学生的人生价值观，所以高职院校要通过不断地进行文化传承和体育改革才能更好地培养学生的精神追求。

（四）当前体育教学存在矛盾分析

我国对高职院校的体育教学是比较重视的，在中华人民共和国成立的七十年里，根据不同时期的发展需求和历史特点，前后五次对高职院校体育教学的指导纲要等相关文件进行修改，每次修改都为高职院校的体育教学内容进行拓展和补充。新的时期，也要有新的内容，老旧的体育教学指导纲要，在当前实际的体育教学中有很多问题，现在的学生沉溺于游戏、玩乐，身体素质逐渐下降，还不喜欢参加体育活动，缺乏体育锻炼活动和意识。这种情况的发生与高职院校的体育教学有关，也与社会发展的环境有关，面对新的问题和环境，高职院校要积极寻找解决办法。

1. 课程目标理念与实施载体之间缺失

根据教育部颁布的《全国普通高等学校课程指导纲要》指示，全国高职院校体育教学要以"健康第一，终身体育"为指导思想，"运动参与，运动技能，身体健康，心理健康，社会适应"为教学目标。而在高职院校实际的体育教学中，无法正确用体育课程对学生进行心理健康辅导，和社会适应活动实践的教学目标，在高职院校长期的体育教学中，习惯教授体育知识，体育活动技能知识，没有重视在体育教学中进行体育文化的培养，使体育教学缺失了文化的传承。

2. 课程目标理念与组织实施行为之间的缺失

体育课程目标理念的实现需要高校合理安排课程内容，系统建立课程结构，不断完善体育教学方法。当前高职院校的体育课程时间短，课程内容单一枯燥，学生多是学习体育课程的理论知识，教授学生体育技能，开设的课程有乒乓球、排球、羽毛球等课程，并不是所有的学生都对这些课程感兴趣，所以导致学生在体育课程的学习兴趣并不是很高。学生对体育课程的学习也只是为了获得学分，对体育运动的技术技能，只学到很浅的一部分，只要能够达到考核要求，就不会再练习，也不会对体育文化深入学习。学生到体育课堂，只是为了签到保证满勤，综合考核成绩提高分数，这样的体育教学模式没有重视对学生进行体育意识和体育习惯的培养。而且高职院校的场地有限，为了全方位的发展会开设其他的课程，建设相关课程的教学场地，使体育教学的场地减少。由于高职院校的资金短缺，在体育器材的购买力度上也会降低，不能满足当前体育教学对硬件的需求，使体育教学的改革受到很大的阻碍。

3. 课程目标理念与器物配备之间存在缺失

现在很多高职院校的体育场地有限，体育器材也得不到充分的补充，在实际的体育教学中无法实现课程目标理念，很多体育项目在高职院校都没有开设，如网球、标枪、射箭等。有些体育项目开设但是学校没有匹配专业的场地和器材，如乒乓球、排球，使学生对体育课程的兴趣没有较高的热情，所以体育教学的效果并不能让人满意。

（五）高职院校体育教学改革课程建设建议

1. 体育课程目标的确立要具有多维价值性

高职院校体育教学，在文化传承视野下的体育课程目标主要是学生通过体育学习与体育活动完成的。主要是学生当前的能力价值观、健康价值、文化价值和社会价值。能力价值使学生在高职院校体育课程中，对体育知识的掌握和体育锻炼的程度，健康价值观使学生运用体育知识和锻炼使自身的身体素质得到提高，心理素质也能够健康，文化价值观使学生在体育活动中的体育习惯更良好，社会价值观使学生在体育课程学习过程中形成的思维和价值。所以高职院校体育课程目标的确立要具有多维价值性。

2. 多元化课程内容设置

课程内容的设置要根据实际课程目标而确定，从以往的经验中寻找方案原则，要理论与实践、传统与现代、民族与国际、兴趣与科学、生活与人文相结合。以此为原则，根据实际的教学情况，设计体育课程内容，如体育知识理论、体育项目、竞赛训练，这样丰富了体育课程内容，也使中华文化得以传承。

3. 系统化的课程实施

设计好的体育课程在实践过程中，要进行系统化的执行，要合理地安排课程设置和课程结构，在实际的体育教学中要找到合适的教学手段，体育教师要因材施教，对不同学生能够有不同的教学方法。高职院校也要加强对体育教师的文化素质培养，在假期体育教师都要有时间阶段进行专业素质的培养，学校对体育教学硬件设施进行建设，也可对人文景观进行建设，为学生提供良好的文化氛围，在文化传承视野下，体育课程系统化的实施也有着很大的推动作用。

（六）文化传承视野下高校体育教学模式创建研究

1. 高校体育教学改革与校园体育文化相结合

校园文化建设和体育文化建设作为高职院校体育教学改革中的精神动力，需要对其建设进行加强，在高校体育教学的改革中需要结合人文关怀，在改革中要坚持以人为本的理念，对高职院校内体育物质文化建设要不断地完善，同时也要不断完善体育精神文化，学生在文化的熏陶下，会不断地提升自身的身体素质和心理素质，达到身体健康和心理健康的教学目标，这样才可以促进校园体育文化的完善。在体育教学中融合中华文化，不仅可以促进学生心理健康，还可以让中华文化得到文化传承。

2. 高校体育教学改革与文化传承相结合

对于中华五千年的文化，需要不断的传承才能了解其中的奥妙，我国文化经过积累沉淀，已经拥有非常雄厚的根基，深入每个人的心里，生根发芽。所以要用深入人心的文化，在高职院校体育教学中进行改革创新，一定会成为体育教学改革的助力，中华文化也会在体育教学中得到传承和发展。

高职院校体育教学改革，主要以"怎样培养人才"和"培养何种人才"为基准，要想得到满意的答案只有通过文化传承创新。文化传承创新和高职院校体育教学改革的融合，不是一蹴而就的事情，需要对其进行探索研究，需要思考制定行之有效的计划，才能让高职院校培养出国家当前需要的人才。在体育教学过程中还可以弘扬中华文化，对学生进行体育精神的培养，首先要培养学生对文化的传承意识，其次要培养学生对精神世界的追求。这样才能让学生主动学习增加自身文化素养，学生才能主动锻炼，增强自身身体素质，才能让学生在文化传承视野下努力充实自己，为我国高职院校体育教学改革做出贡献。文化传承是高职院校体育教学改革的理论基础，在体育教学改革中提倡的以人为本和各种健康体育教学理念都是从中华文化中提炼出来的，所以高职院校的体育教师，也需要不断地学习扩充自身的理论知识，这样才能为学生提供更好的体育教学，让学生在掌握体育运动知识和技能的同时，也能够做到对中华文化的传承。

3.高校体育教学改革与中华文化精神内涵相结合

在社会的发展中，高职院校体育教学的改革也更进一步，在体育教学改革之后，学生的心理素养和身体素质都得到很大提升。因此改革后的体育教学也为中华文化的传承和发展提供新的路径，中华文化在高职院校的体育教学中进一步得到发扬和传承，促进学生对文化的学习和精神的进步。这样的高职院校，可以更好地为我国当前的社会发展培养更高品格的人才，可以让文化的传承得到更好延续。在体育教学中发掘中华文化的精神内涵，高职院校在体育教学改革的过程中也许会成功，也许会失败，失败并不可怕，我们可以对失败总结经验，在下一次的改革实践中，就可以更好的避开失败，离成功更近一步。从中华文化中，可以看到很多改革的失败，也有很多实验的失败，但是先辈们一直在坚持，从不气馁，这对于学生的体育教学有很大的意义。现在的大学生是中国发展的基石，是中华文化在传承的中坚力量，体育教学改革是必要的，可以促进学生精神世界的提升，才能让学生感受到中华文化的魅力，才能让中华文化在高职院校的体育教学中得到传承。

高等职业院校在体育教学推动文化传承的实践中，要强化校园内的文化氛围，让学生时刻都在文化的熏陶之中。高职院校在体育教学改革中应大胆创新，将体育教学与文化进行有机的融合，拓展体育文化的精神内涵，让学生在体育课程的学习中，使自己的身心素养得到提高的同时，对社会的了解也要更加深刻，在学习的过程中认知自我，最重要的是对文化的传承。

第三节 新型体育教学模式的构建和运用

一、高校体育互动教学模式的构建

"为了每一位大学生的发展"、"以人为本"是新课程发展的核心理念。在高校体育课堂教学中，教师的首要任务是要营造一个接纳的、支持性的、宽容的教学氛围，创设能引导大学生主动参与到教育环境，让他们在平等、尊重、信任、理解和宽容中受到鼓舞和激励，使他们的个性得到解放与张扬，情感得到丰富与发展，思想得以交流与提升。为此，日常工作中，营造出开放互动的高校体育教学氛围，具有非常重要的现实意义。

（一）转变高校体育教学观念

（1）由单纯生物目标向全面发展目标观念转变。人的全面发展是指在身体、智力、品德、审美和技能（特别是运动技能）的形成和发展。在传统观念里，高校体育教学的目标被看作使学生通过身体练习掌握运动技术，提高身体素质，即只是从促进人的机体的各组织系统的发育及机能增长的单纯生物方面发展，而忽视了其他各方面的发展。因此，在高校体育教学中应充分体现体育教学的教育性，根据教学内容的特点，通过教与学的双边活动，对学生进行激发、诱导和感染，运用现代的教学思想和教学形式、方法，培养学生意志品质、个性等，通过优美的示范及音像教学片的欣赏，使学生对内在美有深刻的体会，在知、情、意、美、行上全面发展，达到教学目的和目标。

（2）教学形式多样化，由讲授转为引导。学生是学习的主体，能否调动学生学习的积极性是教学成功与失败的关键。因此，在学校体育教学形式上教师应打破过去那种注入式、照本宣科的讲授形式。教学形式要多样化，对学生要善于引导，给他们自己锻炼的机会，通过"导学"、"导练"、"导规"等方法引导学生体育学习方向，改变教学中"我要学生练"的教师强制和"教师要我练"的学生为客体的被动倾向，形成学生"我要练"的主动体育。

无论是掌握知识还是发展智能，除了需要外因——教师的有效指导外，更要通过内因——学生的积极思维才能实现。教学中教师的引导作用不仅要体现在教学活动中，更应体现在如何调动学生学习的积极性和培养学生思维能力上，要给学生提供更多的时间来思考和练习。传统的教学以课堂为中心，教材、进度、方法为同一模式，把教学活动拘泥于狭小的天地里，学与用脱节，不利于培养学生的主动性、创造性。因此，要扩大教学领域，积极开展第二课堂建设，使之成为教学内容一部分，利用第二课堂组织各种形式的锻炼小组，开展各种课外竞赛活动，并逐步走向社会。

（二）和谐的氛围是互动教学的基石

和谐的气氛并不意味着不要上课的严肃性，而是建立在有组织性、纪律性的课堂基础之上的，更好地完成教学任务取决于和谐的氛围。因此，努力创造一个和谐的课堂氛围，使学生更好地感觉每节体育课都很舒服。一个良好的师生关系，建立在和谐的前提下，创造一个良好的课堂气氛。教育心理学研究表明："不断发生着微妙的情感交流的教师和学生之间，学生的情绪是伴随着整个教育的各个阶段。"教师在教学过程中的言谈举止将直接影响课堂气氛的和谐程度。哪怕一个新的动作或练习动作失败的学生，老师必须用温柔的眼神，鼓励的言语，鼓励他们，帮助他们，让他们找到自己的优点,帮助他们树立自信心,提高学生的满意度,以提高教育计划,增强学生学习的信心。

(三)构建民主、平等、和谐的师生关系

在教学中,教师和学生是构成课堂环境的重要因素,是构成课堂活动的主体。教学活动中的人际关系主要有两种:一是师生关系,二是生生关系。教学过程就是一种人际交往活动的互动过程,在师生展开交往的过程中,交往的双方都是具有独立道德的自由主体。学生是主体,是教学活动的参与者,是与教师配合进行教学活动的参与者,学生是平等的一方。而教师在教学中不仅是"所有课堂参与者之间以及这些参与者与教学内容之间各种活动的促进者",他还是教学过程的组织者、引导者、参与者、评价者、服务者。因此,师生双方是在道德平等的基础上合作,共同以主人身份来完成教学。这样就把大学生群体真正纳入到一种民主、平等、理解、双向的师生关系中。在这种关系中,大学生可以积极地参与教学活动,也在教师的尊重、信任中全面发展自我、获得成就与价值的体验,并感受道德的自主和尊严,感受到心灵成长的愉悦。因此,在教学交往中,体育教师要积极的创设这种民主平等的师生交往和生生交往情境,使大学生更多地体验到平等、自由、民主、尊重、信任、友善、宽容、理解、亲情和友爱,同时受到鼓舞、感动、激励、鞭策,得到指导和建议,从而形成健康、积极、丰富、向上的情感体验、人生态度和价值观。

(四)实现大学生的主体地位

创新能使人快乐,求美能使人愉悦。体育教师要特别重视培养大学生自己科学设计组织练习的能力,在课堂教学中要给大学生一个自由选择的余地,鼓励他们利用已有的体育知识去解决实际问题,鼓励他们大胆探索,勇于实践。随着大学生知识、技能和身体素质的不断增长,他们独立学习的能力、分析问题、解决问题的能力较之以往有很大的提高。因此,在新课改的精神指导下,要实现大学生的主体地位。让大学生参考教材或用教师提供的练习方法进行练习,也可以自己设计练习形式和方法,充分发挥他们的主观能动性,诱导和启发学生积极参与教学活动,体现以学生为主体,教师为指导的教学思想,这样不仅可以满足大学生渴望自由运动的要求,而且可以充分发挥他们的想象力和创新能力,在这种诱发力的推动下就会形成"情景—教师—学生"多项折射的和谐气氛,使他们乐学、愿学、会学,达到自我实现的目的。

(五)在分层教学中要开展形式多样的体育教学方法

在制定了不同的体育教学目标和可供选择的体育教学内容以后,必须要采用合理的教学方法才能把教学内容传递给学生。不同的教学方法的选择,主要依据学生个性差异,不同的学生拥有不同的个性,因此也拥有不同的世界观和人生观。所以同一种教学方法并不一定能适用所有学生。在体育教学中应该综合运用多种的教学方法和手

段，对有的学生可能动作示范要多一些，而对有一些学生讲解要多些。只有根据不同学生的差异，采取不同的教学方法才能达到事半功倍的效果。这对体育目标的实现，对学生体育知识的提高都是很重要的。而且，只有这样才能让学生不害怕上体育课，才能让学生对体育课产生兴趣。实际上，不同教学方法的选择，也是对学生主体性的肯定，只有尊重学生的差异，正视学生的差异，并且对学生的差异采取行之有效的教学方法才能够使学生的个性得到发展，这同样也是教育公平的要求。对学生形成终身的体育观念也是有重要作用的。

（六）在体育课堂教学中教师还应注意以下几方面的问题

（1）确保学生的时间和空间。在教学过程中，我们经常会遇到教师或学生提出的问题，如果为赶时间急着让几个突出生回答，就会剥夺大部分学生思考的时间，使他们参与教学活动的积极性、主动性受挫。在教学中，应给予大部分学生足够的思考、合作时间，重视生生互动，只有保证合作时间，学生才有机会进行互相切磋、共同提高，学生的主体性才能得到体现，学生才会产生求知欲望，把学习当作乐趣，最终进入学会、会学和乐学的境界。只有保证合作时间和空间，才能保证合作质量，真正体现合作学习的作用。

（2）必须重视教师的互动教学，要求学生摆脱对教师的依赖，独立开展学习活动，自行解决现有发展区的问题。但它不能离开教师的指导，不能一谈互动学习，就忽视教师的指导作用。对学生进行学习目的性的超前教育，学习兴趣、学习目标的超前诱导，学习习惯的超前培养。教师的指导要有针对性，必须根据学生学习中提出和存在的问题进行教学。要以学导教，确定导学导练的重点，把学生提出的有价值的、体现教材重点、难点的问题，加以梳理，形成几个重点问题，引导学生在学、思、议的过程中逐一加以解决。教学中，只有充分发挥学生的主体作用，大胆放手让学生自主学习，又重视了教师的导，学生才会爱学、乐学、会学，真正学会学习。

（3）提供自主学习的环境。教师在体育课中要适时地、有计划地安排一定的自主学习时间，要给学生有选择的权力和尽可能多的选择余地，允许学生自由练习与思考，允许学生标新立异。切忌用集体的目标和方法取代学生个体对目标和方法的选择，应倡导每个学生从自己实际出发，依据集体的目标来确定其个体目标和选择方法。如"踏石过河"游戏，教师只需规定条件，三块石头；提出要求：安全快速过河。至于采用何种方法，哪种方式，由学生自己去实践去决定。要允许学生自由选择学习伙伴，学生自己找的伙伴，大家之间志趣相投，关系密切，能互相容忍，可以促进学生自发、自主的学习。

无论何种教学方法都要以提高教学质量，增强学生体质，更好地促进学生的身心健康为主要发展方向。互动教学是一种更注重学生心理环境，更民主，更自由平等的教学方法，它对教师的教育理念、素质、教学水平均提出了更高、更严格的要求，不是一种简单的提问与回答，而是通过多种互动方式从本质上激活学生思路，讲究技术与艺术的一种教学理念。性格的重要特征，幽默的教学方式方法能活跃课堂气氛，增加同学们的学习热情，收到更好的教学效果，也能更好地设计和实施互动。

二、合作学习模式在高校体育舞蹈教学中的运用

高校教育越来越注重学生综合素质的发展，提高学生身体素质成为很多高校重点改革目标。高校体育课程作为提高学生身体素质的重要途径之一，必须引起重视，很多学生对体育教育的现有课程不感兴趣，而体育舞蹈的加入大大激发了学生学习的积极性，传统的教学模式也已经不能适应当前时代的发展，合作学习模式应运而生。

（一）合作学习模式在体育舞蹈教学中的应用

体育舞蹈也称国际标准舞，是一项体育运动，也是一项新型高校体育教学内容。在体育舞蹈的教学过程中应用合作学习模式具有重要意义。合作学习主要是指通过合作，互相帮助、共同提高等方式进行学习，比传统的教学方式更加具有趣味性，在体育舞蹈教学的应用中可以获得更难忘的学习体验。第一，体育舞蹈常常需要很多学生合作完成，这就考验了每个人的熟练程度和配合默契；第二，在训练和学习中大家相互交流指导，共同探讨琢磨，这不仅提高了同学的团队合作能力，更是为今后同学们步入社会打下一定的基础。

体育教学运用合作学习模式，学生被分成若干小组，每个学生都要保证参与度，让学生自主认识到自己的重要性，即让学生认识到自己是团体的一份子，自己的每个表现都会影响到其他小组成员的成绩。每个学生都要意识到自己的责任，主动对团队负责，对于老师教授的每一个体育舞蹈动作都抱着谨慎的态度认真学习，每个动作都保证它的完成质量。每一位成员认真履行自己的学习任务，还要共同学习必要的理论知识，通过合作交流，互相探讨来提高自己的学习质量。在合作学习的过程中每个同学必须树立合作意识，在一个团体中，每个同学都要互帮互助，在学习中遇到困难时也可以向小组其他成员请求帮助，请求他人给予指导。小组成员之间要相互指点，互提意见，共同进步，每个成员都要秉持三人行必有我师的态度，善于向他人学习，找到正确的学习方法，达到体育舞蹈的美和协调等要求。通过合作式学习，每个小组成员之间可以取长补短，快速找到自己在学习过程中的问题所在，并且让问题得到及时纠正，为今后更深入的学习体育舞蹈做准备。

（二）合作学习模式在体育舞蹈教学过程中遇到的问题

1.学生缺少合作意识

学生步入大学校园后追求个性发展，缺少合作学习意识与积极性，将学生分配到

各自的小组后，真正参与到小组活动的学生很少，绝大多数的学生在完成教师布置的学习任务时倾向于自主学习。除非一些必须由小组合作的舞蹈动作需要完成时才会选择合作，并且在整个学习过程中交流互动很少，在体育舞蹈的学习过程中小组存在的意义不大，自然教学成果也就不甚理想。例如华尔兹舞蹈学习的过程中，需要两个人一组，每组一男一女，男女舞步不同，华尔兹的学习需要男女配合完成，男生女生之间也要通过交流合作提高默契，除了首先掌握必要理论知识，找到正确的学习方法，正确掌握每个舞蹈动作的要领。但现实情况却是，学生往往是局限于两个人之间的交流探讨，很少是每个成员都参与进来的全组讨论，这大大影响了同学们的学习效果。

2. 合作教学模式本身存在的不足

教师将学生分组后往往要求小组合作共同完成学习任务，分组没有依据，常以简单容易执行为原则，最多只是依据平时对学生学习程度的大致了解，尽量做到将不同程度的、可以相互学习借鉴或者关系较好的几个同学分配到一组，但是在现实的操作过程中，男女两两一组都很难做到，因为不同院系专业男女比例不同。在教学实践中，工科，理科类专业女生紧缺，语言类专业中女生多但男生又很少，这就给实践中男女分组带来了很大的难度，很容易产生男生补全女生的位置或者女生补全男生位置的情况。

（三）改进合作学习模式实际应用的措施

1. 形成合理的合作模式

小组的构建要合理。一般课堂分组人数要适当，不宜过多或过少，4到6人较为合适，合理的人数设置可以使每个成员都有表达的机会，意见分歧也不会过多。而体育舞蹈的分组一般是两个人，两人一组保障了排练能够有效进行而不用顾虑太多人的空闲时间。另外，分组的方式也要合理。个人意愿作为最重要的考虑条件之一，其他条件作为调整的考虑因素，老师教学和验收成果时最好以小组为单位，而且最好保证不同小组间有着相似的水平，这样有利于组内学习和组外的相互借鉴。最后，合作模式的构建必须注意它的可实现性。在教学过程中，教授要认真耐心，给学生留下的练习时间也要足够，制定详细的评价标准和最终目标，并且保证定期指导和抽查。

2. 改变学生的观念意识

通过宣传教育从意识上改变学生对传统观念的认知，提高课堂效率，注重方法的传授。体育舞蹈的难度相对于普通体育项目难度较大，首先要求学生掌握必要的理论知识，其次要求学生的身体协调能力，最终达到提高学生综合能力的目的。学习过程要求他人配合，最好有小组之间的交流讨论，仅仅靠课堂的时长，学生不能够完美掌握体育舞蹈的技巧，所以小组的配合学习将发挥很大作用，以实现最好的教学成果。首先需要让学生认识到小组合作学习的重要性，并积极参与到小组学习当中，引导学生看到小组合作的优越性。其次如何合作学习需要教师的指导，学生之间相互熟络需要一定的时间，不敢交流不会交流容易影响学习质量。教师要作为媒介让学生尽快互相认识，分组后能够讨论合作，引导学生认识到，小组之间也并非竞争关系，而是相互学习借鉴的伙伴关系。

体育舞蹈具有美感和趣味性，在提高学生身体素质的同时也使学生获得身心的愉悦，更能舒缓大学生情绪，适当减轻学生压力。在合作学习这一模式的实践中，在新模式应用的同时，也要配合传统教学模式，注重基本功教学。在体育教学方面形成一套完善的合作学习模式，对其他学科来说也相当有借鉴价值。

三、分层施教模式在高校体育教学中的运用

为更好地贯彻素质教育的发展要求，保障每个学生综合全面的发展，在高校的体育教学中有必要采用分层教学法，因材施教，提升学生的身体素质，发挥学生的主体作用。本文阐述了分层施教模式的概念，并在此基础上对分层施教模式在高校体育教学中运用进行了研究。

（一）分层教学的概念

学生的智力水平、理解水平、接受程度、心理素质等存在着差异，采用"一刀切"的教学模式，素质水平高的学生得不到更好的提高和发展，素质水平较低的学生也不能有效掌握所学的知识。分层教学法是针对学生的差异水平，对学生进行分组，教师根据每组学生的具体情况，有针对性地实施教学，从而达到不同层次教学目标的一种教学方法。分层教学法分为以下4个环节。（1）学生编组。学生编组是实施分层教学的基础，根据学生基础水平、接受程度、心理素质等，将学生进行编组，一组是按大纲的基础内容进行教学，一组是按略高于大纲的基本要求进行教学，一组是按较高的要求进行教学。当然，分组要根据学生的学习程度、理解程度等随时进行调整与变化。（2）分层备课。分层备课是实施分层教学的前提。教师要对教材的大纲与内容进行深入地学习与研究，并归纳哪些是需要掌握的基本内容、哪些是略高于大纲基本要求的、哪些是较高的学习要求和内容，从而更有针对性地进行教学。教师要根据学生层次的划分把握好授课的起点，处理好知识的衔接过程，减少教学的坡度，让所有学生都能学习、都会学习。（3）分层授课。分层授课是实施分层教学的中心环节。教师要以学生为主体，根据学生层次的划分把握好教学内容，保证分层教学目标的实现。（4）分类指导。分类指导是实施分层教学的关键。教师在教学过程中要因材施教，根据每个层次学生不同的素质水平采取不同的指导方法，促进学生进步，使学生由低层次向高层次转化，从而达到整体优化的目标。

（二）分层施教模式应用于高校体育教学中的意义

1. 有利于学生个人素质的发展

高校体育教学中，教师采用的是传统的"一言堂"的教学模式，所有学生的教学目标相同，素质较高的学生轻松地完成了教学内容，剩余时间或休息或自己进行更高要求的训练，由于没有教师科学合理的指导，学生提高较慢；而素质较低的学生，接受过程较慢，训练起来也较为困难，在短时间内也很难完成教学目标。分层施教，根据学生的层次不同，采取不同的教学目标与教学任务，有针对性地对学生进行指导，素质较高的学生得到更大的提升，素质较低的学生也能够完成教学内容与要求，实现学生个体差异化发展，促进学生身体素质的提升，推进高校体育教学的改革与进步。

2. 有利于提升教师的专业素质水平

高校传统的体育教学中，每节课教师采用的是都是一种教学方法、一样的教学目标，教师的专业素质水平也得不到提升。分层施教模式要求教师根据学生层次水平，采取不同的教学目标、教学内容及教学方法，这就要求教师要深挖教材，并根据教学目标的不同，灵活地安排不同层次的教学策略。这也给教师的教学任务带来了新的挑战和压力，极大地锻炼了教师的组织调控和随机应变能力，增强了教师的专业素养，提升了教师的专业素质水平，促进了教师个人能力的进一步提升。

3. 有利于学生积极性的调动

高校传统的体育教学中，教师对体育教学内容"一对多"进行讲解，学生进行练习提升。传统的体育教学模式单调、枯燥。素质较高的学生很快掌握了所学内容，剩下的时间或休息或进行其他的体育项目，素质低的学生由于难以掌握所学内容，缺乏合理指导，自信心受挫，逐渐对体育运动失去了兴趣。这很不利于学生身体素质的提升，也不利于学生培养终身体育的理念。分层施教模式根据学生水平的不同进行分组教学，学生得到了有针对性的指导，较快地掌握了所学内容，增强了学生的自信心，调动了学生积极性，学生更主动地参与到体育运动中来，提升了学生的身体素质，促进了学生的全面发展。

4. 充分发挥了学生的主体作用

传统的体育教学中，教师为主导，学生按照教师的要求对体育项目进行练习，师生之间、学生之间沟通较少，学生只是一味进行体育项目的练习，很少发挥自己的主观能动性。分层教学模式，教师要根据学生的分组情况采取不同的教学目标及教学内容，教师也可与学生进行沟通，让学生参与到教学内容的制定中来。学生根据自己的实际情况，采取相应的目标及内容，培养学生独立思考的能力和探索问题的创造精神，充分发挥学生的主体作用，调动学生积极性，培养学生终身体育的意识，促进学生综合素质的发展。

5. 有利于建立良好的师生关系

高校传统体育教学中，学生只是被动地按照教师的要求进行练习，师生之间沟通较少，学生对教师也是敬而远之。分层施教模式教师要鼓励学生根据自身的实际情况，探索适合自己的锻炼内容与目标，学生与教师之间正面交流增多，有利于建立良好的师生关系，拉近师生的关系，创造和谐的课堂气氛，从而更好地提升学生的身体素质，促进高校体育教学事业的改革与发展。

（三）分层施教模式在高校体育教学中的运用

1. 充分了解学生的体育水平，进行合理分层

高校在实施分层教学的过程中，教师要对每名学生的资料进行研究分析，了解学生的个人身体素质、体育素质、兴趣爱好、性格特征等，与学生进行面谈沟通，并通过体育素质摸底考察等，充分了解每个学生的身体素质水平，并结合学生实际情况进行科学合理的分组。教师可根据学生的个体差异，将学生分为3组：一组为体育素质水平较高的学生，一组为体育素质水平中等的学生，一组为体育素质水平较差的学生。并根据每组学生的个体差异，制定与之相适应的教学目标、教学内容等。

2. 制定科学的分层目标、分层内容及分层作业

实施分层教学模式后，高校要摒弃传统的"一刀切"的教学模式，要根据每组学生的实际情况，制定科学合理的教学目标、教学内容及作业等。对于体育素质水平较高的学生，制定更高的教学目标，除完成基本的教学内容外，还可以拓展其他技能，使其得到优化，布置作业时主要以所学技术的实践应用为主；对于体育素质水平中等的学生，以更好地掌握教学内容为目标，布置作业时以熟练掌握所学技能为主；对于体育素质水平较差的学生，以掌握基本的教学内容为目标，布置作业也以掌握所学技能为主，同时也要鼓励低层次的学生，熟练掌握所学技能，并向高层次努力。这样实现了差异化教学，增强了学生的自信心，提升了学生的身体素质，促进了学生综合全面的发展。

3. 实施评价分层，建立以促进全面发展的综合评价目标

分层施教模式由于教学目标及教学内容的分层，学生评价也应当实施分层。评价结果可根据学生的考勤情况、体育技能的提升情况、参加锻炼情况等得出。不同层次的学生教学目标及内容不同，对学生评价应注重学生不同程度的进步与学生不同的体育素质的提高，教师应当重点关注学生的努力，满足学生的心理需要，增强学生的自信心，进行科学合理的评价，以促进学生全面发展为评价目标，调动学生的积极性，培养学生的体育热情。

4. 高校实施分层教学时，应采用多样化的教学模式

高校在实施分层教学时，应充分发挥学生主体作用，让学生参与到教学目标及教

学内容的制定中来，培养学生独立思考能力及探索问题的创新精神，学生结合自己的实际情况，制定与之相适应的教学内容，发挥了学生的主观能动性，调动了学生锻炼学习的积极性，增强了学生的体育兴趣。采用多样化的教学模式，能够激发学生参与体育运动的动机，有利于分层施教的正常开展，提升学生的身体素质，促进学生的全面发展，也有利于实现素质教育的目标。

5.分层施教时，要及时调整分层的教育状态

高校体育教学在实施分层施教时，学生的体育素质水平得到了不同程度的提高。学生存在着个体差异，有的学生提高较快，有的学生提高较慢，这就导致了同一组的学生出现了体育素质水平差距较大的现象。教师要勤于观察、善于发现，并对分层情况及时进行调整，以便更好地促进学生的发展，充分发挥学生的潜能，使学生得到更好的优化，从而培养学生的体育兴趣，提高学生的身体素质水平，促进学生全面综合的发展。

6.分层施教时，要加强学生的心理疏导

分层施教是根据学生层次水平的不同进行分组，这并不等同于传统的优良差生的区分，只是换种方式使自己得到更好的提升与进步，形式上不存在优劣之分。但受传统观念的影响，低层次的学生易产生自卑心理，认为自己不如别人，从而失去体育锻炼的热情。因此，教师要加强对学生的心理疏导，强调学生的进步是评价的标准，增强学生的自信心，调动学生的积极性，让学生快乐地参与到体育锻炼中来。

分层施教是实现我国素质教育目标的重要手段。高校体育教学实施分层教学法有利于学生个人素质的发展、提升教师的专业素质水平、调动学生的积极性、发挥学生的主体作用、建立良好的师生关系等。因此，高校的体育教学应普及发展分层教学法。应充分了解学生的体育水平，进行合理的分层；制定科学分层目标、分层内容及分层作业；实施评价分层，建立以促进全面发展的综合评价目标；采用多样化的教学模式；及时调整分层的教育状态；加强学生的心理疏导，从而能够更好地促进学生的综合全面发展，推动我国体育教学事业的改革与进步。

四、高校体育教学中"协同教学"模式的运用

在传统的教学中，教师只能按照大多数学生的看法和特点进行整体教学，对于班级中的一些体质较差的学生，教师很多时候不能全面的顾及。这样的教学方式就会让学生的成绩造成参差不齐的效果。通过新型教学的模式引进，让学生认识到自身不足，看到他人身上的闪光点，进而实行相互学习，取长补短的学习方式，全方面加强学生的学习效果，进而可以更好地提高高校学生的学习成绩和学校效果，进一步加强学生的身体素质。

（一）协同教学的含义和特点

1. 协同教学的内在含义

协同教学，顾名思义就是指由两个或两个以上的教师及教学辅助人员以一种专业关系，组成教学团队，彼此分工合作，共同策划和执行某一单元、某一领域或主体教学活动的一种教学形式。利用这种新型教学方式，可以很大程度的解决体育课堂中学生体育成绩参差不齐的问题，让学生与学生、学生与教师之间可以进行合作式学习，进而发挥"协同教学"在体育课堂中的重要作用。

2. 协同教学在体育教学中的运用特点

在传统的教学课堂中，很多教师都使用传统教学方式来教育学生。很多时候，大都进行整体的体育教学。这样的教学方式便会导致班级中一些体能较差的学生体育成绩不理想，一定程度上降低了学生对体育教学的学习兴趣。在现阶段的高校体育教学中，教师大力引进"协同教学"的方式来进行教育学生。让学生与教师之间可以进行良好的互动。而教师在教学的过程中也要深入了解每位学生的体育状况和身体素质，进而根据学生的特点进行因材施教。协同教学最重要的方式就是打破了传统中单调的教学方法，利用教师和学生的体育特点进行合理的小组"协作教学"，进而充分发挥高校学生团队精神。

（二）高校体育教学中"协同教学"模式的运用

1. 教学团队的组建

"协同教学"的主要方式在于教学团队的组建，在实行这个教学的过程中团队的组建就是教学的重要部分。在现阶段的高效性体育教学中大力引进"协同教学"的教学模式，就可以一定程度上改变现阶段课堂中存在的问题。在教学的过程中教师主要培养学生自主学习的方式，让学生在自主学习的过程中可以充分发挥自己的思维方式，因此教师在教学的过程中要建立一个良好的教学团队。教师在建立团队的过程中要将体育兴趣爱好相同的学生分配到一个团队中进行自主学习。例如：教师在进行组建团队的过程中可以将喜欢打篮球的男生组建到一个篮球队中，根据男生们的兴趣爱好和体育能力来进行合理的分组，然后教师便可以将女生组建成一个啦啦队，为男生进行加油打气。这样的教学方式便可以一定程度上顾全大多数学生。教师在进行分配成员的时候不能只单方面考虑学生们兴趣，同时成员的优势和劣势互补也是教师应该看重的一点。

2. 共同制定计划并协作实施

在制定计划的过程中，不仅需要教师与学生之间的相互合作，而且还需要几位体育教师的共同参与。从教师到学生，每个成员都可以发表自己的观点，主要探讨的观点在于：学生的需求评估、学生的目标设计和教学方法设计等几个方面，对于团队成员中每个角色、每个任务教师都要进行一系列的相互探讨，找出合适的方式进行整体设计教学内容。无论是教学内容，还是教学方式，都是有教师和学生进行一同创新，共同开展，在做出计划之后教师和学生便要进行计划的实施。

3. 持续的沟通和反馈

在进行教学的过程中，教师与学生要根据"协同教学"的方式进行不断的实践、不断地进行沟通。确保每个成员都可以慢慢地接受这种新型的教学方式。在进行教学方式的过程中一旦出现问题，教师便要对教学方式及时做出修整，妥善处理好教师与学生之间的关系，进而引导教师做出正确的教学决策。在进行"协同教学"中，学生和教师都要对教学效果进行及时的反馈，以免在教学过程中出现一些教学问题，导致学生不能更好的进行体育锻炼。

综上所述，随着教学方式的不断改革，传统的体育教学方式已经无法满足当代高校学生的学习需要。因此，在现阶段的高校体育教学中，教师要把握好教学的方法，在体育课堂中大力引进新型的教学方式"协同教学"。对于高校学生来说，很多学生为了日后可以找到一个好工作，大多时候将学习重点放在专业知识的学习上。这就会在一定程度上降低学生的身体素质，学生一味地在课堂中进行学习，没有进行体育运动，时间长了，学生的身体素质就会一定程度上慢慢降低。因此，教师在教学的过程中一定要转变学生的这种理念，让学生可以走出教室、走进操场进行一系列的体育运动，教师也要找到正确的教学方式，进而为社会培养更多高素质人才。

五、"互联网+"视域下混合学习模式在高校体育教学中的运用

通过调查了解到，现阶段混合式学习模式尽管在高校体育教学中逐步实施，但在实践过程中，还有诸多问题存在。需要教师在今后的工作实践中，不断探索混合式学习模式的运用方法。教师应与体育教学内容相结合，合理分析和研究学生自身的特点和学习水平，开展有针对性的教学。通过现代化教学技术的积极运用，进一步提高学生的体育水平，对学生未来的发展，发挥积极推动作用。

（一）高校体育教学中的"互联网+"影响

1. 从封闭走向开放：对体育教学生态的冲击

传统的教学活动是在学校这个封闭的空间开展的，在学校这个实体之上开展的对教育的认知。"互联网+"将传统学校教育模式打破，并由此催生了可汗学院、慕课等新兴的网络课程，将更加优质的教育服务为广大师生提供。"互联网+"下的教育是一种开放式教学，既融合现实与虚拟，线上与线下。不仅改变了教育形态，而且改变了

教学生态。体育教学在互联网支持下，打破了"在场有效性"的壁垒。学生们通过网络，能对体育经验进行分享，对体育技能进行学习，体育教学活动开始实现了"课内外一体化"。而不断变化的教学环境，对教学生态系统中的其他要素产生了不同程度的影响，由此使学生具有更加多元化获取知识的渠道，同时也有着更加丰富的学习内容，师生的交流方式从面对面变为线上交互并存。

2. 从单一走向多元：对体育学习方式的冲击

传统模式下，课堂为主要的学习地点，学生模仿教师的过程，也是体育教学的过程。而"互联网+"将这种限制突破，因为它拥有便捷和丰富的网络资源，学生获取知识的渠道，不再是教师传授。学生的体育学习可以不受时空限制，既可以在课堂上，还可以在网络上，随时随地的展开学习。由此使学生的学习行为、学习方式发生变化。随着迅猛发展的计算技术和移动计算技术，还有一批新型的创新学习方式衍生出来。尤其是全面覆盖的无线网络和广泛普及的以手机为代表的移动终端设备，能帮助大学生快速获取知识。

3. 从灌输走向互动：对体育教学方式的冲击

在传统的体育教学中，教师拥有绝对权威，是知识的主要传递者。而学生作为客体，只能被动地接受知识，教学采用灌输式。互联网时代的到来，开始向社会公众开放海量的信息资源。教师不再是知识唯一的拥有者，互联网将教师的知识垄断打破。"教"不再是"学"唯一渠道，学生由知识的被动接受者向主动建构者转变。教学重心由"重教"向"重学"转变，并且由教师灌输师生互动转变，并由此建构了一种新的教学模式。

（二）"互联网+"背景下高校体育教学应用混合学习模式的意义

1. 增强学生的体质，促进学生个性化发展

混合学习模式是指通过融合网络与实际教学，将正确的运动观念向学生灌输，在增强学生身体素质的同时，还能使学生具备良好的道德素质和心理素质，最终提升自身的综合素质，学生可与自身的兴趣与爱好相结合，通过应用混合式教学模式，对体育知识有选择地学习，促进学生个性化发展。

2. 推动体育教学的深入开展

混合学习模式主要是有机的融合"线上"教学模式与"线下"教学模式。新形势下，高校的教育目标就是立德树人。为此实施混合学习模式，通过结合线上与线下，理论与实践，学生的自主学习和课堂教学，体育教学机制不断完善，由此对深入开展体育教学，发挥积极的推动作用。

（三）"互联网+"背景下高校体育教学应用混合学习模式存在的问题

（1）重视程度不够。尽管目前大部分高校都对混合式学习模式进行了运用，但却

没有得到管理人员高度重视。在其资源、人力和物力方面，不愿投入太多，所以导致混合式教学模式物质基础的匮乏。

（2）缺乏健全的应用机制。为了更好地运用混合学习模式，必须对现有的应用机制进行改善。现阶段一些高校混合学习模式的机制尚未建立起来，使之具有较差的应用效果。究其原因，一些教师并没有掌握混合式教学的运用方法，不能有效落实混合式教学模式，使之更多停留在书面上。

（3）缺乏完善的融合体系。为了提高高校体育教学质量，就必须要将"线上"与"线下"教育协同作用充分发挥出来。而纵观现阶段高校的应用现状，教师在教学过程中，未能紧密联系线上与线下教学。在实施线上教学时，也没有对多媒体设备充分运用。同时也未能详细讲解部分重点问题，白白浪费了学校所投入的资源。另外，尽管有一些教师也在应用网络教学，但却未能进行及时的评价和正确的指导，没有及时搜集学生的反馈信息，使教育部门不能及时完善教学体系。

（四）"互联网+"背景下高校体育教学有效应用混合学习模式的策略

1. 创新混合学习理念

行动的先导就是理念，新形势下，人们越来越重视"互联网+教育"模式，高校体育教学步入了新的发展阶段，而如何创新和改革混合式教学模式，是目前亟待解决的重要课题。需要高校在开展体育教学的过程中，在教学体系中，纳入混合式教学模式。因为混合式学习模式的系统性极强，所以在具体的实施过程中，需要不断创新混合式学习理念，将其作为重要的战备性举措，助推高校体育教学改革的发展。为此，学校要加大投入力度，完善相关硬件和软件设施建设。同时，为了更好地应用和推广混合式教学模式，积极引导教师加强研究和学习。通过混合式教学模式的运用，促进学生的全面发展。同时，高校体育教学中还应打造一支高素质教学队伍，能对混合式学习平台熟练掌握和运用。在体育教学中，帮助学生运用移动终端，对相关知识进行学习。

2. 打造混合学习平台

对"互联网+"平台的有效运用，是开展混合教学模式的前提和基础，由此才能使混合式教学取得良好的成效。首先，在具体的应用过程中，高校可对相应与"互联网+"相关的线上学习平台、APP平台、网络平台进行构建，使之更加系统和完善。其次，还要对混合学习平台的创新性建设高度重视，深入调查和分析学生的学习需求，与学生的实际情况相结合，紧密结合混合式学习模式。不断创新教学方法。作为一种新兴的教学模式，在教学过程中，运用混合式教学，围绕教学内容，在短时间内，通过信息化技术手段的运用，组织和开展一系列教学活动。教师还可利用信息化这个载体，围绕教学中的某个知识点或某个环节，在实际教学过程中，创建情景化的教学模式，最终促进教学目标的实现。同时，教师在教学过程中，还可运用慕课的教学方式，为学生的学习提高便利，以不断提高学生的体育水平。

3. 完善混合学习体系

首先，确保混合学习取得良好的成效重要保障，就是对混合学习体系的健全和完善。在实施高校体育教学混合学习模式的过程中，需要对混合学习体系建设高度重视，使之向着持续化和规范化的轨道发展。为此，需要将"线上"与"线下"的关系处理好，高度融合好互联网与传统的课堂教学。对于"线上"学习而言，需要对理论教学高度重视；将混合学习的多元化支撑功能充分发挥出来。其次，高校要加大力度，切实研究混合学习模式，同时要构建相应的教学制度，能有效延伸和拓展已经取得良好成效的混合式教学模式。最后，教师在运用的过程中，也要不断创新自身教学体系。例如，通过有效融合混合式学习模式与微课教学、多媒体教学，形成更具有针对性的教学体系。教师可以通过录制微课视频，汇集一些重难点问题，学生通过线上方式自主学习，能使学习成效达到最佳。

近年来，混合式教学模式的运用越来越广泛，但同时也暴露出很多需要解决的问题。为此，需要高校持之以恒的探索和实践，营造良好的环境，为混合式教学的实施提供保障。同时，教师还应不断加强自身学习，对教学战略深入研究，转变传统的教育理念，提升对混合式教学模式的重视程度。不断完善和创新混合式教学模式，实现与现代化高校体育教学的无缝对接，以此对"互联网+教育"高校体育教育事业的发展，奠定牢固的基础。

六、多元化教学模式在高校体育篮球教学中的运用

篮球作为大众所热爱的基础性体育运动之一，能够通过篮球运动对人的身体素质进行锻炼，使人的心理更加的健康。在素质教育背景下，高校不仅对学生的学习状况进行关注，对学生的身体素质和心理素质以及其他各方面的能力也越发重视起来。这就需要高校体育老师根据各班的情况来展开教学，使学生的打篮球的技巧得到提高，能够更好地"玩转"篮球这项运动。篮球这项运动已经在我国发展了很多年，我国也涌现出了一批篮球健儿，如姚明，而且受我国应试教育的影响，很多的学生在竞争激烈的高考中熬夜学习、又缺乏锻炼，过早的消耗了他们的身体。所以，等他们升入大学后很多大学生的身体素质便开始下降了，大学生是国家未来发展的储备力量，需要增加大学生的锻炼量来提高他们的身体素质。

（一）高校体育篮球教学中现存的问题分析

1. 教学形式单一，学生兴趣不足

在传统的篮球教学活动中教授篮球的老师教学重点普遍偏重于篮球运动的技巧方

面，一般是通过让学生重复性的模仿练习来对篮球运动的技巧进行掌握，老师在一旁对学生运球动作中出现的错误进行纠正。学生在课堂上需要花费很长的时间对这些技巧动作进行重复性的学习和锻炼，时间一长学生没有了原来的精神百倍，只剩下了疲惫，学生的篮球运动效果自然就提不上上去，甚至出现下降的情况。

2. 需求难以匹配，学生被动接受

多元化的篮球教学模式能够让学生学习篮球的压力被有效地减轻，而且篮球运动具有很强的娱乐性，也是一种竞技性体育，能够在锻炼学生身体的同时对学生的精神进行愉悦，释放学生所受到的压力，帮助学生提高自身身体素质。但是，就我国目前的篮球教育来说，很多高校的教学方式还是比较的单一，与院校学生的实际学习能力和学习需求并不相匹配，体育老师在篮球教学过程中并没有对教学活动的指导落到实处，这就导致学生的需求与老师的教学指导难以对接，学生在篮球技巧学习的过程中通常处于比较被动的状态，这对学生养成终身锻炼的好习惯是非常不利的，也不利于篮球教学取得好的教学效果。

3. 评价体系匮乏，考评不够客观

科学合理的教学评价体系能够促进学生全面性的发展，但是，现在大部分的高校篮球教学评价体系还是比较片面，只在期中或者期末对学生的学习状况进行考评，然后依据学生的篮球成绩对学生的表现进行综合的判断。要对现代素质教学理念所提倡的客观公正，对学生的综合素质，专业能力以及他们的教学评价体系不健全的地方进行关注，否则会对高校篮球教学考评的真实性和全面性造成不利的影响，也不利于学生综合素质和篮球技能水平的提高。

4. 水平参差不齐，体能是共性问题

目前我国最高水平的高校篮球联赛是中国大学生男子篮球联赛(简称CUBA)，CUBA自1996年创办至今，发展速度十分迅速，话题度和热度也日渐升高，尤其是去年暑期优酷推出网络综艺节目《这就是灌篮》后，众多CUBA球星组队参加，取得了不俗的成绩，使这个联赛受关注程度不亚于我国男子篮球职业联赛。但是在一些CUBA篮球比赛上，均不同程度上暴露出我国高校男篮队员体能水平不足的问题，这正极大的制约着我国篮球运动向更高水平的发展。且经研究发现高校内举办的院级篮球赛、专业间篮球赛及班级篮球赛，普遍存在体能不好，队员容易体力不支、产生肌肉痉挛、对抗后动作易变形等情况。因此，加强我国高校男子篮球代表队运动员高校公共体育篮球课的体能训练，对提高我国篮球整体运动水平具有极其重要的作用。

（二）多元化教学模式在高校体育篮球教学中的运用方式

1. 树立正确的教学理念，发挥信息技术的优势

结合国家对大学生提出的体质健康标准，高校公共体育课必须加强体能训练。高

校体育教学的原则是以"健康第一"和"终身体育"为思想，高校体育课的目的在于增大学生锻炼量，使学生的身体素质得到较好的锻炼，同时适度的体育锻炼也能帮助学生释放出心里的压力，让学生能够心情愉悦，心理素质得到有效地增强，帮助学生养成终身锻炼的意识，因此在篮球教学过程中需要老师树立正确的教学观念，让学生在学习好篮球技巧的同时感受到篮球这项运动所释放出的魅力，在学习生活过程中保持积极乐观的心态。体育教学基本上都在户外或者室内篮球场上进行，但是，在教学过程中不妨将多媒体技术也应用到其中，帮助学生营造良好的篮球技巧学习氛围。比如，在对三步上篮这项篮球技巧进行学习时就可以运用多媒体设备先对三步上篮的动作技巧、弹跳技巧理论上的讲解，让学生反复观看NBA等篮球赛事的上篮技巧，让学生在观看比赛的过程中对三步上篮这项技能进行学习。

2. 尊重学生的个体差异，渗透团队合作的意识

学生在成长过程中由于家庭背景、生长环境、自身性格、智力、能力等多方面的因素会导致学生之间存在差异。在篮球教学过程中老师要尊重学生之间的差异，根据学生能力水平的不同因材施教，在教学过程中老师要注意和学生之间的互动交流，将每个学生学习篮球的潜力充分的挖掘出来。篮球是一项团体性活动，需要五名队员之间相互配合，要求团队之间具有很强的团队意识。因此老师可以将五个学生分为一组，通过小组之间切磋来培养学生的团队意识，进而将篮球的教学效率得以有效提升。

3. 体育教育需求提高，课堂内容加速更迭

课改之后，体育课堂原本传统的"基本知识、基本技术、基本技能"的授课内容已经被摒弃，现在的体育课主要对学生的认知、心理情感和行为表现能够有所要求。不论今后的课程会有怎么样的改革趋势，高校的体育课都将受到体育事业其他方面越来越多的影响。随着我国经济实力、教育水平、综合国力的提升，现在的竞技体育中有许多专业的运动技能和训练方法能够被体育爱好者所模仿并掌握。与许多年前只能被专业运动员所掌握不同，现在的高校体育课也在探索体能训练以及相关概念，普通的全日制本科生对个人的体能的训练需求也能够得到满足，因此高校体育教师更应该加速自己课堂内容的更迭。

4. 构建多元化评价体系，促进学生的全面发展

传统的考评体系考评结果比较片面，因此需要构建多元化考评体系对学生的素质进行综合性评定。建立教评与学生自评相结合的考评体系，使学生能够对自身存在的不足之处都进行了解，帮助学生指明了篮球学习的方向，提高学生的篮球素养。

综上所述，篮球作为全民热爱的体育项目之一，为篮球教学的展开奠定了良好的基础，为了能够在篮球教学过程取得良好的教学效果需要不断地对篮球教学的方式进行创新。同时，老师在教学过程中应当树立正确的体育教学观念，老师要注意学生和学生的身体素质、灵活度是不同的不能一概而论，要努力激发学生对篮球这项运动的

兴趣，从而使高校篮球教学效率能够得到切实的提升，学生的身体素质和心理素质能够的有效的提升。

七、高校体育教学中俱乐部模式的引入和运用

大学生身体素质不高已经成为当下高校体育教学的最大障碍，甚至高强度的项目有的学生无法参加，这个现象也引起了社会的广泛关注，因此，高校体育改革的指导思想即为"健康第一"。在这个指导思想下，教学者需要鼓励、引导学生积极自主参加运动，增强体质。培养学生自主运动的习惯不是一朝一夕之功，根据这个目的，俱乐部模式的教学方式有其独特探索意义。

（一）在当下高校中引入俱乐部教学模式的实施情况

1. 简介高校体育俱乐部教学模式

顾名思义，高校体育俱乐部教学模式即模拟俱乐部的形式，让学生在组织下按自己的意愿选择参加相关的体育运动项目。我国现阶段的俱乐部教学主要有2种形式，分别是课内教学、课外教学。其中，课内教学是指在正常教育教学时间内，教学者组织进行，即将这种模式运用到课堂教学中去。课外教学是指学生在课余时间，根据自己的意愿，或自主组织，或在学校以及相关学生社团的组织下进行自主锻炼。课内教学的最终目的是让学生对体育锻炼产生兴趣，从而积极自主的进行课外锻炼，同时，为课外锻炼打下良好基础。现阶段的体育教学俱乐部模式已经取得了较为良好的教学成效，值得进行推广。

2. 体育俱乐部模式教学的积极作用

不同于传统的体育教学，俱乐部模式是从学生自己的兴趣以及意愿出发的。众所周知，高校的教学有更大的自主性，学生的学习也有更大灵活性，传统教育教学模式的灵活性较差，学生往往在课堂上很难对运动产生兴趣，而今的俱乐部模式教学可以将相同兴趣的学生放在同一个班集体内，让在该项目中专业性较强的教师对他们进行统一指导。这样，相同爱好的学生之间很容易产生共同话题，班级内部运动氛围会更加浓厚，从而加强学生的身体素质，让学生充分发挥其主观能动性。每个学生都有擅长的项目和不擅长的项目，这种教学模式在某个层面上来说也是因材施教，将学生加以分类，进行专项教学。除此之外，因为学校的硬件器材也难以满足每一位学生的需要，所以进行俱乐部教学模式可以在一定程度上减少学生使用器材的冲突，也方便器材管理者进行管理。

3. 俱乐部教学模式在实施过程中遇到的困难

俱乐部教学模式作为一种新的教育教学模式，其在起步阶段肯定会遇到各种问题，首要的问题就是师资力量。俱乐部教学模式需要教学者具有较高的专业素养以及专项

运动项目的素质，而调查显示，多数高校的体育教学者整体年龄偏大，学历偏低，相关理论知识等还较为薄弱，教师擅长的专项项目大多集中于几个传统项目，如：田径、健美操、足球、篮球等等。专修羽毛球、排球、网球等定向运动的教学者相对来说数量较少。而这些教师还会因为硬件器材跟不上而难以开展正常的教学活动。其次，是学生思想观念以及接受教育模式上的阻碍，在多年的应试教育下，大多数高校学生仍然保留着学习是为了考试的观念，在这种观念下，要让学生迈开腿走出去进行锻炼是较为困难的，在没有考试的压力下，多数学生基本不会主动参加某种学习或者锻炼，而俱乐部教学模式要想顺利开展，在很大程度上还要依赖学生的自觉性。因此，在大一、大二两个年级的教学中，教学者一定要注重对学生兴趣的培养，让学生养成良好的自主锻炼习惯，这样才能保证俱乐部教学模式正常开展。

（二）将俱乐部教学模式应用于教学的措施

1. 从根本上改变体育教学的观念

高等院校的实力不仅仅体现在其科研能力的高低上，还应该体现在对于人才的教育和培养上，而培养人才，除了要注重智力培养，还要注重身体素质上的加强。因此，高校必须重视体育教学，在体育设施以及器材上要加大购买与维护投入。除此之外，对于各种俱乐部运营，高校也可以直接放手给学生，甚至让学生进行自主运营，实现资金的多渠道来源。在教育教学上，不仅要开设传统的例如羽毛球、排球、篮球、乒乓球等项目，还要与时俱进，开设一些比较受学生欢迎的新型项目，例如：瑜伽、攀岩、射击等等。这样才能充分激发学生的运动兴趣，从而提高其锻炼积极性，使学生在新的尝试中发现自身更多的潜力。只有这样，俱乐部教学模式才能在最大程度上发挥其功效，让学生真正得到身体素质上的提高。

2. 使教学模式多元化

教学模式的单一性会导致学生学习兴趣不高，教学成效低下等等问题。在俱乐部教育模式下，可以进行"一体化，分层次"教学。一体化是指体育教育与其他教学一体化，避免学生的运动时间被其他专业课挤占，而分层次是指不同水平、不同兴趣爱好的学生进行分类教学，将水平相近、爱好相同的学生分到同一个班级，从而方便教师进行分层次教学，发挥学生的特长。在教学之余，教学者要善于发掘学生优势，对突出的学生进行训练，培养大学生运动会中的小裁判员与教练员。扩大体育人才后备培养，为高教体育教育做出贡献。多元化的教学模式还可以增强体育教学的新颖性以及娱乐性，让学生养成健康的生活方式，从而提高学生进行终身锻炼的可能性。

3. 完善考核评价体系

现今的体育教学考核大多采取定量考核的方式，对学生的个体差异性考虑不周。在素质教育理念中，学生的成绩不能仅仅依靠分数决定，还要多方位、全面的对学生进行综合素质的考核。例如对学生运动的积极性、运动技能的提高速度等等进行考核，帮助学生发现自己的潜在优势，因此，建立科学合理的考核评价体系就显得尤为重要，同时，合理的评价体系也能在一定程度上帮助学生树立运动的信心，提高学生运动的热情与积极性。

4. 对俱乐部的运作经营体系进行完善

俱乐部的开展，最终目标仍然是提高高校体育教学成效，对这一点一定要充分认识，不能舍本求末。俱乐部在运营过程中，应当选拔专业素质过硬、交际能力较强的教师担任管理骨干，让每个俱乐部都有相关责任人，分层次逐级管理，实现资源和人才的有效合理配置。合理规划学生运动时间，对学校硬件器材进行维护和管理，引导学生选择适合自己的运动项目，避免因学生的自主选择而出现某个项目选择人数过多的现象。在一阶段的俱乐部活动举办后，要组织学生进行反馈总结，并且为俱乐部更好的发展提出意见，方便教学者进行不断完善，从而达到不断提高学生运动兴趣，提高学生身体素质的最终目的。

在现阶段，我国的俱乐部教学模式仍不够成熟，其实施过程也遇到了许多阻力，但这个模式的提出仍为高校体育教学解决了一些固有弊端，许多高校体育教学者已经意识到当下教育模式的不足，并且开始积极改进。俱乐部教学模式真正大规模引入高校体育教学还需要社会、学校与教学者的共同努力。作为高校体育教学工作者，我们要不断提高自身专业素养，加强理论知识建设，大力推广俱乐部教学模式。

第三章 体育教学方法的创新

第一节 体育教学中多媒体技术的应用

一、多媒体教学技术的特征

（一）多媒体教学技术的多维性特征

所谓的多媒体技术的多维性特征，主要指的是多媒体教学技术所拥有的对信息范围进行处理的扩展与扩大空间的能力，而此种多维性职能能够变换、加工、创作输入的信息，使其输出信息的表现能力得到加强，其显示效果得到丰富。例如，在高校体育教学开展过程中，利用多媒体系统进行辅助，不仅能够保证学生对文本知识的学习，使其对静止图片进行观察，而且在多媒体技术的支持下，学生能够清楚地观察、了解体育教师的动作演示，使高校体育教学效果得到加强。

（二）多媒体教学技术的集成性特征

所谓的多媒体技术的集成性特征，主要指的是多媒体技术能够将不同类别的多种媒体信息有机进行同步组合，例如，声音、文字、图像等等，进而促进多媒体完整信息的相册。此外，集成性还存在另外一层含义，指的是对这些多媒体信息进行处理的工具或者设备的集成，包含视频设备、储存系统、音响设备、计算机系统等的继承。总而言之，指的是在提供的各种设备上将各种媒体紧密地进行关联，使文字、声音、图片与音像处理实现一体化。

（三）多媒体教学技术的交互性特征

所谓的多媒体教学技术的交互性特征，主要指的是人和人之间、人和机器之间、机器和机器之间的交互活动，也就是人和机器进行对话的能力，使用者同机器之间进行沟通的能力。这也是多媒体计算机系统不同于传统音响、电视机等家电设备的地方。根据实际的需要，人们能够选择、控制、检索多媒体系统，同时，还能够参与到播放多媒体信息与组织多媒体节目的行列中。而传统的只能对编排好的节目被动接收的电视机形式已经被打破。

（四）多媒体教学技术的数字化特征

所谓的多媒体教学技术的数字化特征，主要是指在多媒体计算机系统中，各种各样的媒体信息都是以数字形式在计算机中存放，并得到处理。多媒体技术是在数字化处理的前提下被建立的，例如，以矢量方式储存与处理的图形、以点阵方式储存与处理的图像、以数字编码方式储存与处理的音频和视频。在数字化技术发展的背景下，多媒体教学技术得到了广泛的传播与发展。

除了上述的四种主要特征，多媒体教学技术还有其他的一些特征存在，通常来讲，还拥有分布性、综合性与实时性等特征。所谓的实时性特征，主要指的是对于同时间相关的心理，如声音与视频信号等处理，还有人机的交互显示、操作与检索等操作都有在实施完成的要求。所谓的分布性特征，主要指的是基于多媒体数据多样性的存在，在不同的时间与空间都会存在它的素材，并且在不同的领域中，它也得到了广泛应用。所以，对于多媒体产品的开发，离不开计算机专业人才参与的同时，更加需要的是听、视专业的人才。而多媒体计算机系统存在比较明显的综合性，它不仅能够综合集成各种媒体设备，同时还能够综合提成各种信息，使他们成为整体，促进综合效应的产生，不再是单兵作战，而是文字、图片、声音与音像的有机组合。

二、多媒体在高校体育教学中的应用优势

多媒体教学技术通过文字和图形的形式，同动画、音频与视频相结合，将体育课程的教学内容进行立体的显示，具有表现形式和表现手段丰富多样、灵活多变的特征，使其独特的优势得到充分体现。

（一）多媒体技术使高校体育教学观念得到了更新

高校体育教学的传统教学模式是以教师的教作为重心，在高校体育教学应用多媒体技术，能够使此种传统高校体育教学模式发生改变。体育教师在进行授课的过程中，对现代化的多媒体教学手段进行了应用，同时还需要人机交互活动与学生间交流活动的开展，使学生的体育参与意识得到激发，将体育多媒体教学的教学思想进行了展现，即以学生的"学"作为中心。这都能够极大地促进高校体育教学方法的实践性与多样性变革，改变学生体育知识与体育技能的学习思路与方式。

（二）多媒体教师使高校体育教学的质量得到提高

在体育课程的传统教学活动中，教师主要应用的教学方式是讲授为主，挂图等展示方式为辅。在实践课中则需要体育教师进行讲解与示范，在主观条件与客观条件的

约束下，很难做到完全规范、标准的技术动作示范。在较短时间内，学生们正确的动作概念也很难形成，只有体育教师才能够反馈出学生的体育学习状况，而这样的高校体育教学效果也是可想而知的。

多媒体高校体育教学的实施使得上述的状况得到改变，在文字与图片的辅助下，体育课程的抽象概念得以具体化、形象化，而通过计算机，就能够对难度较高的体育技术动作进行模拟演示。而在对速度较快、结构复杂的技术动作进行讲解与示范的过程中，取得的效果则将会更加明显。在多媒体技术的支持下，通过慢动作使学生对这一系列动作进行清晰感知，促进相关体育概念的形成与动作要领的掌握，方便进行模仿与掌握，从而使得高校体育教学的效率与效果得到极大提高。

（三）多媒体技术使学生的体育学习效果得到提高

多媒体技术能够使人的视觉、听觉等多种感官系统得到刺激，促进大脑不同功能区域交替活动的开展，促进体育学习内容生动化、形象化的发展，增强高校体育教学活动的趣味性与直观性，方便学生对体育技术动作的理解。多媒体技术对字体、色彩、图表、音乐、动画和闪烁等多种表现手段进行了综合利用，保证"声图并茂"、"有声有色"，使高校体育教学内容的艺术表现力与强烈的感染力得到增强，使高校体育教学的课堂氛围更加活跃，特别是多媒体高校体育教学资料中对肢体和谐美、力量美与技艺美的体现，使高校学生对体育的功效与个性的社会价值取得真正的认识，使他们的求知欲与体育学习的热情得到激发，进而使学生的体育学习兴趣与体育课堂教学的质量得到有效提高。

二、多媒体 CAI 在高校体育教学中的应用

（一）目前我国 CAI 的发展现状

目前，CAI 正迎来了一个多媒体大面积教学的时代，即使用先进的计算机技术、多媒体技术、网络技术、通信技术和设备，"让最好的教师面向最广大的学生时代"。所以，促进 CAI 课件大数量、高质量的发展具有十分深远的意义。

（二）多媒体 CAI 的发展趋势

对近年来，在 CAI 中多媒体技术的应用情况进行综合分析，可以得知多媒体 CAI 的应用存在三个方面的发展趋势，具体内容如下：

1. 呈现网络化的发展方向

计算机技术的不断发展，尤其是网络技术的迅猛发展，使人们的生活方式与工作方式得到很大改变。网络技术的发展需要多媒体技术的支持，而多媒体技术需要在网络中得到应用，进而使网络的表现力得到了增强。在网络中应用 CAI 课件，能够保证

"最好的教师面向最广大的学生",进而使多媒体 CAI 的群体教学模式得以实现。

2. 呈现智能化的发展方向

从功能上来讲,多媒体教学软件与教学辅助系统之间存在着互补的关系,如果能够将两者进行结合,那么就能够规避短处的同时发扬长处,进而使得性能较高的新一代多媒体 CAI 系统得以顺势而生。如果想要使多媒体 CAI 具备一定智能性的问题得以解决,那么就不仅仅需要同人工智能领域的知识表达与知识推理紧密练习在一起,同时还需要对学生模型的建构问题进行考虑。在人工智能领域的知识表达与知识推理问题上,需要探求出一种能够与多媒体环境相适应新型的知识表达方式及与之相对应的推理机制。

除此以外,能够更可能地应用方法保证多媒体知识库中导航功能的智能化发展。智能化导航在具备一般导航功能的同时,还能够按照当前学生知识水平,对学生最合适的下一步路径进行及时建议,如果学生碰到了困难,就要对学生进行帮助等等。

3. 呈现虚拟现实的发展方向

虚拟现实的英文全称是 Virtual Reality,简称为 VR,属于交互的一种人工世界,需要多媒体技术同仿真技术的有机结合,在此种人工交互情境中对一种身临其境的感觉进行创造。通常来讲,如果想要融入虚拟现实的环境中,那么就需要准备一个特殊的头盔与一副特定手套进行佩戴。

在高校体育教学中应用 VR 技术,具有十分令人鼓舞的前景。例如,我们可以对一个"虚拟物理实验室"的系统进行建造,这种系统能够帮助学生开展各种各样的虚拟实验,如万有引力定量实验等,进而深入地了解物理的概念与规律。

伴随多媒体技术与仿真技术的不断发展,VR 实现的理论与方法也不断发展。例如,美国城市设计与规划专业的学生,对于这一套系统进行利用,从而能够对虚拟的一座城市进行设计、制作,如果学生能够改变城市场景的试图,那么就能够对于观光浏览真实幻觉的出现起到一定的促进作用。

(三)同传统的高校体育教学方法相比,多媒体 CAI 具有的优势分析

在高校体育教学课堂教学活动开展的过程中,由于高校体育教学内容与高校体育教学任务方面存在着一定的需求,因此,多媒体 CAI 能够科学地、合理地对现代化教学媒体进行选择,并进行应用。而信息的全方位传递需要人体的多种感官,同时对于媒体组合开展的系统教学能够进行反馈与调控,在高校体育教学课堂教学开展的过程中,保证它的存在是始终有效的,从而实现高校体育教学过程的优化。

多媒体 CAI 高校体育教学同传统的高校体育教学活动相比较,存在的优点有以下几种。

1. 体育教师在指导学生体育学习活动的过程中要对其系统进行利用

在现代化高校体育教学中，计算机能够对大量教学相关信息进行承载，按照高校体育教学的实际需要，开展人机对话，并且能够对各种各样的高校体育教学活动随意地调用、开展。

2. 可帮助学生对动作概念尽快地建立

如果能够将多媒体CAI应用在体育课堂教学过程中，就能够促进力量教学效果的获得。例如，体育教师在对足球理论课进行教授的时候，提到"越位"这一概念的时候，大部分学生对此概念能够很好地理解，然而，在具体的实践中却不能较好掌握。在进行表达过程中，体育教师可以对画图的形式进行利用，同时，还能够对声像资料进行应用，将足球比赛活动中一些典型的与不典型的"越位"镜头编辑在一起，从各个角度出发，向学生及时展示什么是"越位"，同时还要将经过反复多次推敲的解说词列入其中，使学生各个感官得到调动，从理性上与感性上使学生对这一概念进行理解。

3. 学生可用其对自我学习、自我测验与自我评价直接地开展对于多媒体高校体育教学的使用方法。由体育教师向学生传授，保证学生的体育学习活动，不仅能够在课堂上进行，还能够在课堂教学结束后开展，即复习或自学。

4. 向学生及时、准确地反馈其学习进程，使体育学习效率得到提高

在传统的高校体育教学过程中，教师在对跳远动作进行教学的时候，会对学生做出的不规范腾空动作或者是没有达到规定标准的动作进行指出，但是有时候学生可能并没有意识到错误的动作，因此导致教师和学生之间出现了沟通障碍，需要注意的是，如果想要消除掉此种障碍，就需要在体育教师的悉心指导下，学生对某一种动作一遍一遍地不断重复，并且在不断重复练习中，对动作的要领不断体会。如果是在学生需要改进某一个成型动作或者使自身运动成绩得到提高的时候，就可能会导致学生具有较低的训练水平与较慢的成绩提高速度。如果体育教师对每一次学生做的跳跃动作进行录制，进行慢动作处理。再组织学生进行观看，使学生对于存在的问题能够及时地发现，并予以纠正。还可以利用计算机的处理作用，将一些优秀学生所做的这一动作进行事先的录制，再将两者开展对比，就能够很明显地得出两者之间存在的区别。此外，这套编制的多媒体CAI在专业运动员的训练中也同样适用。

5. 使学生的体育学习兴趣提高

在传统高校体育教学活动开展的过程中，鉴于单调高校体育教学形式与落后高校体育教学手段的存在，使得学生由于学习过程反复、辛苦、无聊而产生的不能积极应对学习的心理状态想要调整过来是不容易的。同时，多媒体CAI具有的形式是新颖的、变化多样的，能够对学生良好的心理状态进行调节，同时还能够有效刺激学生自身的求知欲，从而使学生体育学习效率得到一定的提升。

综上所述，多媒体 CAI 能够刺激学生的各种感官，对知识或信息进行最大限度地吸收。多媒体 CAI 在高校体育教学中的应用，促进高校体育教学软件多媒体化的发展，能够使学生心理上的不同要求得到更好的满足。它能够将信息编码成图像，经过同步识别以后，保证高校体育教学文件的声图并茂，绘声绘色，且清晰，便于理解，使学生更加容易接受。

（四）体育多媒体 CAI 课件设计

体育课件的结构主要由两个主要部分构成，即原理教学模式与训练教学模式，具体如图 3-1 所示。而对于体育多媒体 CAI 课件而言，总体结构组成是高校体育教学内容与高校体育教学目标，其主要目标是使学生对体育基础知识和基本技术、技能进行掌握，使学生身体素质得到增强，使学生的良好思想品德得到培养，促进观察能力与模仿能力的提高，具体如图 3-2 所示。而体育多媒体 CAI 课件的主要内容由理论课与实践课构成，它的主要课件教学内容结构具体如图 3-3 所示。

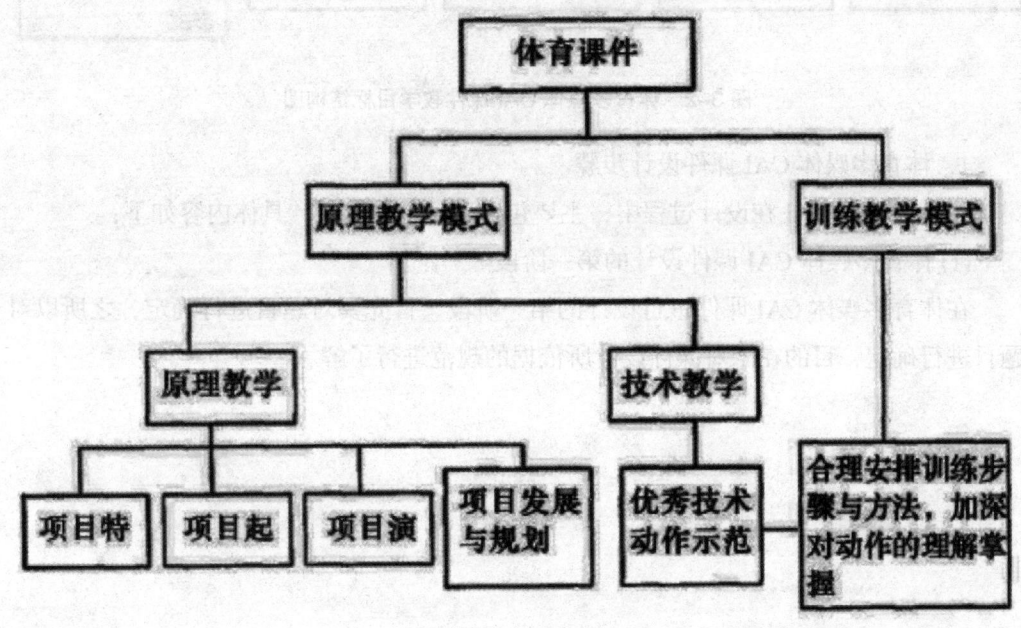

图 3-1 体育课件结构图

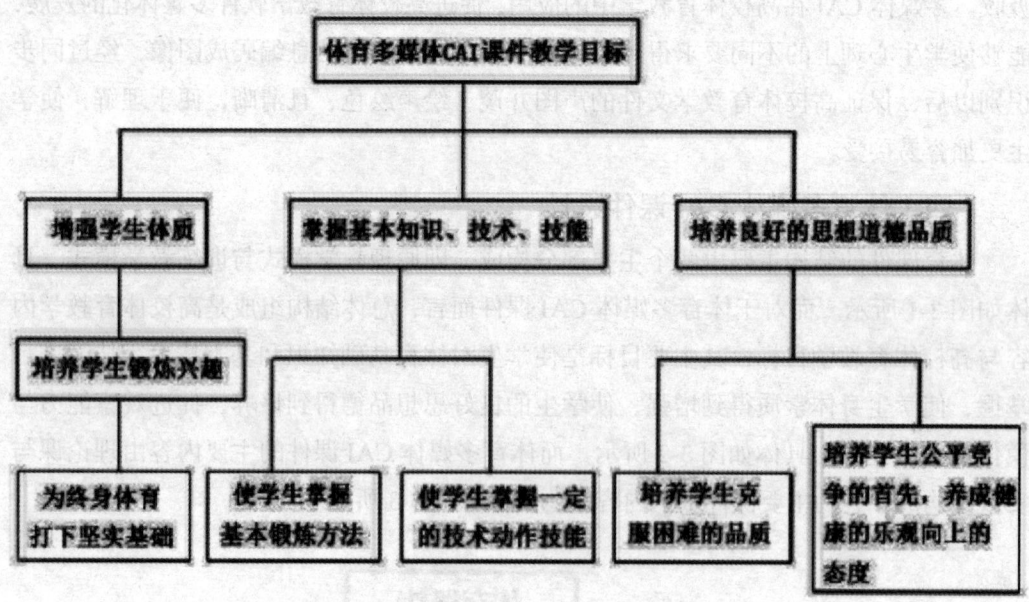

图 3-2 体育多媒体 CAI 课件教学目标结构图

1. 体育多媒体 CAI 课件设计步骤

体育多媒体 CAI 在设计过程中，主要包含四个主要步骤，具体内容如下：

(1) 体育多媒体 CAI 课件设计的第一阶段

在体育多媒体 CAI 课件进行设计的第一阶段，首先要对题目进行确定，之所以对题目进行确定，目的在于对课件设计所依据的规范进行了解。

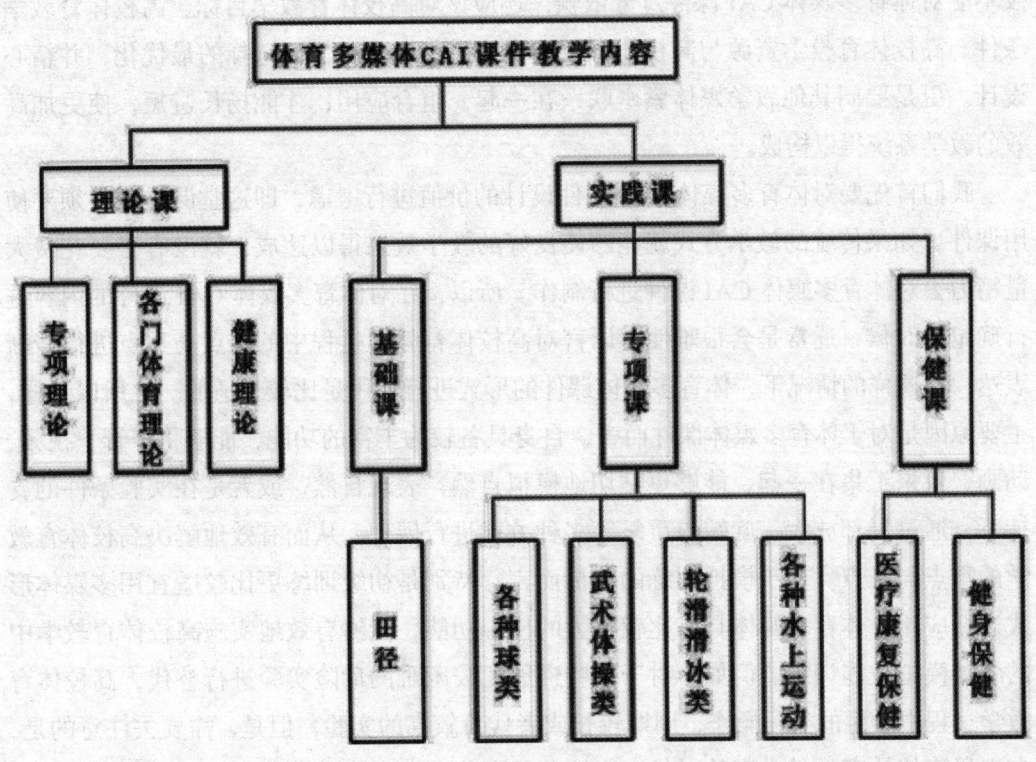

图 3-3 体育多媒体 CAI 课件教学内容总体结构图

(2) 体育多媒体 CAI 课件设计的第二阶段

在体育多媒体 CAI 课件设计的第二阶段，要对脚本进行撰写。撰写脚本的目的是对高校体育教学的内容进行安排，主要是由具有丰富教学经验的高校体育教学或者作者来负责撰写。

(3) 体育多媒体 CAI 课件设计的第三阶段

在体育多媒体 CAI 课件设计的第三阶段，需要编制软件，在前两个阶段中还只是纸上谈兵，但是在这个阶段，不再是字面上的，而是课件的实际材料。在这一过程中需要做的工作有三项，即：①通过对多媒体编辑工具的利用，对多媒体数据进行准确确认；②通过多媒体的著作工具对多媒体课件进行制作；③对相关的程序进行编制。

(4) 体育多媒体 CAI 课件设计的第四阶段

在体育多媒体 CAI 课件设计的第四阶段，需要测试、检验。当完成了体育多媒体 CAI 课件的开发、设计工作以后，就需要进行测试、检验。主要目的在于对体育多媒体 CAI 课件运行情况进行测试，从而对课件能否达到规定目标进行测验。

2. 体育多媒体 CAI 课件的选题原则

我们都需要承认的是体育多媒体 CAI 课件具有的特点与优势是非常强大的，然而，有时候也会有相对的不足与局限存在，因此，在完成全部教学任务进行的过程中，不仅不能对体育多媒体CAI课件过分依赖，还应该对高校体育教学目标、高校体育教学条件、高校体育教学资源与高校体育教学内容进行考虑，保证选择的最优化，并精心设计。更是要同其他教学媒体紧密联系在一起，组合应用，才能扬长避短，使更加高效的教学系统得以构成。

我们首先要对体育多媒体CAI课件设计的价值进行考虑，即这堂课是否必须要使用课件。如果传统的教学方式就能够使良好的教学效果得以达成，就没有必要花费大量精力去对体育多媒体CAI课件进行制作。所以，在对体育多媒体CAI课件的内容进行确定的时候，通常是会很难使用语言对高校体育教学过程中的难点与重点进行清晰表达，在这样的情况下，体育多媒体课件的形式进行使用是比较合适的。之所以这样，主要原因是对于体育多媒体课件而言，自身具备较为丰富的功能，能够将声音、视频、动画、效果汇集在一起，能够更贴切地模拟自然，表现自然，或者是在实验条件的支持下，通过局部放大、旋转与重复等多种方式进行展现，从而有效地解决高校体育教学的重点与难点。基于模拟训练的目标而言，特别是初级训练更比较适宜用多媒体形式进行应用。体育多媒体具有比较强大的模拟功能，能够有效地实施高校体育教学中的各种模拟技能训练。例如，对于一些进展比较困难的危险实验进行替代，高校体育教学过程中学生的实际操作，周期较长或者代价较高的实验，但是，需要去注意的是，在选择高校体育教学内容的时候，应该选择那些不存在演示实验或者是演示实验不容易做的教学内容，从而进行使用。

3. 体育多媒体CAI课件的设计原则

(1) 体育多媒体CAI课件设计的结构化分析原则

在体育多媒体CAI课件进行设计的过程中，应该对结构化分析原则进行遵循。而我们这里所说的结构化分析原则，主要是指设计体育多媒体课件的时候应用系统分析的方法，按照结构要素组成对事物进行依次的分解，等到对于所有的要素都能够清楚地进行理解与表现的时候，就能够停止事物的分解了。基于结构化分析原则下的体育多媒体CAI课件，能够将高校体育教学内容进行层次清楚的表达，不管是从系统宏观来讲，还是对于局部细节而言，所做的认识都是非常详尽的，因此，对于体育多媒体CAI课件中框架的展开与学科内容的设计都能够起到一定促进作用。

(2) 体育多媒体CAI课件设计的模块化设计原则

所谓的体育多媒体CAI课件设计的模块化分析原则，主要是按照结构化分析的框架图指示，将相同或相近的部分设计成模块，使其相对独立，用模块图表示出单一功能模块的组成的结构，由此对课件系统及与之相应的功能结构进行确定，进而为结构化编程创造良好条件。

诸多实践证明，体育多媒体CAI课件的模块化设计不仅减轻了繁杂内容编程的负担，还可保证课件的风格统一、制作程序化。

(3) 体育多媒体 CAI 课件设计的个别化教学原则

在对高校体育教学内容进行选择与组织的时候，应该做能够具有广泛适应性，应该保证某一层次的所有学生都能够适用。同时，根据学生不同能力的差异，对相应的高校体育教学程序和对策进行设计。例如，学生能够对自己学习内容的深度和广度进行控制，并对自己的学习进度进行确定。

(4) 体育多媒体 CAI 课件设计的反馈和激励原则

体育多媒体 CAI 课件应该对于每一个学生做出的反应都能够将与之相对应的信息不论时间、无论地方的进行反馈。在体育多媒体 CAI 课件中，要保证友好的交互界面，充分调动学生体育学习的积极性，使学生始终处在良好的学习状态中，同时，还要及时的、有效的强化高校体育教学的效果，及时使正向激励的作用得到有效的发挥。

(5) 体育多媒体 CAI 课件设计的贯彻教学设计原则

对于体育多媒体 CAI 课件的设计而言，其理论与方法在将体育课堂教学呈现包含在内的同时，也存在体育多媒体 CAI 课件进行设计的方法与原则。在对高校体育教学的结构与内容进行设计的过程中，体育教师不能单纯依靠传统的方法与经验对高校体育教学结构与内容进行设计，同时，还要适当地使用系统的技术和方法，进而对高校体育教学目标的设计与分析，以及对高校体育教学的诊断工作进行实施。

4. 设计体育多媒体 CAI 课件的具体方法

体育教师在开始制作体育多媒体 CAI 课件之前，应该对课件设计工作的重要性进行明确。现阶段，有一些体育教师不能够把握住体育多媒体课件的精髓所在，只是一味地去追求最新的科学技术，一不小心就将体育多媒体课件的性质进行了改变，使之成为多媒体成果展示，这样是不正确的。之所以出现这样的结果，主要是因为，没有对高校体育教学中体育多媒体课件起到的作用进行明确，需要注意的是，在高校体育教学过程中，体育多媒体课件发挥的作用不是主要的，而只是辅助性的。在体育课堂教学开展的过程中，教师仍然发挥着主导作用。只有将体育多媒体 CAI 课件的设计工作做好，才能够制作出更多优秀的课件。所以，在设计体育多媒体 CAI 课件的过程中，可以考虑从以下几个方面进行考虑。

(1) 从体育多媒体 CAI 课件的可教性考虑

对体育多媒体 CAI 课件进行制作的主要目的是使体育课堂教学的结构得到优化，使体育课堂教学的效率得到提升，在保证促进体育教师教的同时，还要促进学生的学。所以，在设计体育多媒体 CAI 课件之前，我们应当对其存在的教学价值进行优先考虑，也就是说，对于这堂课是不是有必要对体育多媒体 CAI 课件进行使用和考虑。通常来讲，如果仅仅使用传统的高校体育教学方式就能够使良好的高校体育教学效果得以实现，那么花费大量的精力对体育多媒体 CAI 课件进行设计就没有必要。所以，在对体育多媒体 CAI 课件的内容进行制作以前，应该尽可能地对那些不存在演示实验，或者是演示实验不容易做的高校体育教学内容进行选择、应用。

(2) 从体育多媒体 CAI 课件的易用性考虑

对于体育多媒体 CAI 课件而言，应该能够清楚表达出高校体育教学的目标、高校体育教学的步骤与高校体育教学的具体操作方法，同时，有一点需要注意的是，在同本机脱离的情况下，在其他的计算机环境中，体育多媒体 CAI 课件也能够运行成功，因此，需要对于几个方面具体的内容进行注意。

①体育多媒体 CAI 课件应该便于安装，且能够随意拷贝到其他硬盘上使用

首先，体育多媒体 CAI 课件应该保证启动比较快速，避免体育教师和学生焦急等待的情况出现。其次，体育多媒体 CAI 课件应该尽可能占据较小的容量，需要注意的是，对于体育多媒体 CAI 课件越大越好的错误观念必须要更正，伴随网络技术的日新月异，体育多媒体 CAI 课件的运行在网络环境下最好。

②体育多媒体 CAI 课件应该具备友好的操作界面

对于体育多媒体 CAI 课件而言，其操作界面应该存在一些具有明确意义的按钮和图片，同时还要能够通过鼠标进行操作，对于一些特殊的情况发展，例如，键盘操作复杂等。此外，应该合理设置体育多媒体 CAI 课件各个内容部分间的转移，保证方便地操作跳跃、向前与向后等步骤。

③体育多媒体 CAI 课件的运行要保证一定的稳定性

对于体育多媒体 CAI 课件而言，在其运行过程中应该保证一定稳定性的存在，如果体育教师在执行体育多媒体 CAI 课件时做出了错误操作，那么就十分容易产生退出的情况，也会出现计算机重新启动的情况。因此，在体育多媒体 CAI 课件具体的操作过程中，体育教师应该尽可能地使死机的情况较少，甚至不出现，从而保证体育多媒体 CAI 课件运行过程中稳定性的存在。

④体育多媒体 CAI 课件要保证及时进行交互应答

在体育多媒体 CAI 课件运行过程中，应该保证及时地进行交互应答。而不能将体育多媒体 CAI 课件等同于电影。同时，体育教师应该高度重视学生的学，使学生学习的过程是循序渐进的，为学生留出更多的思考余地。

(3) 从体育多媒体 CAI 课件的艺术性进行考虑

对于一个体育多媒体 CAI 课件而言，它的演示在保证良好高校体育教学效果的同时，还应该是令人愉悦的，只有这样才能够将美的享受提供给体育教师与学生。如果上述的两项因素都能够保证，那么就表示这样的体育多媒体 CAI 课件存在着较强的艺术性特征，完美地融合了优秀的内容和优美的形式，值得我们注意的是，想要实现这两个目标一点也不容易。想要实现这些内容，体育教师不仅应该具备一定的美术基础，

而且还要存在一定审美情趣。所以，如果在这一方面存在过高的要求，就很难顺利实现的。

体育多媒体 CAI 课件的艺术性特征主要的表现是：把具有柔和色彩的操作界面，科学合理地进行搭配，画面应该同学生的视觉与心理产生共鸣；为了能够保证将更加逼真的图像呈现出来，可以考虑使用 3D 效果；对于画面的流畅性要做出保证，避免停顿、跳跃的现象出现，需要注意的是，体育多媒体 CAI 课件画面中最多只能存在两个运动对象；此外，不仅要存在优美的音色，还必须通过适宜的配音进行辅助。

5. 体育多媒体课件创作工具的选择

在选择体育多媒体课件创作工作的问题上，如果能够恰当选择体育多媒体课件的创作工具，那么就能够使得体育多媒体 CAI 课件的具体实施产生更加理想的效果。在本书的此章节内容的分析与研究中，作者主要从以下几个方面简单地分析比较典型的体育多媒体课件创造工具与开发工具。

(1) 在体育多媒体课件的创作过程中，选择体育多媒体创作工具的基本原则

在体育多媒体课件创作的过程中，所选的创作多媒体工具，其主要用途是当用户编排、制作各种各样的节目时能够起到一定促进作用，多媒体的创作工具在向用户提供的过程中，通常是交互的设计环境与易懂、通俗的高级编著语言，如此一来能够为用户编制各种内容提供便利。如果在体育多媒体 CAI 课件设计过程中，恰当地选择多媒体创作工作，那么就能够保证体育多媒体 CAI 课件的效用得到最大限度地发挥。

①高效原则

在体育多媒体课件创作的过程中，将会对多媒体的开发、创作工具进行应用。对于多媒体开发、创作工具而言，存在的特点主要有：具有容易实现、具有丰富多样的效果、较高的媒体集成度、看到的就是得到的，在体育多媒体课件备课问题与课件开发的开展方面，具有十分明显的效率优势，这一点传统"语言"系统是做不到的。

②易用原则

对于同一种知识而言，如果通过 1000 名教师进行教授，自然就会存在 1000 种不同的教学方式。而体育多媒体课件的实际操作具有简单、便捷、方便、容易使用等多项特征，如果想要体育教师真正地接受并使用他们，就需要体育多媒体课件的使用方法在较短时间内被体育教师所掌握，即便这个体育教师对于程序设计一窍不通，甚至是对于计算机的操作也了解甚少。

③开放原则

在高校体育教学开展的过程中，可以使用的素材是富有变化的。因此，体育多媒体课件必须要拥有一个几乎被所有多媒体格式都能兼容的体育多媒体课件创作开发平台，在能够提供或者应用各种各样高校体育教学素材的同时，还能够支持各种各样输入的设备格式。此外，还应该保证存在的所有素材都能够得到充分利用，自己的产品

不管是在哪一台计算机中都能够适用。

④价廉原则

体育多媒体课件创作工具选择的价廉原则，是一种共同要求，在任何一个领域中都适用。当前"质优"是必要的前提。

(2) 体育多媒体课件创作工具简介

在体育多媒体教学课件创作的过程中，选择体育多媒体创作工具的时候必须要对其存在的功能进行了解。通常来讲，体育多媒体课件创作工具具备的功能有很多，例如，1）为体育多媒体的编程营造良好氛围；2）多媒体数据管理功能；3）超文本功能；4）超媒体功能；5）对体育多媒体数据的输入和输出都能够有效的支持；6）连接各种各样应用的功能；7）友好的用户界面；8）制作、编排动作的功能。

在体育多媒体教学课件创作的过程中，如果体育多媒体的创作工具存在于不同的界面中，那么就会存在不同的创作特点与创作风格，同时，每一种都会存在其各自的不同优点与缺点。但是，如何对这些界面不同的创作工具进行选择，主要依据是个人的偏爱与需要完成的创作任务。例如，如果仅仅是对学术会议的报告与研究生答辩内容进行制作，那么就不需要通过更加复杂的编程软件来完成制作，只需要对幻灯片创作工具进行选择、使用就可以了。但是，有一定需要进行说明的是，如果想要针对某一个领域中的教育教学软件进行制作，以便于更好辅助个别化教育训练的开展，或者是实际操作练习中使用，那么就应该选择具有较强交互性的多媒体创作工具。对于几种比较常见的多媒体创作工作，作者进行了如下的分析。

①幻灯式多媒体创作工具

体育多媒体课件创作过程中的幻灯式多媒体创作工具，一般来讲是一种呈现以线性为主的体育多媒体创作工具。而此种创作工具在应用中就是通过一系列的幻灯片的排列来对过程进行呈现，也就是按照顺序分离并展示屏幕。而此处所提及幻灯片，可以是简简单单的文字幻灯片，也可以是简单的图像幻灯片，还可以是由声音、图像、文字、视频或者动画等多种要素结合在一起的体育多媒体课件复杂组合。但是，有一点需要强调，那就是：一般来讲，此种体育多媒体课件创作的幻灯式多媒体创作工具，在开始使用之前必须要存在一个预先设置完整的展示程序。

对于体育多媒体课件创作的幻灯式多媒体创作工具而言，需要某一些特殊存在能够将一定程度的交互提供出来，再按照一定顺序立体体育多媒体教学课件界面中存在的键盘操作、鼠标操作与按钮操作，在对体育运动技术动作进行设计的时候，必须要借助动作按钮的功能，完成超级链接，此外，也可以打开一些外部的程序。幻灯式多媒体创作工具中比较典型的就是 PowerPoint，其显著特点就是简单、易学、易用。能够将一个创作展示的完整软件环境展示出来，不仅包含集成工具、格式化流程、绘画，还包含了其他多种选项。此外，对其包含的许多模版，我们可以直接进行调用，但是，此多媒体创作工具也是存在缺点的,即只存在简单的交互,甚至是缺乏交互,并且存在的交互只是在幻灯片的线性序列的点之间进行跳转。在学术报告、汇报与演示过程中对此种幻灯式多媒体创作工具使用较多。

②书页式多媒体创作工具

书页式多媒体创作工具的主要特点是,将相关的高校体育教学内容制作成一本书的形式,当然也存在"页",并且这些"页"像书稿一样,也有一定的顺序存在。而上述的这一特征同体育多媒体课件创作的幻灯式多媒体创作工具是比较相近似的,但是,两者之间也肯定会存在一定的差别,即在页与页之间也能够有效支持更多的交互形式,给人一种身临其境,能够浏览真实书稿的感觉。书页式多媒体创作工具的典型是 Tool Book,此软件能够对应用程序进行想象,使之成为具有很多页的书籍,在它自己的窗口中可以对每一页的内容进行画面展示,里面有大量交互信息与媒体对象包含其中。可以说,书页式多媒体创作工具与幻灯式多媒体创作工具相比,在结构方面,交互能够在一页内完成,显示出更加丰富的特点。对于 Tool Book 来讲,在一个独立存在窗口上,每一次只能显示出一个的内容。因此,在应用程序中的实现智能只能是利用页面不同的情况才能够完成。此外,还能够在打开某一本书的某一页内容的时候,同时打开其他的书籍,所以,对于更加复杂化的一个层次结构的建立,需要进行充分的考虑,也就是所谓的书架式的应用程序。对于此种书架式的应用程度而言,其原理在于在书架上,将多种多样的事物当做一本书进行放置。

比较典型的创作工具就是 Tool Book,是由 Asymetrix 公司负责开发的。Tool Book 是水平较高的面向对象开发的一个环境,它能够将面向对象的一种程序设计语言,OPENSCRIPI'提供出来,两种相关的信息可以通过这种语言在一起链接,从而对于各种任务的完成起到一定促进作用,例如,可以用于动画声音、计算数字、播放图像等等。此种体育多媒体课件创作工具的特点,一般在其对应用程序的组织方面体现出来。此种创作工具具有较强的超级链接能力与超级文本能力。对于 Tool Book 而言,如果按照使用的角度对其进行划分,就能够分成两个主要层次,分别为 Tool Book 的作命层次与读者层次。从读者层面上而言,用户能够执行对书的各种操作,同时,阅览它的内容;从作者层面上来讲,设计者能够使用命令来实现对新书的编写,在修改对象或者程序中各个页次对象的时候可以对调色板与工具箱进行利用。

③时基模式创作工具

我国这里所说的时基模式创作工具,一种常见的多媒体编辑系统,主要将时间作为基础,通过此种编辑创作工具制做出的内容近似于卡通片或者电影。时基模式创作工具通常是利用看得见的时间轴来对显示对象上演的时间段与事件的顺序进行确定。在这样时间关系存在的情况下,它的出现形式可以是许多的频道,从而能够使多种对象得到安排,同时呈现出来。通常在这样的系统中会有一个控制面板的存在,主要是为了对播放进行控制，一般来讲就像是常见的录音机与录像机，主要包含了演出、快进、倒带、前进一步、后退一步、停止等按钮。

④网络模式创作工具

对于网络模式创作工具而言，它可以允许的程序组成了一个自由形式的结构，即可以从任何一个地方到另外的任何一个地方。同时，它有不固定的结构与呈现顺序。在利用网络模式创作工具进行创作的过程中，仍旧需要作者建立自己的结构，也就是说作者需要尽可能多地完成工作。但是，在所有模式的多媒体创作工具中，此种创作工具是一个存在多种层次的、比较适宜建立的应用程度。比较典型的软件是"MEDIA Script"，能够从应用程序空间中的任何一个对象使用户随意地跳转向其他的任何对象，并且访问是完全随机的。网络式的实现可以对任何一种程序语言进行利用，所以，它存在较高的计算机方面的要求，首先需要作者至少是一名程序员。

⑤传统程序语言为基础的多媒体创作工具

对于程序员来讲，在编程方面比较擅长，通常对于多媒体编辑创作系统的限制及依赖工具箱产生对象的方式很难接受，所以，想要他们对多媒体创作系统进行应用，完全地丢弃他们所熟悉的语言创作工具是非常困难的，几乎是不可能实现的。在这样的情况下，不仅要适当地保留传统语言的特征，还要对于设计程序过程中所涉及的环境进行改进，使之能够像可视化操作的一个系统进行转变。如果这样的话，就能在程序编写的过程中，使程序员在充分利用传统语言的同时，还能够对多媒体开发的工具箱进行应用，并且还能够直接使用工具箱内的这些编码，使之变成能够得到重用的编码。可以预见，此种多媒体创作工具存在的应用前景是相当广泛的。

四、基于 WEB 的体育多媒体网络课件的教学设计

（一）体育多媒体网络课件设计特点

基于 Web 的体育多媒体网络课件的设计，主要对高校体育教学过程中学生的中心地位进行了强调。在主动获取知识的环境下，教师和学生的地位、作用和传统教学方式已发生了很大的变化，相应的教学设计理论与传统教学相比也出现了差异之处。因此，就需要围绕以学生为中心、强调教师与学生充分交互这一原则对体育多媒体网络课件进行设计，保证能够将对网络教学特点进行体现的软件能够被设计出来。

1. 对于"以学生为中心"的思想进行强调

在体育多媒体网络学习的过程中，应该使学生自身的主体性作用得到有效的发展，将高校体育教学课内与课外相结合、体育锻炼活动自觉参与的精神得到展示。应该保证学生能够在自身联系反馈信息的支持下，形成对高校体育教学理论与方法的独到见解。

2. 对于情境在获取知识中的重要性进行强调，对于高校体育教学信息的接受与传递不等同于对知识建构的问题进行强调。

在体育课程加血构建的实际情境中，能够开展一系列的学习相关活动，能够促进现有认知结构中的一些相关经验能够被学习者有效地利用，使他们对于现阶段所学的体育课程教学的新知识可以更好地固化、索引。进而将某种特殊的意义赋予到新的高校体育教学知识中。因此，在对体育学习情境进行构造的过程中，必须要强调知识点与知识点间的结构关系，注意不能只是简单地罗列高校体育教学内容。

3. 对于获取知识方面，协作学习发挥的重要作用进行强调

在体育多媒体网络课件进行设计的过程中，对于学习者与周围环境之间存在的相互作用，网络环境也能够强化协作学习环境的作用能够得到充分地、有效地发挥，这对于学习者能够充分理解高校体育教学内容有着非常重要的作用。

4. 对于学习环境的设计进行强调

我们这里所说的学习环境，通常指的是学习者能够自由地进行学习与探索的场所。在学习环境中，学生为了能够使自身的学习目标得到顺利实现，需要充分地利用各种信息资源与工具。基于 Web 的体育多媒体网络课件的设计，在以学生为中心思想的指引下，并不是从高校体育教学环境进行设计，而是针对学习环境展开一系列的设计。这样做的缘由是，更多的控制与支配产生于教学过程中，而更多的主动与自由则是会产生于学习过程中。

5. 对于学习过程中各种各样信息资源的有效利用进行强调

在体育多媒体网络学习开展的过程中，为了能够有效地促进学习者对知识的主动获取与探索，需要将更多有效的各类信息资源提供给学习者，与此同时，对于学生自主学习活动与促进协作式探索的顺利开展，对于这些媒体与资源应该要科学合理的利用。因此，在选择、设计同传统课件设计相关教学媒体的问题上，需要应用全新的、有效的处理方式。例如，充分考虑到如何获得信息资源、获取信息资源的途径有哪些、怎样有效利用信息资源等多项问题。

（二）高校体育教学内容选择与组织

只有对高校体育教学内容进行精心选择和组织，才能够使 Web 的优势得到充分利用。具体的做法主要包含以下几个方面的内容：

1. 教学内容的多媒体化

在高校体育教学开展的过程汇总，不仅可以对文字和图片进行使用，还可以利用声音、动画和视频。如果高校体育教学内容具体多元化的形式，那么也要综合地设计高校体育教学内容的形式，对于文字形式、图片形式、声音形式、视频形式与动画形式等多种高校体育教学手段进行综合利用，详细地解说体育运动技术动作的要点、方

法、难点、练习方法、容易犯的错误、纠正错误的方法等多个方面的问题。

2. 补充体育课程教学相关内容与链接

在体育课程教学开展的过程中，在教学的各个知识点中不仅能够将体育课程教学大纲要求的内容引入其中，还可以融入大量的相关信息与知识。例如，在《篮球》中，不仅仅包含体育课程教学大纲中规定的一些技术教学内容与战术教学内容，同时，对于篮球运动的所有技战术进行了扩展，同时，还补充了篮球运动技战术实战应用的内容。在完成体育课程教学大纲要求的内容同时，使爱好篮球运动的学生能够给对于国内外先进的篮球运动技战术、教学与训练相关网络站点进行了解学习。此外，还能够对网络连接的特点进行利用。

3. 高校体育教学内容动态更新

在体育课程网络教学开展的过程中，学生体育学习教材由体育教师负责编写的传统方式已经不再适用了。之所以这样，主要是因为在体育课程网络教学中，对于高校体育教学课件的相关内容，学习者可以自由地进行浏览，同时，还能通过网上教师答疑解惑与课程互动讨论等教学手段对高校体育教学内容进行讨论，同时，还可以将一定的修订意见进行提供，促进高校体育教学互动过程中教师与学生对教材进行共同编撰可行性的实现。经过体育相关教材地共同撰写以后，对于自身的问题与意见，学生能够进行充分的表达，从而使体育课程网络教学过程中学生的参与感得到大大地提高。

（三）体育多媒体网络课件的结构设计

在设计体育多媒体网络课件结构的时候，需要考虑的因素有：高校体育教学的目标、高校体育教学的内容、交互方式的性质。体育多媒体网络课件结构主要建立在高校体育教学内容的基础结构上面，它可以保证体育多媒体网络课件的相关教学功能与大致框架得到充分地反映。

对于体育多媒体网络课件而言，其总体结构主要由两个部分内容构成，分别是高校体育教学的内容和网络交互。高校体育教学的组成内容，不仅包含体育课程教学大纲要求的全部内容，还包含一些扩充性的知识。在高校体育教学网络手段应用的前提下。大量同体育课程教学核心内容相关的补充性知识在体育课程教学内容中能够有机融合，进而促进高校体育教学资源营造一个特定的环境，对于那些存在不同兴趣、爱好的学生而言，能够保证他们的个性化学习活动给予适当的支持。在大量扩充性知识得到引入的情况下，极大地丰富了体育多媒体网络课件的内容。对于体育多媒体网络课件而言，其主要内容包含了体育理论课的教学内容与体育实践课的教学内容。

对于体育多媒体网络课件而言，其主要内容包含了多项内容，例如，相关课程的介绍、课程讲解的要点内容、教师答疑解惑、课程讨论、作业处理与课程公告等等。其中，相关课程的介绍主要有对学习总体目标的介绍、考核的办法、学习方法、学习进度与课时安排等的介绍；课程讲解的要点内容主要有每一个项目的教学任务、技术动作的要点、技术动作的难点、练习方法、容易犯的错误与纠正的方法等等。

（四）撰写脚本与设计素材

多媒体手段的引入使得高校体育教学内容的形式得到多元化的发展，在体育网络课件撰写中需要对素材的撰写和设计进行考虑，我们这里所说的素材，主要包含文字、图形图片、声音、动画和视频等等，对于这些不同类素材之间的连接关系也要考虑。

1. 文字脚本的撰写

通常对 Word 软件进行利用，来实现文字脚本的撰写，在内容的问题上，不仅仅要对高校体育教学的知识点进行考虑，还要利用文字清晰地表达出教师的讲解，另外还要在引入图形图片、动画及视频的文字处及超文本链接处做出标记，以便于后期制作者的使用，所以，在字数上，文字脚本是传统教材的2—5倍。

2. 声音脚本的撰写

在网络条件的制约下，如果在高校体育教学网络课件中对于大量的声音文件进行应用，很有可能会降低其最终的运行速度，所以，声音文件的使用只能在特别需要的时候才可以，例如，对动画的解说、对视频的解说等等。同时，在对这一种类别的声音脚本进行撰写的时候，首先要进行考虑的是目标动画与目标视频，同时，按照动画的解说与视频的解说，对时间与内容开展配音。需要注意的是，应该保证配音脚本的精炼化，同时，将动画与解说的过程、配音的过程紧密地联系在一起。

3. 关于图形图片的设计

我们常说的图片，就是指利用拍照技术而生成的图片。当体育教师向学生讲解高校体育教学内容的时候，可能需要使用大量的图片。我们常说的图形，就是指利用计算机的相关软件而绘制出来的示意图，例如，篮球运动技战术配合的相关线路等等。在对图片进行拍摄以前，体育教师应该针对每一个技术动作按照文字讲解的实际需要进一步设计照片拍摄的地点与数量。通过计算机相关软件绘制出的示意图，不仅要对相关的内容进行表现，还要对图形的种类进行确定，可以使用二维图形的绘制，也可以使用三维图形的绘制。从原则上讲，为了能够使基于 Web 的体育多媒体网络课件的制作成本适当地降低，尽量对二维图形进行使用，而放弃对三维图形的使用。

4. 关于动画的设计

我国这里所说的动作，主要是指动态的图形或图片。在基于 Web 的体育多媒体网络课件中，动作的使用只是为了表达原理性的一些内容。例如，体育教师在讲解球类运动的战术配合问题的时候，就需要应用到二维动画。在对相关动画进行设计的时候，首先需要进行设计的就是最原始的静态图形，然后需要通过文字与图示对初始动态图形的每一个变化过程进行说明，同时，还要以文字撰写的形式编写相应的解说文字。

对于动画脚本而言，其主要构成有：每一步动作的图形、说明性的文字与线条、图片中的文字提示、解说的文字等。一般来讲，一套规范的制作表必须要通过制作人员和脚本撰写人员一起来进行商讨和确定，这对于撰写脚本与双方交流活动的开展能够起到一定的促进作用。

5. 关于视频的设计

在基于 Web 的体育多媒体网络课件设计过程中，视频的拍摄类似于图片的拍摄。通常来讲，视频的拍摄和图片的拍摄在步骤上是一致的。同时，如果拍摄过程中使用的是数字摄像机，那么图片拍摄与视频拍摄事实上就是处在同一个过程中。

6. 关于功能的设计

对于基于 Web 的体育多媒体网络课件而言，其功能的设计内容主要有：对于课件界面的层次选择、导航模式设计、按钮的选择、功能按钮的确定、课程内容展示方式的确定、类型不同素材的连接方法确定、课件内容文件结构的确立等等。功能设计的目的主要是最大限度地使用多媒体网络手段，以便于能够使特定的内容对教学活动辅助作用的完成起到一定的促进作用。在基于 Web 的体育多媒体网络课件中，按照总体结构的相关要求，通常通过三级结构对界面进行设计，分别是：主要界面（也就是网络课件的主页面）、选择内容的界面、讲解内容的界面。

在基于 Web 的体育多媒体网络课件的主要界面中，通常存在两组可以选择内容的按钮，分别是：高校体育教学内容组按钮、网络交互组按钮。为了可以适当地减少页面切换的数量，从而提升基于 Web 的体育多媒体网络课件的运行速度。因此，在选择内容的界面上，在设置每一节内容选择按钮的同时，还要设置每一章节的切换按钮。针对某一个高校体育教学内容，综合利用各种各样形式的高校体育教学手段，可以采用的高校体育教学手段有：文字介绍、动画讲解、图像图片、录像片段等。不仅如此，基于 Web 的体育多媒体网络课件还可以设置其他超文本链接形式的按钮，例如，欣赏、友情地链接到其他的网站。在基于 Web 的体育多媒体网络课件中，其界面存在的各式各样的按钮充分考虑了学生的各种需求。此外，还可以科学合理地增加按钮的趣味性与动态效果。

基于 Web 的体育多媒体网络课件作用的主要表现是，使实践课中理论讲授时间紧且不系统的问题得到较好地解决，可在网上将体育课的教学内容完整系统地进行讲授，供不同需求的学生在网上进行个性化学习；可以利用多媒体的手段对体育运动技术动作要领进行形象生动地讲解，保证统一的、规范的动作，便于学生重复多次地进行观摩与学习，从而保证基于 Web 的体育多媒体网络课件对于课外体育锻炼能够起到很好地辅助作用；对于网络上能够提供的条件应该充分地利用，对于相关的问题，体育教师应该指导学生进行谈论，并且为其答疑解惑等等。

基于 Web 的体育多媒体网络课件，其应用与发展在对高校体育教学手段与高校体育教学方法进行改革与创新的同时，还会在一定程度上影响到体育教育理论的发展与高校体育教学模式的发展。在未来，多媒体课件中的一种重要形式就是基于 Web 的体育多媒体网络课件，同时它也将成为网络教学发展的重要资源基础之一。

第二节 高校体育教学中微课的应用

一、微课的概念

（一）微课概念

所谓的微课，主要是指以视频的方式把教师在课堂内外教学活动开展过程中传授的教学环节或者强调的主要知识难点与重点进行展示的新型的一种教学资源。微课具有一些比较显著的特点，即 (1) 碎片化；(2) 突出重点；(3) 具备的交互性比较强；(4) 能够反复多次使用。微课作为一种全新的教学模式，能够使学生的碎片化学习活动随时随地地展开。

（二）微课的组成

对于微课而言，其组成内容的核心就是示例片段，也就是课堂教学视频。不仅如此，也有同某个教学主题相对应的辅助性教学资源，例如，素材课件、教学设计、练习测试、教师点评、教学反思和学生反馈等等。在一定的呈现方式和组织关系下，它们共同营造了资源单元应用的"小环境"，而这里所说的资源单元具有的显著特征是主题式的半结构化单元资源，因此，微课同传统单一资源类型的教学资源之间是有一定的差异存在的，主要表现在教学设计、教学课例、教学课件与教学反思等方面，同时，微课与上述的这些教学资源之间存在一定的联系，微课作为一种新型的教学资源，其发展基础就是上述的这些教学资源。

（三）微课的特点

1. 碎片化

微课视频具有 10 分钟左右时长，将在课程教学过程通过清晰的视频录制的方式进行呈现。

一堂传统课堂教学的时间是 45 分钟，而原有的段状课程在微课的作用下，逐渐向点状课程进行转变，促进了更加精华、细致课程内容的出现，因此，学生除了课堂的教学的时间以外，还可以利用课外其他的零散时间，例如，当学生排队等待就餐的时候，可以利用这一小段时间进行学习，所以，微课的显著特点之一就是碎片化。

2. 突出重点

基于学生的学习特点，在微课显著碎片化特点的影响下，对于教师的教学能力，微课也提出了更高的要求。在微课视频的 10 分钟展示时间内，要求教师将严谨的逻辑性进行体现出来的同时，还要将课程内容的重点与亮点突显出来，真正地抓住学生的学习重点所在，才能使学生的学习兴趣得到更好地激发。

3. 较强的师生交互性

微课作为一种新鲜的课堂形式，它的出现在满足学生知识渴求与猎奇心理的同时，还能够有效地改善传统教学模式中教学内容单方面输出的情况。在微课教学开展的过程中，教师与学生之间的互动加强，不仅仅及时收集了学生课程学习的兴趣点，同时，对于学生存在的疑问，教师也能够及时进行回答。这无疑会为教师课程后期的设计提供了便利条件，使其能够同现阶段学生的知识渴求得到一定地满足，进一步提升了课程的教学效果。

4. 能够反复多次使用的教学资源

在微课的模式下，学生能够按照自身的实际需要，对体育学习活动随时随地地展开，例如，在课程开始之前，学生可以通过微课来预习运动技能、巩固难点和重点、练习课后的动作等等，上述的这些微课学习途径，在进一步提升教学效果的问题上，都能够发挥出有效的促进作用，此外，对微课教学模式的使用，还可以使学生课程学习的积极性得到进一步增强。

二、微课在高校体育教学中的应用

由于微课存在碎片化、突出重点、较强的师生交互性与可重复利用教学资源的特征存在，从体育微课的基本设计原则出发，开发质量较高的体育微课，进一步地改善了当前高校体育教学的现状，使学生对体育运动项目学习的兴趣得到提高，对于体育方法微课的应用要始终去探索，一般来讲，在高校体育教学中，主要会在以下几个方面将高校体育教学中微课的应用体现出来：

（一）微课应用在学生体育需求调研中

鉴于高校体育教学传统模式中同高校体育教学内容间存在的关联，在高校体育教学实践活动正式开始前，体育教师应该按照课程逻辑将高校体育教学内容中的难点与重点提取出来。同时，还应该同现阶段体育栏目与体育热点新闻相结合，对体育微课进行制作，之后再将已经制作完毕的体育微课利用移动互联网的各种渠道实施学校范围内的广泛传播，通过对微课中学生的点击率与同帖评论内容的考察，体育教师能够有效地评定体育课程内容的合理性，保证体育教师更加深入地了解到学生兴趣与期待，此外，在前期对体育微课进行传播的同时，能够有效地使学生体育学习的积极性得到调动，使学生更加期待即将要学习的新学习内容，使学生的被动学习行为转变为主动学习行为，进而提升学生的体育参与度。

（二）微课应用在体育课程设计中

对于体育微课而言，它不仅补充了传统的高校体育教学模式，还是多媒体时代下高校体育教学发展的必然结果。微课地逐渐出现。使得原本的体育课程设计得到了重新定义，因此，就需要保证体育课程的有理有据。在高校体育教学开展的后期阶段，将以往室内体育理论课与室外实践课分开开展的体育课程设计进行改变，将两者进行融合，同时，对于多媒体时代大数据的时代特征进行考虑，在设计室内理论课的时候，可以以教师和学生的信息数据交流为主，使他们的头脑风暴在体育课程中得到掀起，呈现出更加公平、更加自由的体育课程，此外，在这样的形式下，体育教师的教学思维能够得到更进一步地更新，使学生体育学习的热情得到提升。

（三）微课应用在体育课程教学中

一方面，基于体育时事热点与体育课程的新内容等方面，体育教师能够对新颖的体育新课进行设计，并向微课导入，在体育课堂教学开展的过程中，组织学生集体观看，主要的目的是吸引学生的注意力、激发他们的体育学习兴趣；另一方面，在高校体育教学实践活动开展的过程中，体育教师可以将复杂动作的教学制作成微课，同时，在体育课堂教学过程中重复地向学生播放，将更加具体、更加直观、更加生动、更加形象地将高校体育教学过程呈现出来。

体育教师可以根据新课内容和时事体育热点等方面设计新颖的新课导入微课，在课上给学生观看，目的是为了使学生的注意力得到吸引，使学生的学习兴趣得到激发，另一方面，对于高校体育教学中复杂的教学动作，教师可将其制作成微课，在上课过程中对学生进行重复播放，使高校体育教学过程的教学更生动、更直观、更形象、更具体。

（四）微课应用在体育课后辅导中

对于高校体育教学而言，每一节体育课堂教学的时间是 45 分钟，有限的高校体育教学时间，使教师能够面面俱到地讲授内容，想要实现精细化教学几乎是不可能的，所以，一部分学生不能与教学节奏同步或者是学生不能对其所学运动技能充分掌握的情况必定会出现，所以，当体育课堂教学结束以后，教师可以将含有高校体育教学重点的微课视频向学生发放，以便于学生能够在课堂结束以后，对于已经学习的技术动作进行练习，对课堂上所学内容进行复习，切实保证温故知新，从而提升学生的学习效果。

（五）微课应用在体育课程分享中

从本质上来讲，分享就是学习，学生们喜欢在朋友圈中分享一些好的视频课程，对身边的朋友、学生进行感染，使学生的学习圈子得到扩大。因此，我们应该对于一种倡导分享精神的学习共同体进行构建，这样能够保证学习共同体成员间能够互相督促，对有用的体育学习信息进行分享。例如，将微课应用在体育舞蹈教学过程中，在校园内学生可以对已经学习到的且比较感兴趣的体育舞蹈课进行分享，使越来越多热爱体育舞蹈的学生能够及时地对学习资源进行获取、分享，同时，学生还可以对校园内兴趣一致的其他学生进行自发组织，安排大家一起对体育舞蹈微课进行学习，保证体育舞蹈社团的发展更进一步得到促进，通过对社团活动的有效组织，例如"快闪"等，使学生的课堂学习以外的生活得到丰富。

第三节　高校体育教学中慕课的应用

一、慕课的概念

（一）授课形式

慕课不是搜，而是一种将在世界各地分布的学习者与授课者通过某一个共同的主体或者话题而联系在一起的方式方法。

几乎所有慕课的授课形式都是以每一周话题研讨的方式，并且只会将一种大体的时间表提供给授课者与学习者，但是一般来讲，慕课课程都不会对学习者有特殊的要求，一般会进行说明的内容比较简单，例如，阅读建议、每一周进行一次的问题研讨、每一周进行一次的问题研讨等等。

（二）主要特点

1. 规模比较大

所谓的规模比较大的特点，指的是网络开放的大规模课程，而不是以个人名义对一两门课程进行发布。我们这里所说的网络开放的大规模，通常是指那些参与者发布出来的课程，这些课程一般会被人们称作是大规模的课程或者是大型的课程，而慕课的典型形式就是这些课程。

2. 开放的课程

所谓的开放的课程，一般会对创用协议(CC)严格遵守；可以说，开放的课程就能够被称为慕课。

3. 网络课程

网络课程的相关材料通常在互联网上散步，而不是面对面的课程。此种课程的显著特征就是没有上课地点的特殊要求。例如，如果你想对美国大学的一流课程进行享受，那么不管你处在什么地方，不需要花费太多的金钱，只要有网络连接与电脑的存在就能够实现。在一篇评论文章中，斯坦福大学校长约翰·L. 汉尼希 (John L Hennessy) 曾经表达过这样的观点："由学界大师进行授课的小班学习课程存在的水平依然很高，但是，经过证实，网络课程也是一种能够获得高校成果的学习方式。如果相比于大课的话，结果也是仍旧一样的。"

二、慕课在高校体育教学中的应用

（一）高校体育教学中慕课的应用价值分析

自慕课引入我国以来，已经过了很长的一段时间，同时对于这种新式的教学方法许多的学校都开始进行了尝试，然而，慕课在高校体育教学方面的应用非常的少。实际上，慕课的教学方式在高校体育教学方面也是非常适用的。

随着社会网络地日渐发达，人们每一天都会上网，不管是对网页进行浏览，还是刷微博，我们都必须要承认的是网络在现代人们生活中承担的责任越来越重要，而对于慕课而言，就是对于此种现状进行利用，在学习开展的过程中充分利用网络条件。

除此之外，作为一种学习方式，慕课还具备一定的主动性特征，任何人的监督与强迫都不会对其发生作用，按照自己的个人兴趣爱好，使用者可以选择、学习自己喜欢的运动。同时，慕课所拥有的资源范围是非常广泛的，在高校体育教学开展过程中对慕课进行应用，教师和学生还可以实现对国外高校体育教学资源的分享与使用。

现阶段，学校体育课的开展形式主要是体育教师授课，学生接受学习，即高校体育教学课堂教学中，教师首先进行讲解、示范，之后学生再进行练习。然而，我国大多数中小学、高中体育课的开展时间一般是 45 分钟，当体育课的准备活动做完以后，由体育教师进行体育技术动作的讲解与示范，但是，一堂体育课的时间已经耗费很多，学生们的练习活动无法在剩下的时间进行展开。然而，对于这个问题，慕课就可以很好地进行解决。

当体育课堂教学结束以后，学生在课后就能够自行复习。在体育微课视频中包含真人操作与讲解，能够帮助学生对于白天体育课堂学习的动作进行复习与记忆。尽管高校体育教学时间长达一个半小时左右，学生能够拥有足够的时间去学习、练习体育运动技术，但是，他们只能对每门体育课修习一次，由于基本上每一个学期所要学习的内容都是相同的，但是在学生上会存在差异，不利于一部分学生深入学习、练习的开展。

在高校体育教学中应用慕课的教学方式，不仅能够保证学生深入学习活动地开展，还有利于学生自己掌握学习进度。同时，由于慕课中存在的学习资源是非常丰富的，所以有利于学生寻找到适宜自己的运动方式。例如，对于一部分学生而言，可能剧烈的运动不适合他们，所以，他们能够在慕课中对比较适合自己的运动进行寻找，如此一来，不仅能够避免损伤自己身体的情况发生，还能够使体育锻炼的目的顺利实现。

实际上，如今，许多家长也比较重视学生的体育锻炼问题，为了保证孩子能健康成长，家长总是喜欢带着孩子进行散步、晨练等体育锻炼活动。然而，这些体育活动的效果能够真正实现吗？大多数的时候，人们通常会认为，只要自己去参加体育锻炼了，那么就会有益自己的健康发展，然而，需要注意的是，如果人们不能应用健康的方式开展体育锻炼的话，那么在浪费了体育锻炼时间的同时，还会在一定程度上造成身体伤害。如果在高校体育教学中应用慕课的方式，那么在体育运动锻炼的过程中，参考标准的动作，去完成体育锻炼，在这样的情况下，就像是一个专业的私人教练陪在自己身边，并对体育锻炼活动进行正确的指导。

（二）慕课应用在高校体育教学中的未来发展

慕课的教学方式来源于国外，在我国的高校才刚刚开始起步，而且有一些内容对于我国高校而言是不适用的，必须要一定时间进行磨合才能够同我国的教学理念相适应。

基于这样的形式，我国大部分高校应该按照自己学校的特点自行录制慕课视频。同时，在录制慕课视频的时候，可以是多个学校的教师共同参与录制、讨论，然后在对多个优秀的视频中进行选择，并且上传到网上，方便学生们进行观看、下载、学习。由于不同的教师在讲课的风格与方式上也会有所不同，而教师们录制的慕课中包含多个教师的教学课程，那么学生就能够对最适合自己的教师进行选择。此外，这样的方面对于大课参与人数多的情况能够进行避免，还能够有效地改善学生听课效果不佳的情况。

将慕课应用在高校体育教学中，能够使小班教学的目的得以实现。同时，同一学科由多个教师进行录制，能够使比较与竞争更加容易地形成，能够帮助学生对于自己的教学缺点更加仔细地观察，使高校体育教学质量得到提高。因为慕课在高校体育教学中的应用主要以网上教学为主，所谓的监督制度是不存在的，因此，要求学生的自主学习能力是比较强的。在高校体育教学考核的问题上，计算机考核的方式可以不再使用，体育教师组织学生开展网络学习以后，再安排传统方式的考试即可。只有这样才能够使学生通过计算机检测进行作弊的情况得到有效地避免。此外，还能够对于学生通过慕课进行学习的效果得到检测。需要注意的，教师与学生应该摆正对于慕课教学的认识。

对于慕课教学而言，并没有对教师完全地解放，例如，在高校体育教学开展的过程中，通过慕课教程开展教学的方式是可取的，然而，如果学生出现一些疑问，也只能是对同一个视频进行观看。因此。教师与学生之间的定期交流应该存在，如此一来，不仅能够使教师和学生之间的感情得到增进，还能够对学生的学习产生一定的帮助。尽管我国对于慕课的应用还处于刚刚开始发展阶段。然而，在现代网络发展的背景下，慕课的发展是一种必然趋势。将慕课应用在高校体育教学中，能够给教师未来教学的开展带来一定的启示，需要注意的是，在使用慕课方式开展高校体育教学的时候，还应该同国内的高校体育教学情况相结合。

例如，在篮球运动课堂教学开展的过程中，不仅仅要对手指上的动作进行教学，还要对脚上的动作进行教学，更重要的是还要将两者的教学活动紧密地联系在一起。因此，在制作相关慕课的时候，不仅要将这些动作进行分解，还要有一个规范的整体动作，以便于学生学习活动的开展。查阅相关的文献资料可知，尽管国内已经引入慕课的教学方式，但是慕课在高校体育教学中的应用还不广泛，如果想要对一个体育慕课的完整体系进行构建，那么就需要具备相关的慕课教程。一般来讲，由国外引入的教学资源通常都是外语，存在大量的体育专业名词，导致学生在理解上容易出现困难，面对这样的情况，在制作慕课的时候，可以聘请我国国内优秀的体育教师集合具体的教学情况进行制作。此外，针对制作慕课的情况，还要对一定的标准进行设定，如果慕课没有达到标准，那么就不能被使用，这对于慕课的进步与发展是非常重要的。

第四节 高校体育教学中翻转课堂的应用

一、翻转课堂的概念

（一）含义

所谓的翻转课堂，词汇来源是英文词汇"Inverted Classroom"或"Flipped Classroom"，通常是指重新地调整教学课堂内外的时间，从本质上来讲，学习的决定权不再属于教师，而是由学生掌握学习的主动权。在翻转课堂教学模式的应用过程中，学生能够在课堂中有限的时间内更专注地开展学习活动，对于全球化的挑战、本地化的挑战、现实世界中存在的问题，教师与学生一起研究、解决，使得获得理解的层次更加深入。

在课堂教学开展的过程中，教师不会再耗费大部分的课堂时间去讲授信息，但是在课堂教学结束以后，学生需要自主地完成这些信息的学习，他们可以利用的方法有：

听播客、看视频讲座、对功能强大的电子书进行阅读，或者是通过网络同其他同学互相讨论。综上所述，翻转课堂教学模式应用过程中，不管什么时候，学生都能够对自己所需的材料进行查阅。

此外，教师同每一个学生进行交流的时间也增加了。当课堂教学结束以后，学生就能够自主地对学习节奏、学习内容、学习风格与知识呈现的方式进行规划，同时学生的知识需要少不了教师对讲授法与协作法的使用，从而才能够得到满足，使学生实现个性化的学习，最终的目的是通过实践活动来保证学生学习活动的真实性。

（二）主要特点

在很多年以前，人们就对视频教学的方式进行过研究、探索。最直接的证据是：世界上大部分国家在 20 世纪 50 年代的时候就开展广播电视教育。为什么传统教学模式没有受到当年所做探索的任何影响，而翻转课堂教学模式却被人们广泛关注呢？作者认为是由于"翻转课堂"的几个明显特点所导致的，对于翻转课堂的特点，作者进行了如下的分析：

1. 教学视频的短小精悍

不管是亚伦·萨姆斯与乔纳森·伯尔曼的化学学科教学视频，还是萨尔曼·汗的数学辅导视频，很明显存在一个显著的共同点，即教学视频的短小精悍。即便是较长一点的视频也只有十几分钟的时间，而大部分的视频通常只有几分钟。同时，每一个视频存在的针对性都是比较强的，如果能够对某一个特定问题进行针对，那么也就会比较方便地进行查找；应该尽量在学生注意力比较集中的时间范围内控制视频的时间长度，同学生的身心发展特征相适应；在网络上发布的视频存在回放功能、暂停功能等，能够自己进行控制，使学生的自主学习能够得以顺利实现。

2. 教学信息的明确清晰

在萨尔曼·汗的教学视频中存在一个比较明显的特征，即唯一能够在视频中看到的就是他的手，将一些数学的符号不断地进行书写，并且将整个屏幕慢慢地填满，在书写的同时，还有画外音的配合。对此，萨尔曼·汗自己的观点是，在这样的方式中，同我站在讲台上讲课是不一样的，这样的方式就像将我们聚集在同一张桌子前面，一起学习，在一张纸上写下内容使人感觉贴心。这也是同传统的教学录像相比，翻转课堂教学视频的不同之处。如果在视频中出现了教室中的各种摆设物品，或者是教师的头像，那么就非常容易分散学生的注意力，特别是当学生处于自主学习状态的时候。

3. 重新建构学习流程

学生的学习过程一般会有两个组成阶段，即 (1) 第一阶段，传递信息。其实现需要教师与学生之间的互动、学生与学生之间的互动；(2) 第二阶段，内化吸收。这需要学生在课堂教学结束以后自己完成。在学生自己完成的过程中，因为缺少教师的支持与同学的帮助，因此，学生在内化吸收的阶段经常会出现挫败感，使他们丧失掉学习的动机与成就感。

"翻转课堂"的教学模式使学生的学习过程得到重新建构。第一阶段的传递信息，是在课堂教学开始之前由学生来完成的，而教师在对视频进行提供的同时，也对在线的辅导进行提供；此外，第二阶段的内外吸收，是在课堂教学开展的过程中，由互动而实现的，对于学生存在的学习困惑与困难，教师应该提前进行了解，同时在课堂教学开展过程中对学生进行有效地指导，而学生与学生之间的互相交流活动，对于学生内化吸收知识的整个过程，还能够起到一定的促进作用。

4. 复习检测的快捷方便

当学生观看完教学视频以后，就会看到视频结尾处出现的几个小问题，通常是四个或五个，能够帮助学生及时检验自己教学内容的学习情况，同时，根据自身的学习情况做出合理的判断。如果对于这几个问题，学生的答案不是很理想没那么学生就应该回放一遍教学视频，对于出现问题的原因仔细思考。同时，通过云平台，将学生回答问题的实际情况及时地进行汇总、分析、处理，使教师对学生学习情况的了解更加客观、全面。教学视频的另一个明显优势，就是能够在经过一段时间的学习以后，方便学生对学习到的知识进行复习与巩固。伴随评价技术的不断发展跟进，使得学生学习的相关环节具有足够的实证性资料来支撑，这对于教师真正意义上的了解学生是非常有帮助的。

二、体育翻转课堂的实施策略

（一）做好在线虚拟教学平台的建设

在线虚拟教学平台搭建的主要目的在于为翻转课堂的实施创造前提和基础，这一平台主要包括教学内容上传模块、师生交流与答疑模块、在线测试与评价模块、学习跟踪与监控模块以及学习总结与成果展示模块等。体育教师通过这一平台，就可以将与高校体育教学相关的微视频、PPT、各种音频等教学材料向在线虚拟教学平台上传，还可以借助这一平台实现作业发布、在线测验、监控督促、在线交流、在线评价等；学生则可以通过这一平台进行学习材料下载或在线学习，并同体育教师之间实现及时地交流与沟通。

（二）注重评价机制的创新

翻转课堂教学模式下的高校体育教学评价不能限于传统的纸笔测验，评价内容、评价主体、评价标准和评价方法等都应区别于传统教学，否则，翻转课堂的实施就会流于形式。翻转课堂模式下的高校体育教学评价应该把"以评促学"、"以评促教"作为评价的主要目的，并将学生的进步程度作为评价的主要指标并注重多元化评价的采用，只有这样，评价才能既有针对性又不失全面性。多元化评价主要表现在评价主体、评价内容、评价方法、评价阶段等方面，紧紧围绕地促进学生的学和促进教师的教两个方面，最终将提高教学实效性作为评价的主旨。

（三）注重提高体育教师的综合素养

无论何种教育教学改革，教师始终是改革成败的核心与关键。作为信息化社会的产物，翻转课堂不仅仅一种先进的教学理念，还是一种先进的教学方法，它对体育教师的综合素养提出了较高的要求。体育教师既是在线虚拟教学平台的搭建者、设计者和使用者又是教学视频等学习资源的开发者和上传者；既是学生学习与实践的组织者和引导者，又是学生学习成果评价的设计者和评价者；既是学生在线学习情况的监控者和督促者，又是教学设计的完善者。

（四）对体育课堂实效进行追求，对避免翻转课堂异化进行避免

翻转课堂作为一个新生的事物，虽然它顺应了信息化社会的时代背景，但还没有形成公认的科学实施模式，各个学科对翻转课堂的研究成果较为丰富，但各类研究也存在很多的不足，综合起来主要表现在以下几个方面。

1. 要对弱化体育教师的作用而过度强调以学生为中心的情况进行避免

在翻转课堂模式下，体育教师虽然把课堂讲解与示范的时间让位给了学生，但并不代表教师的作用被弱化了，事实上，体育教师的作用变得更加关键，而不是被弱化。课前教学视频的录制和搜集、教学资料的优化与整合、在线虚拟教学平台的建设与管理，课中体育教师的讲解与示范、学生活动的设计与组织，课后学生学习结果的考核与评价、教学方案的优化与修订等，每一项工作都离不开教师的付出。如果对体育教师的作用过度弱化，学生的学习就会失去系统性和效能性，高校体育教学最终难逃沦为"放羊式"的结果。

2. 要对忽视学生课前学习的跟踪和监测而高估学生的自主性的情况进行避免

对于翻转课堂教学模式而言，"掌握学习"使其建构的重要基础。翻转课堂的有效地实施离不开学生的自主学习性。作为现实社会中的复杂存在，学生在课堂教学开始之前的在线学习中，并不是每一次都能够针对高校体育教学内容有效的、自觉的学习。因此，教师有必要对学生进行适当的检测与跟踪，它不仅仅能够对学生的技能学习和知识学习的完成起到督促作用，还能够有效地提升学生的自主学习能力。

3. 要对忽视学科的差异而一味借鉴其他学科的经验的情况进行避免

现阶段，对翻转课堂教学模式的相关理论研究成果与实践研究成绩，主要是基于其他学科的基础智商。在体育学科的理论等方面的研究还并不十分成熟，在对高校体育教学中翻转课堂教学模式的应用进行研究的视乎，我们对于其他学科的实践经验不

可避免地要进行借鉴。但是，学科与学科之间的差异是肯定存在的，在其他学科领域比较适用的理论和经验，在体育学科中不一定能够适合使用。因此，在翻转课堂教学模式进行具体实施的时候，我们应该要把握好体育学科本质特点，应该有选择地吸收、借鉴其他学科的理论与经验，生搬硬套的情况要避免发生。

4. 要对偏离翻转课堂的本质而过度追求形式的情况进行避免

实施翻转课堂教学模式的主要目标是在一定程度上提升高校体育教学的时效性，这一点是毫无疑问的。高校体育教学的存在离不开价值的支持与丰富，体育课程的教学是一种至高境界是对于既正当又有效的高校体育教学进行贯彻，如果过分追求形式而对高校体育教学的效果不够重视的话，那么即便是翻转课堂的教学模式得以实施，也不存在任何的意义。

在高校体育教学改革深入发展的特殊阶段，在广大体育教师都积极投身于高校体育教学改革的今天，对于翻转课堂教学模式我们依然应该谨慎地对其缺陷与优势进行审视，尤其是要避免对于偏离翻转课堂的本质而过度追求形式的情况。

三、翻转课堂在高校体育教学中的应用

（一）高校体育教学中实施翻转课堂的价值探析

1. 当前高校体育教学中存在的典型问题

(1) 教学指导思想混乱

教学指导思想反映的是体育教师的理念问题，它会直接影响高校体育教学主旨的确定、教学方法和手段的选择以及整个教学组织管理过程，最终影响教学实效。"健康第一"、"快乐体育"、"终身体育"等各种体育课程指导思想的提出，有力地促进了我国高校体育教学的发展，但也会让体育教师感觉无所适从，众多的体育指导思想让体育教师很容易迷失教学的主旨，最后只能依据个人理解万里挑一并从一而终。可见，混乱的教学指导思想很容易让体育教师片面理解高校体育教学，最终会使我国高校体育教学的良性发展。

(2) 失去工具性和人文性之间的平衡

对于高校体育教学目标而言，存在三个维度，而里面包含的知识与技能目标能够展示出体育的工具性特征，而态度、情感与价值观目标能够展示出体育的人文性。体育课堂教学所具备的工具性对于实践性与实用性进行强调；体育的人文性对于情感与精神进行强调。

现阶段，高校体育教学能够充分地表现出其工具性特征，然而却忽视了人文性方面的特征，体育教师只是对应该教什么内容、怎么样的方式进行教学、学生如何进行学习、学生能否真正学会等问题给予重视，但是却很少关注在体育课程教与学中态度、

情感与人格等方面的发展需求。最终导致的结果是，尽管学生已经对体育知识进行了学习，同时还对一定的体育实践能力进行了掌握，但是，在学生的体育实践意识与整体体育素养方面仍需要加强，对于体育课和体育教师，学生往往表现出淡漠的情感，致使"学生不喜欢体育课却喜欢体育"、"体育锻炼意识与习惯缺乏"的现象时有发生。由此可见，在传统的高校体育教学过程中，轻视人文性、重视工具性的方法存在的缺陷是非常显著的，如果想要高校体育教学的最终目标得到实现，就需要始终坚持对高校体育教学的人文性和工具性的统一。

(3) 缺少个性与人本化

现阶段，我国体育实践中存在的问题有很多，虽然我们已经充分地意识到它们的存在，同时对其力度持续加大，为了能够将这些问题解决掉，对于多种措施进行了应用，然而，却没能够有效地解决这些问题，导致瓶颈状态的出现，在我国高校体育教学中，这样的情况是非常明显的。在高校体育教学活动开展的过程中，体育教师通常从主观意识出发，将"一刀切"的特点表现出来，尽管打着面对全体学生的旗号，实际上却忽略了学生的个体差异；为了能够使传递知识和技能的目的得以实现，体育教师所发挥的作用是至关重要的，这主要是因为体育课堂教学的时间基本上都是在体育教师的示范和讲解中度过，在课堂容量的约束下，学生知识和技能内化的实现根本上是很难的，可以说是几乎不可能，那更不要说提高学生的综合能力了。

在高校体育教学实践活动开展的过程中，体育教师需要面对非常复杂的学习群体，之所以这样说，是因为他们在性格特征、知识基础、学习方式、学习能力、学习习惯与学习需求等方面会表现出较大的差别，因此，体育教师需要深入地了解学生的实际情况，同时实施区别对待，展开个性化教学。在传统的高校体育教学中，如果缺少一定的个性化与人本化，那么想要将因材施教落到实处是很困难的，很容易导致学生两极分化的情况出现，即好的学生没有办法更好，而差的学生则是越来越差，在体育课堂教学过程中，学生的主体性与独立性是根本无法实现的，严重违背了人才培养的要求。

(4) 学习评价结果的失真

在我国传统的高校体育教学过程中，唯一的评价主体就是教师，而一贯使用的评价方法是纸笔测试与技能考核，在统一的标准下对学生进行考核，在按照相关标准由教师进行打分，这样的评价方法尽管看起来是公正的、客观的，但是实际上对于学生的学习效果与进步程度却很难反映出来，而"通过评价促进学习"的目的更是难以达到。一旦碰到考试，学生就如临大敌，经常出现的现象是：考试以前临阵磨枪，考试以后惶恐不安，课程结束以后就像是逃离了地狱中一般。

对于传统的高校体育教学评价模式而言，对于学生的学习效果不能真实地反映出来，同时，学生体育学习的兴趣很难得到激发，其体育锻炼习惯也很难养成，更为严重的是，还会使学生增加了对体育课程学习的抵触情绪，不存在任何的意义。

2. 翻转课堂在高校体育教学中的核心价值

当前，翻转课堂在我国的兴起已经成为不争的事实，但对于翻转课堂的价值进行深入探讨似乎还未引起理论层面的重视。为了更好地应用和推广翻转课堂，对其在高校体育教学中的核心价值予以探讨。

(1) 翻转课堂使高校体育教学与信息技术的有机结合得到实现

在信息化社会的今天，学生的生活方式和学习方式发生了深刻地变化，借助手机、电脑等信息化平台进行学习和交流已经成为日常习惯，为了适应学生在行为和习惯上的变化，教学信息化也在所难免。

翻转课堂作为信息化社会的产物，它使教学与信息技术有机结合，高度迎合了学生的日常习惯，改变了传统课堂呆板的模式和形象，使学生的学习变得更加自然、有趣。体育教师通过上传视频、三维动画、PPT 等丰富而直观的教学材料，设置系统有序的学习导航，加上教师对学生客观而有趣的在线评价和在线交流，一个有益于学生身心发展的教学环境被创建出来，这不仅有效地增进了师生之间的情感，更提高了学生的学习兴趣和自主性，也为体育教师有效组织课中的教学活动奠定了基础，这对提高高校体育教学的实效性是非常有利的。

(2) 翻转课堂有助于实现高校体育教学的精讲多练

学生课中学习和练习的时间总量是一定的，新知识、新技能的学习耗时过多，学生从事体育练习的时间势必减少，体育课的健身性以及学生对知识、技能的掌握和内化就会大打折扣，因此，精讲多练符合体育课堂教学的要求。在翻转课堂模式下，课前，学生通过观看教学视频，对高校体育教学内容有了初步的认知，对体育学习中的难点深有感受，在遇到无法解决的问题时，学生通过在线交流平台及时反映给体育教师，这样教师就会对学生的课前学习情况有所把握；课中，体育教师依据学生所反映的问题进行针对性极强的讲解或个别指导，不需要每个问题都进行讲解，这样就省去了很多讲解的时间，学生在课中进行体育实践的时间就被延长，精讲多练的目的自然也就达到了。

(3) 翻转课堂使高校体育教学要素的优化组合得到实现

从高校体育教学要素的层面上来讲，翻转课堂同传统的高校体育教学模式之间存在的区别并不是很明显。对于翻转课堂而言，它主要是利用科学合理地重构高校体育教学要素来使高校体育教学的效能实现增值。我们之所以将翻转课堂判定为一种革命性的高校体育教学方式创新，主要是由于此种教学模式在对高校体育教学要素的各种功能进行准确定位的情况下，体育教师与学生的主体性地位得到了转换，使体育课程的资源得到拓展，促进了高校体育教学目的、高校体育教学方法手段与反馈机制的合理调整，对学生体育学习的良好环境进行创设，进而从质的层面改变高校体育教学的形态与结果。同时，需要注意的是，翻转课堂在组合高校体育教学要素的问题上并不是固定不变的，而是灵活的，不是呆板的、动态的。在高校体育教学的实践活动中，按照实际的需要，体育教师对于各教学要素间的组合关系可以随时进行调整以保证特定高校体育教学目的得以实现。只有对于这一点充分认识，才能够保证我们能够将翻转课堂作为固定范式进行看待，进而使高校体育教学中应用翻转课堂教学方法流于形式的情况得到避免。

(4) 翻转课堂能够促进高校体育教学中素质教育的实施

素质教育的主要目的是对于受教育者的综合素质进行全面提高，而值得注意的是，综合素质的提升离不开人的全面发展，同时，对于学生个性的培养，我们也不能忽略。个性的完善，不仅仅是素质教育开展的价值理念，又是素质教育的目标理念，培养个性、促进人的全面发展是素质教育的根本要求。

在翻转课堂教学模式应用的过程中，学生的学习目标是统一的，同时，按照学生的具体实际，体育教师可以对学生的个体目标进行制定。通过对在线高校体育教学视频的观看，可以保证学生自主学习的实现，按照学生的学习能力来确定高校体育教学视频的观看次数，而按照学生的学习基础来由学生自主选择观看的内容；从反馈问题的层面上来讲，通过在线交流平台，学生能够将学习中的问题随时向教师反映，同时，获得教师的及时教导；从学习评价的层面上来讲，体育教师对于学生进行评价的根据是学生的进步程度，同时将小组评价和个人评价融入最终的评价结果之中，这种评价模式有助于让学生明确在学习过程中的优点和不足，并时刻感受到自己在不断提高。可见，翻转课堂这种个性化的教学模式对于学生端正学习态度、激发学习兴趣、提高沟通能力、培养正确的价值观以及促进学生的全面发展都是有益的。

（三）将翻转课堂教学方法引入高校体育教学的全新高校体育教学模式

我们常说的高校体育教学模式主要是指在一定高校体育教学理念、高校体育教学思想的引导与高校体育教学理论的指导下，因此而建立的各种各样高校体育教学活动的基本框架或者基本结构，一般来讲，高校体育教学模式主要包含了多种要素，即高校体育教学理论依据、高校体育教学原则、高校体育教学程序与学习程序、教学资源与实现条件、以及高校体育教学效果评价等等。将翻转课堂教学方法引入高校体育教学的全新高校体育教学模式具体包含以下几个方面的内容：

1. 高校体育教学的理论依据

高校体育教学中应用翻转课堂的教学模式主要的思想基础是"先学后教"思想，对于高校体育教学活动中学生的教学参与与学生的主体性进行强调。从高校体育教学的特征与行为心理学原理出发，特别是对斯金纳操作性条件反射的训练心理学进行考虑，对高校体育教学的程序进行确定，具体是：利用视频学习——对于联系吸收理解——再通过视频回顾——互动反馈——强化实践——学习、掌握,并且在这样循环、反复的高校体育教学过程中,对于行为目标进行有效地塑造;同时,按照学习的过程与教学的实际效果,学习主体对体育"教"与"学"的活动过程进行不断地完善与创新,促进预期高校体育教学目标与学习目标的实现。

2. 高校体育教学的目标与原则

对于高校阶段的高校体育教学目标而言,主要是为了对中小学阶段高校体育教学目标进行巩固与提高,即体育锻炼的思想、体育能力与体育习惯,对于学生科学、积极、主动参与体育锻炼的行为进行引导与教育,对于现代体育科学中的基础知识、基本技术和技能、方法进行扎根自我;使学生体育锻炼的参与意识得到强化,使其体育文化素养得到提高。

为了能够保证高校体育教学目标的顺利实现,对于将翻转课堂教学方法引入高校体育教学的全新高校体育教学模式而言,而教学原则是体育教师应该遵循学生的认知水平与心理发展特征,加工整理高校体育教学内容,高校体育教学设计、制作通俗易懂,同时还能够紧密地联系到自身已经掌握的认知结构,同时,对于优质的、适宜的高校体育教学视频进行选择;对于一个宽松的、民主的、轻松的交互式学习社区或网络教学平台进行构建,对于学习反馈信息及时地掌握,并能够有效地发现问题、解决问题;在对总体学习情况进行把握的条件下,对于个体学习发展的过程给予重视,将高校体育教学过程中与学习过程中学生的主体性作用充分发挥出来,尽可能地使学生自己发展,对存在的问题自己进行分析与解决,同时对于自我认识、能力与技能进行深化、拓展。

3. 高校体育教学程序与学习程序

将翻转课堂教学方法引入高校体育教学的全新高校体育教学模式,其主要基础是优质的交互学习社区与视频资源,因此,可以将高校体育教学程序与学习程序进行如下的设计:对于高校体育教学内容进行预习——对于高校体育教学视频有针对性的进行观看,再进行示范、讲解——使学生学习动机得到激发,对学习过程中的问题进行发现——在课堂教学中由教师对新课进行讲授,对于学生的疑惑进行解答,并进行示范——有学生自主进行练习与实践,对体育学习效果进行巩固——对体育学习效果进行反馈,由教师、学生进行评价——通过资源拓展完善、知识和技能结构的扩展,以及反复练习实践对理解与训练效果进行加强。

4. 高校体育教学的实现条件和教学资源

近些年来,慕课教学平台的快速发展与互联网的广泛普及,创造了良好的条件以便于翻转课堂高校体育教学模式的实施。然而,对于现代高校体育教学来讲,我国的高校体育教学相关视频与学习资料还是相对较少的,所以,我国的体育教师应该从体育课程与教学内容出发,自行制作与设计高校体育的教学资源。对于高校体育教学内容而言，主要有理论教学内容与动作讲解、演示的视频，保证体育练习活动的理解性与课余训练活动的实践性。既要有动作示范的要领分析，又要有训练实践的摄像记录的视频，此外，还要有拓展性的教学资源和学习资源，以及专题性的研讨问题等。不仅如此，体育教师在组织学生观看教学视频、开展练习活动和训练活动的同时，还要保证在交互社区体育教师能够对于学生的疑惑及时地进行解答、讨论与指导。

5. 高校体育教学效果与评价

将翻转课堂教学方法引入高校体育教学的全新高校体育教学模式，其实能够使学生体育学习的兴趣得到激发，使学生自主发现、学习、探索、分析和解决问题的综合能力得到培养，同时促进学生技术和技能的提升，还能够有效促进学生自主学习能力、社会发展适应能力、互相合作能力的发展与培养。体育教师应该通过交流与活动对学生的学习情况与进度实时地进行了解，还要对反馈信息及时掌握，同时再从所获的情况出发，适当地进行引导。对于学生的学习积极性进行鼓励并充分调动，在高校体育教学与讲解活动开展的过程中，针对不同的学生因材施教。将翻转课堂应用在高校体育教学中的相关活动适宜于小班教学。所以，在大班教学中一般很难实施。而对于学生的评价而言，需要注意的是，它同其他文化课程是不同的，在对其学习好坏进行衡量的时候，不能单纯地将考试成绩作为标准。在学校高校体育教学中，应该对"健康第一"的指导思想始终坚持。同时，还要在体育考试的各个环节中渗透"健康"的标准，对于标准化的项目应该适当地减少技能考试。同时，还要有效地改进高校体育教学的评价标准，尽可能地避免学生由于害怕考试而出现的体育厌学心理与逆反心理。此外，对于学生应该积极地引导，使他们加强对高校体育教学的相关认识，使得学生体育锻炼良好习惯的养成得到促进，并且同高校体育教学目标相适应的人性化测试方法要积极构建。

第四章 体育教学训练的方法

第一节 力量素质和速度素质训练

一、力量素质训练

多数体育生都是在高二才开始加入体育训练的队伍中的，由于没有长期系统的专业训练，想要在短期内迅速提高运动能力进而取得优秀的体育高考成绩极易在训练过程中走入误区，进而造成运动成绩起伏不定、停滞不前的现象。体育高考主要分为身体素质和球类两大考核部分，力量素质作为身体素质的重要组成成部分，将直接影响体育高考的总成绩。因此，如何在力量素质的训练过程中，避免误区争取训练效果的最大化显得尤为重要。本节将从以下几点对力量训练的注意事项进行阐述：

（一）力量素质的发展既要全面也要突出重点

机体作为一个有机的联系整体，不能单独靠某一部分的肌肉发力来完成动作。针对相对复杂技术动作，需要全身不同肌肉群的整体配合工作才能完成。通过世界男子百米大战可以看出，优秀运动员均重视全身肌肉力量的协调发展，而不是单纯地强调下肢或局部力量素质的发展。因此，在发展力量素质的过程中，在发展下肢力量素质的同时也应该加强上肢和胸、腰、背和臀等部位大肌肉群的锻炼，同时也要注重发展核心部位的深层次肌群和其他薄弱小肌群力量。

（二）做好充足的准备活动，训练结束后要及时放松肌肉

在正式参加比赛或训练前一定要做好各项准备活动。通过准备活动可以提高中枢神经系统的兴奋水平，增强机体对大负荷强度刺激的感觉。增强氧运输系统的机能，从而提高工作机群的代谢水平；此外还可以使体温提高，降低肌肉的黏滞性、增加弹性；让肌肉发挥最大的收缩的力量，同时还能有效地预防肌肉损伤。力量训练结束后，由于乳酸的堆积使得肌肉常常会出现充血肿胀的现象。因此，在力量训练结束后要及时采取各种活动性手段、整理活动或保证良好的睡眠、合理的营养补充以及按摩理疗

等方式，使肌肉充分放松。

（三）注集中注意力，加强安全保护意识

肌肉活动总是在中枢神经系统的调节下进行的，力量练习时要集中注意力。充分靠目标肌群有效地发力来完成动作练习，真正地做到使意念活动与练习动作紧密保持一致，练哪里靠哪里发力。这样不仅可以使肌肉力量得到更好的发展。还能降低在大负荷练习时的受伤概率。另外，为了加强在力量练习的安全性，还应加强学生的自我保护和互相保护意识，在大负荷重量练习时严禁单独训练。在临近力竭时，更应该注意加强同伴之间的保护，预防安全事故的发生。

（四）与专项动作相结合，保证技术动作的规范性

不同的专项动作有不同的技术结构，要求参加工作的肌肉群力量也不同。如投掷类项目要求学生竭尽全力的获得使器械获得最大的加速力量。因此，在力量训练的过程中要根据专项技术的动作结构来选择恰当的练习方法，从而更好地获得发展有关肌群力量的效果。在实际力量练习时，必须按照相关动作的技术规格要求严格进行，否则由于身体姿势的不正确，从而导致技术动作变形；不仅会影响目标肌群的训练效果而且还会增加运动损伤发生的概率。例如，在进行杠铃深蹲练习时需要双眼平视前方，始终保持收腹挺胸腰背部挺直，靠大腿、核心部位肌群协同发力。针对大负荷训练要系好腰带，严防弓背的出现。为了进一步加强安全保护，可以在杠铃两侧安排两名保护人员以防腰部损伤。

（五）要掌握正确的呼吸方法

憋气有利于固定胸廓，提高核心肌群的紧张程度，通过有效的憋气可以提高人体在极限状态下完成动作的最大力量。有学者研究发现，人在憋气状态时背力最大为133公斤，在呼气时为129公斤，而在吸气时只有127公斤。尽管如此，也因该注意到过度用力憋气会引起胸廓内压力的提高，使动脉的血液循环受阻，而导致脑贫血，甚至产生休克现象。因此为避免憋气产生不良后果，当短时间内完成最大用力时，应尽量避免憋气，尤其在负荷不大的重复做练习时，更不要憋气。针对初始训练者，应尽量减少极限用力地练习；引导其在练习过程中学会正确呼吸；此外尽量减少在完成力量练习前做最深的吸气，因为过度深吸气会增加胸廓内的压力从而导致练习效果不佳。

（六）要制定系统的训练计划

根据用进废退的原理，力量素质训练应全年系统的安排，不能无故中断。相关研究证明，力量增长得快，在停止训练后消退得也快。但是，发展力量素质练习不宜在疲劳的状态下进行，因为这种状态下的练习主要发展的是肌耐力而不是肌力量。同时

可能还存在潜在的安全隐患，导致训练效果更是大打折扣。

力量素质训练应该依据不同人群、不同项目以及训练任务的不同而区别对待，负荷的安排应具有明显的周期性、波浪式。力量训练的次数应根据训练课所处的阶段和周期，需要达到的具体目标，训练者的年龄、性别、身体状况，特别是现阶段的训练水平等做出具体安排调整。需要注意的是在体育高考前半个月内，应尽量少对大肌肉群采用极限负荷的练习。在每次训练中，先安排发展最大力量、速度力量，最后安排力量耐力的练习。

在进行发展力量素质的训练课中应使全身肌肉群得到充分锻炼。一般按照从下肢肌肉群到核心肌肉群再到上肢和肩带肌肉群顺序进行的练习。根据专项训练动作应先安排复合动作使主要的大肌群得到锻炼，然后在安排孤立动作使局部肌群再得到充分锻炼。

力量性训练作为身体素质的重要组成部分，对体育高考总成绩发挥起着重要的作用。教练员应该高度重视力量素质的训练，掌握有效的训练方法。确保学生在有限的时间内不断提高训练水平，为体育高考做好充分的准备。

二、速度素质训练

速度素质是指人体快速运动的能力。包括人体快速完成动作的能力、对外界信号刺激快速反应的能力以及快速位移的能力。现代中职院校学生身体速度素质和十年前相比明显不足，学校体育教师、教练员可结合实际提高以下几个方面认识，加强对学生速度素质的培养，全面提高学生的速度素质从而带动学校体育活动的开展。

（一）速度素质包括反应速度、动作速度和移动速度

反应速度是指人体对各种信号刺激快速应答的能力。动作速度是指人体或人体某一部分快速完成某一个动作的能力。移动速度是指人体在特定方向上位移的速度。以单位时间内机体移动的距离为评定指标、一位具有良好移动素质的运动员，不一定也具有良好的反应速度。

（二）各项速度素质的训练应明确的问题

1. 反应速度训练应明确的问题

首先，反应速度由神经反射通路的传导速度所决定，基本属于纯生理过程，不受其他因素影响。纯生理过程的提高是相当困难的，很大程度上取决于遗传因素，通过训练可使学生运动员潜在的反应速度能力表现出来并稳定下来。其次，在训练中学生运动员注意力集中与不集中大不一样。运动员注意力集中，可使神经系统处于适宜的兴奋状态，使肌肉处于紧张待发状态。此时，肌肉的反应速度比处于松弛状态时可提高60%左右。这种状态有时间限制，一般适宜时间为1.5秒左右，最多8秒。因此，

短跑运动员在预备起跑时,要紧紧的压住起跑器,把思想集中于准备迅速迈出第一步。最后,反应速度的提高在很大程度上取决于运动员对信号应答反应的动作熟练程度。在进行反应速度地训练时,还要经常改变刺激因素的强度和信号发出的时间。

2. 动作速度训练应明确的问题

提高并与掌握、保持正确的技术动作紧密地结合在一起。专门性的动作速度训练与专项比赛动作要求相一致。在使用反复做某一个规定动作为手段发展动作速度时,应合理的变换练习的速度。练习的持续时间一般不宜过长,动作速度的训练强度较大,运动员的兴奋性要求较高,一般来说不应超过 20 秒。练习之间的间歇是由练习的强度所决定的,练习强度大,需要的间歇时间就应长些。但也不要忘记,间歇时间过长会导致兴奋性下降,不利于用剩余兴奋去指挥后边的练习,如持续时间 5 秒、强度达到 95% 以上的练习、间歇时间以 30～90 秒为宜。

3. 移动速度训练应明确的问题

首先,测定移动素质的手段常用短距离跑,距离不要过长,可用 30～60 米的距离,最好不从起跑计时,而测定其全速跑通过某段距离的能力。在运动员不疲劳、神经兴奋性高的状态下测验,可测定 2～3 次,取最佳成绩。其次,最大步频和快速跑中的支撑时间对运动员的快速移动能力有着重要影响,优秀运动员单脚撑地时间为 0.08～0.13 秒,普通人为 0.14～0.15 秒。然后,提高移动速度有两个基本途径:一是力量训练,使运动员力量增长,进而提高速度;另一个是反复地进行专项练习。无论通过哪个途径提高移动速度,训练中都必须确定适宜的训练负荷。最后,在训练实践中运动员力量得到提高,并不意味着移动速度就可以马上提高,有时当力量训练负荷减小以后才有提高,这种现象叫"延迟性转化"。

三、提高各项速度素质的常用手段

(一)反应速度训练常用的手段

信号刺激法:利用突然发出的信号提高其对简单信号的反应能力。运动感觉法,需要经过三阶段。一是让运动员快速地对某一信号做出应答反应,然后教练员把时间结果告知。二是先让运动员估计时间,通过测定进行比较,提高运动员对时间的准确感觉。三是要求运动员按事先所规定的时间去完成练习,这样可以提高对时间的判断能力,促进反应速度提高。选择性练习。具体做法是,随着各信号复杂程度的变化,让运动员做出相反的应答动作。

(二)提高动作速度常用的方法手段

利用外界助力控制运动员的动作速度,在使用时必须掌握好助力的时机及用力地大小,同时还应让运动员很好地感觉助力的时间及大下,以便使他们能独立及早地达到动作速度的要求。减少外界自然条件的阻力，如顺风跑。利用动作加速或利用器械重量变化从而获得后效作用发展动作速度。借助信号刺激提高动作速度，缩小完成练习的空间和时间界限，如球类利用小场地练习。

（三）提高移动速度常用的手段

首先，发展最高移动速度每次练习的持续时间不能过长，应以使每次练习均以高能磷酸原代谢为主要供能途径。一般地讲，应保持在20秒以内。多采用85%~95%负荷强度，练习的重复次数不应过多，以免训练强度下降。确定间歇时间的长短，应能使运动员机体得到相对充分的恢复，以保证下一次练习地进行。休息时，可采用放松慢跑，做伸展练习。其次，是各种爆发力的练习和高频率的专门性练习，如田径短跑做高抬腿跑、小步跑、后蹬跑、车轮跑等。也可利用特定的场地器材进行加速练习，如斜坡跑和骑固定自行车等。

四、速度训练的基本要求

（1）速度素质训练应结合运动员所从事的专项运动进行，如在短跑项目中应着重提高他们听觉的反应能力，在球类运动中应着重提高视觉地反应能力。

（2）速度素质训练应在学生兴奋性高、情绪饱满和运动欲望强的情况下进行，一般应安排在训练课的前半部分。

（3）速度提高到一定程度时，常会出现进展停滞、难以提高的现象，称为"速度障碍"。出现速度障碍时，可采用牵引跑、变速跑、下坡跑、带领跑、顺风跑等手段予以克服。

（4）掌握学生的实际身体情况，科学地安排速度训练。由于移动速度具有多素质综合利用的特点，移动素质的发展与力量、耐力等其他身体素质的发展有着密切的关系。因此，对学生进行速度训练的同时，要十分重视全面身体素质的训练。

第二节　耐力素质和柔韧素质训练

一、耐力素质训练

近几年来，国家在推进素质教育的同时，也相当重视学校体育和学生健康。首届全国学校体育工作会议中，提出要把学校体育与开展"全国亿万学生阳光体育运动"作为全面推进素质教育的重要突破口和主要工作方面。在《中共中央国务院关于加强青少年体育增强青少年体质的意见》文件中明确提出要"全面组织实施初中毕业升学体育考试，并逐步加大体育成绩在学生综合素质评价和中考成绩中的分量。"习近平总书记在今年召开的全国卫生与健康大会上也提出"要把人民健康放在优先发展的战略地位"。

但近年来，我们国民耐力素质却呈下降趋势且愈演愈烈，学生长距离跑能力下降，马拉松广州赛就有参赛队员在比赛中猝死的情况等，都说明了这个问题。因此，学校体育作为培养学生养成终身体育习惯的重要途径，贯穿学生学校学习的全过程。我们有必要通过学校体育课堂对学生进行耐力素质训练，增强学生地心肺功能，提高学生身体素质。

（一）将耐力素质训练融入体育课中的必要性

1. 耐力素质训练可有效促进学生身体素质的发展

耐力素质，是指人体在尽可能长的时间内进行肌肉活动的能力，耐力也可看作是对抗疲劳的能力。长期的耐力练习，可以使大脑皮层长时间保持兴奋与抑制进行有节律的转换，使大脑皮层神经过程的均衡性得到改善，神经细胞的工作能力和支配肌肉活动的各运动中枢之间的协调也能得到改善。特别对提高心血管系统和呼吸系统的机能具有良好的效果。

从小学到初中再到高中人体都是在不断快速地生长发育中，而不同年龄阶段身体骨骼和肌肉坚实度都有所不同。所以我们要根据学生在不同年龄阶段、不同发展层次的身体特点，有针对性地去培养和加强学生的身体素质，注意控制学生在体育锻炼中的量和强度问题。对于中、小学生而言，我们强调的有氧的耐力性练习要居多，这样更有利于学生的身体素质的发展，减少给学生身体带来的伤害。在耐力素质不断提升的同时，也为学生自己所喜欢的一些项目的学习和提高提供有力的体能作为保障，否则一切都是空谈。

2. 耐力素质是保证持续完成任何运动的前提保障

身体素质中包括五个方面：力量、速度、耐力、灵敏、柔韧。在五项基本素质中，耐力都是重要保障。如百米跑后程就要有充足的体能做保障，进行肌肉力量练习做的组数多或做的练习类型多同样也需要耐力做保障。耐力的是保证持续完成任何运动的前提保障，有很多爱好者无论是在从事球类运动还是其他运动，除了技术外，到最后拼的都是耐力，只有身体持续不断地提供充足的体能储备才能更好地发挥自己的能力，才能有更好精神状态投入到一天的学习和生活当中。

成为国家栋梁的人才们基本都是从学校这个大门走出来的，我们在学校体育课的教学中强调耐力素质的重要性，无疑是为社会培养的各个阶层的人才在校期间储备耐力素质的能力。一步一步地从小学、初中、高中、然后到大学，几乎长达20年学校生涯里练就他们健康的体魄、充沛的体能和旺盛的精力，以饱满的精神状态和健康的身体状况投入社会主义各个行业的工作岗位上去，并养成终身体育的习惯。时时刻刻都有一个好的身体基础、良好的锻炼习惯，像一部崭新的机器一样良好地运转起来。由此看来，在学校体育课中，将耐力素质融入其中就显得更加紧迫了。

（二）推动体育课中耐力素质训练的方法

1.考虑学生运动需要，激发学生的运动兴趣

在体育课程中，采用哪些方法、开展哪些内容去开展和推行耐力素质训练。教师首先要考虑的就是学生的运动需要，激发学生的运动兴趣。

什么是运动需要？就是学生对体育运动的自身价值所产生的趋势，或想掌握某项体育运动技能的一种需要。如何判断学生的运动需要？我们可以从健身锻炼的方向出发，结合体育心理学方面的知识，以及学生的兴趣爱好，考虑他们的情感需要，找出学生们的运动动机和运动兴趣所在。通常我们运动是需要得到满足的，一旦满足就会产生运动的愉悦感，从而激发其运动兴趣。所以说，学生的运动需要是其运动兴趣得以激发与培养的源泉。

除运动需要外，融洽的师生关系、现有运动技能水平、运动内容的新奇性与适应性、成功体验的获得，都是影响运动兴趣的主要因素。其中，融洽的师生关系可以保证教师引导学生向健康积极的方向上发展。

2.丰富健身田径运动形式，通过游戏性比赛调动学生运动积极性

最近几年不断地提出了很多好的健身锻炼的方式，如健身田径运动、少儿田径运动、自然环境中的田径运动和趣味性的田径运动等，都是从不同角度和方面去让运动更有价值、意义和趣味。

本节中提到的健身田径运动，也都是结合了田径中最基本的走、跑、跳、投掷等各种技能。既是人类本能的运动基础，也是表现基础运动能力的专门技能，如散步、快走、定时跑、定距跑、走跑交替、跳绳、跳跃游戏等。对于参加者来讲负荷适宜、效果全面、条件随意、终身受益。因此，我们可以通过开展丰富的健康田径运动形式，通过游戏性比赛调动学生的锻炼积极性及对所学的知识、技术的综合运用能力。

3.进行适宜耐久跑，逐步提高学生耐力素质水平

适宜距离、强度和速度的耐久跑会给学生身心带来愉悦和欢快。所以耐久跑应以中等强度、保持适宜的时间、确定适宜的距离为前提，提倡根据自己的实际情况，确定练习方式和负荷。以个人自我进步度的评价作为控制练习的依据，避免出现因"比赛"和"达标"等约束条件的影响，被动性的超出个人力所能及的练习负荷，造成运动伤害。

在耐久跑中使学生懂得耐久跑的价值与作用，了解跑的正确方式和节奏，能在跑前、跑后进行自我脉搏测量，懂得健身跑的心率应控制在120~150次/分钟为宜。体育教师采纳并且执行可以根据自己学校的实际情况，做到灵活变动和因地制宜，定

会收到不断改善提高的效果。

  关于跑的正确方式和节奏，教师应给予学生指导。一是要形成正确的跑姿和跑的方法，养成健身跑的习惯。教师可以通过图片、媒体展示或师生简述与示范，使学生了解并掌握耐久跑正确的动作方式，能够做到动作轻松，步伐均匀，重心平稳。二是要学会呼吸方法和掌握呼吸节奏，这是练习耐久跑的基础要求。13岁左右的中学生在运动时主要靠提高呼吸频率来增大肺通气量，而呼吸深度增加不多。这与他们胸围较小、呼吸肌力量弱、肺活量小及呼吸调节机能不够完善有关。为此，要在慢跑中有意识地教会他们正确的、有节奏的呼吸方法，注意加深呼吸的深度是很有必要的。

  只要能做到以上几点，并且教师认真负责的去有针对性的安排指导学生练习，会不断地提高不同阶段学生耐力素质的水平。随着年级地不断提高，耐力素质水平会呈明显的上升趋势，这样也为解决学生中后期体能储备不足找到了解决的办法。

二、柔韧素质训练

  科学技术快速发展的今天，人类社会无论是在社会科学上，还是在人文科学上都得到了前所未有的突飞猛进，这一系列的发展也引起我们的生活发生了改变和得到了提高。科学技术的大进步，使得整个社会的大发展，当然这也大大提高了体育在世界上各个国家的地位，体育的比赛变成了国家与国家的比赛，体育实力更象征了国家的实力。正因为如此，也使得世界各国更为重视体育运动中的核心地位。

  众所周知，柔韧素质是提高训练水平的重要因素之一。柔韧素质的提高不但有利于技术动作很好地完成，而且与利于提高动作质量与动作幅度，其表现为：协调性的不断提高、节奏的感强和运动能力的明显增长等。运动员如果不在柔韧性上做大强度、高效率的训练，那么他们在运动技术运动成绩方面将很难得到更大地提高。因此，必须充分重视柔韧素质，并且科学地进行训练。

（一）柔韧素质的理解

  体能是以人体三大供能系统为能量代谢活动的基础，通过骨骼肌的做功所表现出来的运动能力。体能是运动员的基本运动能力，是运动员竞技能力的重要构成因素。运动员身体素质的发展受多种因素的影响。

  1.柔韧素质的概念

  柔韧性素质是指各关节活动范围的大小及肌肉、肌腱和韧带等组织的伸展能力。在《牵伸训练》书中"柔韧性"一词是指"正常"范围内的运动能力。

  2.柔韧素质的分类

  ①与静力柔韧相关的关节在不强调速度的条件下进行拉伸时的运动幅度（ROM）有关，因此静力性柔韧是静力性牵伸的结果。②弹性柔韧性，通常跟摆动、弹起、弹

回和节律性运动有关。③动力性或功能性柔韧性是指在以正常速度或快速进行身体活动时运用一系列关节的运动能力。④活动性柔韧性是指没有外力辅助的条件下，由肌肉主动运动时的活动范围。

（二）目前国内对"柔韧素质"研究的文献分析

笔者通过查阅《中国期刊全文数据库》《贵州师范大学图书馆》《贵州数字图书馆》以及大量与柔韧素质相关的文献。发现当前涉及"柔韧素质"的相关文献多数涉及的体育运动中柔韧素质的重要作用及地位和体育运动训练中柔韧性的训练方法和手段等领域，关于体育运动中柔韧素质的具体可实施性的对策和建议的文献相对较少。从笔者掌握的文献来看，当前对体育运动中柔韧素质的探讨和研究基本集中在以下几个领域：

1.柔韧素质在体育运动中的重要作用及地位

赵余骏、许寿生和李燕在《PNF训练对少儿艺术体操练习者柔韧素质的影响》中提到通过对实验组和对照组两组实验结果数据的对比分析和对每名练习者自身的两次数据进行对比分析，得出少儿艺术体操训练者通过系统的训练，PNF训练和传统柔韧素质训练都能使练习者的柔韧素质得到相应地提高。少儿艺术体操练习者柔韧素质训练采用PNF训练法，相比较传统柔韧素质训练的负荷强度而言，相对较小的负重负荷，可以使柔韧素质得到显著性提高。拉伸法不仅仅在提高肌肉的柔软性方面有很大的作用，而且也能够很明显提高肌肉发力的柔韧性，可以作为训练的柔韧训练一种很好的方法。静力性拉伸法可以的提升柔软性，但对于肌肉的柔韧性的提升方面却并不是很理想。刚开始柔韧训练可以采用PNF拉伸法和静力性拉伸法进行练习。训练到一定阶段后，可以用PNF拉伸法进行训练，这样以便于适应各个阶段的训练需求。

蔡广浩和熊凡在《静力拉伸和动力拉伸对提高柔韧素质的研究综述》中表示，在人们的意识中虽然体现出了静力性拉伸优于动力性拉伸的想法，但是相关方面的研究显然不足，所以在理论上的支持仍需实验数据的支撑。从搜集的资料上来看，大部分研究都集中在练习手段的开发上，专门针对动力和静力练习效果的研究较少。并且由于人们对于柔韧素质训练普遍认识程度不够，对训练方法的区分和操作不熟悉，很容易在训练和健身过程中造成运动损伤，影响了运动成绩和训练热情。

孙红在《论柔韧素质在跳高运动员身体素质中的重要地位》中指出身体素质是人体器官、系统机能在肌肉工作中的反映。它是身体发展、体质增强的主要内容，也是一个人健康水平的重要标志。身体素质是从事各项体育运动的基础，是取得优异运动成绩的根本保证。发展和提高身体素质是体育教学训练中的重要任务，是提高运动员运动水平和运动技术的根本保障。运动能力的掌握和提高，良好的身体素质是关键的支柱。因此，身体素质的发展状况对掌握、巩固和提高技能技术和顺利完成教学和训练任务来说是极其重要的。因此，我认为柔韧素质在其中起到一个主要作用。

以上三者都对柔韧素质的重要作用及地位从多个角度进行了系统而全面的分析和研究，并都较为准确的指出了柔韧素质在体育运动教学和训练中的重要作用和地位，并以此开展了高深度、多视角的读解。

2. 体育运动中柔韧素质的技术教学及运动训练方法方式

陈志刚和董江在《青少年短跑运动员的柔韧素质训练探析》中指出青少年田径短跑运动员广泛存在着柔韧素质比较差，这导致了他们在协调性上也较差。在技术动作上的缺点是动作幅度小而生硬，这种情况使他们在运动技术上的提升和训练成绩的增长上也受到了很大的影响。青少年在这个阶段正是生长发育旺盛的时候，年龄的增加会带动身体状态、机能等方面发生很大的变化。因此在青少年时期如果我们能够对于运动员制定一系列有计划、有目的性的柔韧素质训练，这将会使他们很快地掌握短跑技术、技能，并且不断提升运动的水平。柔韧素质练习的基本方法与手段有以下几个方面：一、静力拉伸练习法。将平缓的动作保持在静止不动的状态，从而使肌肉、韧带等软组织拉长到一定程度，在这个拉伸过程中，肌肉、韧带能够获得较长时间的刺激，这是这个方法的一个重要的特征。二、动力拉伸练习法。动力拉伸练习法是一种屡次重复相同动作的有规律的、相对较快的运动方法。在短跑训练中这种练习方法有个主要特征，就是肌肉强度改变的最大值在自主拉力的时候大概比静力拉伸大两倍。三、柔韧性练习常用的方法。柔韧性素质练习一般通过以下常用方法，包括：第一：正弓步压腿，这是是为了提高腿部后侧肌肉的柔韧性；第二：侧弓步压腿，是为了提高腿部内侧肌肉的柔韧性；第三：后压腿，练习的目的是为了增加腿部前侧肌肉的柔韧性。在我们的研究中发现，一些运动员往往会忽略了其他素质的训练，为了提升成绩只是在速度和力量上进行练习。这种情况也会造成他们的成绩提升受到负面影响，而事实是柔韧素质的好坏程度决定了其他素质的发展，各素质的发挥和利用也受它影响，它是联系各素质间的一种良好的媒介。

郭书华在《柔韧素质锻炼方法》中指出柔韧素质是很多的体育运动项目必须具备的重要体能之一。针对小学生的柔韧素质的提升，采取了一系列方法策略，并收到了很好好的反馈。其方法策略的训练方法：一、吻靴。目的：低弓步压腿，重点训练膝关节的柔韧性。动作练习方法：训练者一条腿屈膝成半蹲状态，另一腿向前伸直成弓步，脚跟着地，勾脚尖；身体前屈两手抓住前伸的脚尖，两臂屈肘用力向后拉，上体屈髋前俯，头以及下颌尽力去碰触脚尖。控住几秒后上身缓缓抬起，间歇一会儿后做换腿重复练习。二、双人拉锯练习。目的：用于提高学生腰背部、腿部后侧和膝关节韧带。动作练习方法：两人一组对面坐地上，脚相对，腿伸直，上体前屈，手相扣前后拉动。三、扶腿压前屈。目的：提高腰部、腿部柔韧性。动作练习方法：一人仰卧，两腿并拢，两腿做体前屈，一人扶其腿下压。四、脚迈过"圈"。目的：提升身体柔韧性，增进腰腹肌肉力量。动作练习方法：训练人者站立两手相握放体前，身体前屈，左右脚依次从两手臂和躯干成的圈内迈出。当脚都迈出后，两手不松，身体保持正直，两手由臀后侧朝上提起，双手相扣放于身体后面。五、"马咬尾"伸展练习。目的：训练腰腹部肌肉的柔韧性。动作练习方法：训练者膝跪于地手撑地，向左扭转脊柱，尽力从肩部看到左侧臀部，左侧臀部可向前轻微移动。几次后，脊柱换方向扭转。六、钻膝拉手。目的：提高身体柔韧性，拉长肩背部肌肉和韧带。动作练习方法：训练者站立，双腿膝部外开，腿部成"O"型，身体前屈，手臂从腿部内侧穿进，穿过膝关节后，再屈双肘，臂小腿前，双手放在脚踝前相扣。七、跨绳比赛。目的：提升身体柔韧性。动作练习方法：两手握绳于身体前面，两腿从绳上跳过，再跳回来。

张建、史东林、周博，和李光军在《三种拉伸方法对于提高艺术体操运动员韧素的实效对比研究》中的研究结果表示：一、PNF拉伸方法能够有效地提高艺术体操运动员肩关节、髋关节柔韧素质水平。与动态拉伸方法和静态拉伸方法相比，PNF拉伸方法除了在柔韧素质水平的提高方面成果显著外，柔韧素质的训练成绩还能表现出持续性、渐进性提高的趋势。二、静态拉伸方法对于柔韧素质的改善效果虽然优于动态拉伸方法，但是在提高柔韧幅度与速度方面均落后于PNF拉伸方法。三、动态拉伸方法对于柔韧素质能够起到有限的提高，但是保持成绩的能力最差。他们的研究论证指出：一、证实拉伸训练对改善艺术体操运动员的柔韧素质水平有重要意义。二、结合前人对柔韧素质的研究果，丰富动态拉伸、静态拉伸与PNF拉伸三种不同拉伸方法之间的对比研究。三、丰富艺术体操运动员专项柔韧素质训练手段，证实拉伸训练对改善艺术体操运动员肩、髋关节柔韧素质水平的实效研究，为艺术体操运动员专项柔韧素质训练提供理论参考依据。

以上三者都对柔韧素质的技术教学及运动训练方法方式做了研究、分析与探讨，并都提出多种在体育教学与训练中行之有效的练习柔韧素质的方式方法。

综上所述，从目前的研究成果来看，当前研究体能中柔韧素质的文献大多集中在对柔韧素质的作用、重要性以及地位方面和锻炼方法方式等领域。大致分为体育运动中柔韧素质的重要作用及地位和竞技体育运动中柔韧素质的技术教学及运动训练方法方式的分析两个方向，但少有关于柔韧素质在学校体育教学中发展的对策和建议的文献。因此学校体育教学中柔韧素质的发展具体可实施性的对策和建议是非常有必要的，这样不仅可以对青少年学生的体质发展起到实质性的作用，并使得学校体育课更加便于开展以及开展得更好，而且可以促进学生体育能力的增长，更加便于去学习其他能力。文章试图通过对柔韧素质造当前学校教学中运用的练习方法的现状进行调查与分析，以便找到更多的具体的更好地在体育教学中发展柔韧素质的可实施性建议。

第三节　灵敏素质和协调能力训练

一、灵敏素质训练

原则是人们依据客观事物运动的内在规律而制定，在实践中必须遵循的法则或标准。运动训练原则是依据运动训练的客观规律而确定的组织运动训练所必须遵循的基本准则。灵敏素质的训练也有其自身规律，只有遵循这些规律才能系统、有效地发展运动员的灵敏性。根据运动训练的原则结合灵敏素质的特征，笔者根据多年训练实践认为，灵敏性的训练应遵循三大基本原则。

（一）健康安全与竞技需要原则

1. 健康安全原则

"以人为本"是现代社会的根本要求，社会的发展是为了人的发展，人类社会创造的一切都应是为了人类全面、自由的发展。体育运动当然也不例外。然而，现代社会的高度发展却使人的发展走向歧途，而体育的发展似乎也没能找到自己的真谛，甚至成为摧残人的事情。竞技体育中不断出现的丑闻，无不体现现代体育比赛中体育道德的沦丧和体育真谛的缺失。人类本身在利益至上的社会或比赛中不但没有受到重视，反而成为社会和比赛的附属品。这背离了社会发展的根本目的，势必导致人类发展的不良后果。

健康安全是一个人生存的基本权利，是人从事体育活动或其他活动的基础。田麦久教授指出"健康是运动员的基本权利，是运动员保持系统训练的重要基础"。运动训练以取得运动成绩和提高竞技能力为主要目的，而现代运动训练理论中恰恰缺失了对运动员健康部分的内容。实践中，教练员提倡"三从一大"的训练模式，从思想上提倡、鼓励"轻伤不下火线"，导致运动员的小伤小病更加严重，甚至断送其运动寿命。主流媒体也在舆论上鼓励运动员带伤训练或比赛，甚至把这些行为作为一种精神大加宣扬，让人们觉得只有带伤训练、比赛才是顽强拼搏的表现。这一点国内与国外的差异十分明显。从执教理念上，国外强调运动员的主体地位。对于运动员的伤病，队医会给予充分的评估和建议，而教练员对队医的建议必须予以充分的考虑。有些项目比赛规则规定，运动员不得带伤参加比赛，如美国男子篮球职业联赛规定运动员身上流血时必须进行止血，否则不能参加比赛。而国内强调教练员的主导性，队医的作用仅仅是对运动员的伤病进行简单康复或辅助训练工作，对于运动员能否上场的决定权很小。在训练实践中，国外运动员的自我保护能力较强，在训练或比赛中如有伤病，运动员会根据医生的建议配合队医进行治疗，并及时和教练员沟通以便调整训练计划，确保伤病尽快治愈，更快地投入到训练和比赛中。国内却提倡运动员带伤训练，导致运动员轻伤变重或变成慢性伤病，最终影响其运动训练。

安全保障是确保运动员免受伤害的关键。在运动训练或比赛过程中，尽量保证运动员的安全，避免伤害事故的发生。灵敏素质练习对运动员的身体有较高的要求，所以，灵敏性练习一般安排在训练课的前半部分。灵敏性练习前，教练员需调动运动员的积极性、激发运动员的训练动机，在其体力充沛、注意力集中和精神饱满的状态下进行练习，以获得最佳训练效果。另外，应变换练习手段，根据不同阶段或练习重点安排不同的灵敏素质练习手段。例如，沙滩排球运动员在徒手练习时需注意变换动作和改变方向，再结合排球进行训练。这样既可以提高其判断能力，也可以根据需要对预判、变向和变换动作的能力进行练习。准备期可以重点发展一般灵敏素质或对3类灵敏素质分别进行训练，逐步提高。比赛期则以专项灵敏素质训练为主。

灵敏性训练也应从运动员的健康状况出发。因为灵敏素质训练是高强度的练习，危险系数较高，与一般的康复性训练有很大不同，运动员在身体状况不好或有伤病的情况下不应参与灵敏性训练。运动员进行灵敏素质练习或测试时，需确保其处在安全的训练环境中。首先，要保证训练或测试地面与比赛地面要求一致，包括合适的服装和鞋子。若在硬地上测试要保证地面防滑，运动员应穿着相应的训练服装和防滑的鞋子。其次，有充分的练习空间，确保运动员安全地完成练习或测试。最后，进行灵敏性练习或测试时，运动员应保持注意力集中和良好的状态，防止疲劳的发生。

2. 竞技需要原则

竞技需要原则是由项目特征所决定。教练员应时刻考虑灵敏性训练要满足项目需要，不同项目对灵敏素质的要求不同。简单地将灵敏素质分为一般灵敏性和专项灵敏性，对专项灵敏性进行深入分析，进而得出专项灵敏素质的练习方法才是关键，使其从能量消耗特征、项目的技术特征和力学特征等方面贴近项目。1988年，苏联训练学专家指出：机体对刺激的适应具有较强的专一性，长期缺乏针对性的训练，无法使机体适应专项的要求，结果必然导致运动成绩的下降[3]。根据竞技需要选择灵敏素质练习方法的依据有供能特点、动作形式和移动的速度等，以便使训练效应更好地转移到专项竞技能力中。如果一个项目需要大量的侧向移动，那么练习中应体现这一需求。例如：沙滩排球训练应根据项目的预判特点、变向特点和动作特点分别进行，达到自动化的程度，这样才能确保灵敏性训练贴近比赛。

（二）适宜负荷与区别对待原则

1. 适宜负荷原则

训练效应的生理基础是人体对刺激的适应，而负荷就是这种刺激。也就是说，任何训练效应的获得必须通过对运动员施加负荷才能实现。必须明确的是，人体的适应能力并不是无限的，在训练过程中当人体的适应能力正向发展时，常伴随运动成绩的提高。而当人体难以适应持续的负荷时，常伴随运动成绩的下降。所以，对负荷的控制已成为运动训练学研究的焦点，灵敏素质的训练同样存在运动负荷的问题。

灵敏素质是以磷酸原系统供能为主的素质，练习时强度较大，易产生疲劳。所以，每个练习后应有足够的休息时间，以保证机体磷酸原的基本恢复。运动生理学研究表明：每千克肌肉中含 15～25 mg 分子 ATP—CP，该系统的供能时间一般不超过 8 s，而 ATP—CP 恢复一半的时间大约是 30 s，完全恢复所用的时间大约是 3～4 min。所以，在进行灵敏素质训练时，一般练习时间不应超过 10 s，以充分发展灵敏素质供能系统的能力。2 个练习之间的休息时间应超过 30 s，一般为 30～50 s[5]，组间间歇应稍长一些，一般为 3～4 min，以保证 ATP—CP 含量的恢复。为了使运动员较长时间保持良好的灵敏性，应适当提高运动员的糖酵解供能能力和有氧代谢能力。研究表明，运动员尽力保持速度进行灵敏素质的练习仅能维持 7 s。一般而言，敏捷性、加速度和快速脚步的练习时间应保持在 3～5 s，灵敏性的纯练习总时间一般不超过 4 min。

运动负荷主要强调运动量、运动强度及间歇时间。进行灵敏素质训练时，对强度的控制，教练员可以通过运动员完成练习所用时间(一般情况下如果练习的速度降低 10% 以上，应停止灵敏性练习，说明疲劳开始发生，并且功率下降)和监控运动员心率来间接评价。有经验的教练员还可以通过观察获得重要信息，如当运动员动作技能下降，特别是制动时动作不稳、制动能力下降时，应考虑延长间歇时间或停止灵敏性训练。

2. 区别对待原则

区别对待原则是指在运动训练过程中，根据运动员的特点、训练水平，因人而异地制订训练计划和安排训练负荷。进行灵敏素质训练时也应考虑区别对待的原则，因人、因时、因项和因地制宜地进行练习，这样才能获得良好的训练效果。

灵敏素质训练中区别对待原则的执行需做到如下几点。第一，根据运动员的特点进行灵敏性练习，不同训练水平的运动员，应采用不同的练习方法和负荷。如有些运动员灵敏性表现不好，可能是由于预判不足，抑或是移动变向能力或变换动作的能力不足，练习时应根据运动员的不同情况分别进行训练。第二，不同项目运动员灵敏素质的要求不同，这已在竞技需要原则中进行了阐述，在此不再赘述。第三，处在不同训练阶段的运动员应安排不同的灵敏素质训练内容。开始阶段应注重基本脚步或身体控制能力的练习，如冲刺跑、后退跑、侧滑步和起动、制动、变向等基本移动能力和控制能力，为后继的灵敏性训练打下基础。如果运动员能很好地控制平衡和身体重心，并能快速移动，将会增大其获得成功的概率。随后可进行一些与专项相关的灵敏素质的移动步法练习，若是需要用到器械的项目，还可结合器械进行移动变向和变换动作的练习。当达到一定程度后,可以结合专项运动场景进行必要的预判和快速反应练习,并使之达到自动化的程度。

(三)全面发展与敏感期优先原则

1. 全面发展原则

全面发展是指在灵敏素质训练过程中,应全面提高运动员的观察判断能力、变换动作和改变方向的能力及身体控制能力。观察判断能力、变换动作和改变方向能力是灵敏素质不可分割的3种属性。将灵敏素质进行分类,并单独对某一属性进行研究,是为了更深入地探讨该属性的特点,因为不同能力具有不同的表现形式。但决不能因此而忽视了灵敏素质的完整性,只有将这3种能力统一起来进行多维度的考察,才能更加准确、完整地把握灵敏素质的真意。在运动情景中任何一方面的能力存在不足时,都会影响运动员灵敏性的整体表现。

观察判断能力的培养。结合运动实践提高运动员的观察能力,通过更加广阔的视觉追踪策略,获取更多的有效信息,巩固视觉搜寻的结构模式,加强对细微动作的辨别能力,从而形成运动记忆加以存储,以提高判断的准确性和速度。研究表明,视觉注意力可以不经过眼动而得到加强,并且控制视觉搜索的任务和结构似乎可以储存在记忆里,"双眼紧盯着球"的模式似乎不是处于最佳竞技状态的运动员喜欢的模式。大量研究表明,观察判断能力的训练可以有效地提高运动员的意识和决策能力。

变换动作能力的培养。是全面发展运动员的技术动作(专项技术和非专项技术)。实践表明,学习掌握的技术动作越多、越熟练,建立的暂时性神经联系就越多,不仅表现出学习新动作技术快,更表现出技术运用灵活且富有创造性的特点 [10]。

改变方向能力的培养。全面学习多种移动步法,起动、制动、变向身体姿势与重心的控制,起初可以学习一些简单的闭链式移动动作,然后增加一些简单的刺激,并逐渐增加难度,包括刺激的难度和动作、方向的难度,能够有效提高运动员的变向能力。

灵敏素质由上述3部分构成,但并不是上述内容的简单相加。如果发现一种练习方法运动员练习起来较困难,应重点练习而不是将其调整为已熟练的练习动作。

2. 敏感期优先原则

身体素质的发展过程不仅是一个持续稳定的变化过程,而且存在着增长速度特别快的过程或阶段,人们习惯将这一过程或阶段称为身体素质发展的敏感期。判定标准为年增长平均值加一个标准差作为临界值,增长速度大于或等于临界值的年份为该素质的敏感期。一般素质敏感期都有两个:迅速发展期和较快发展期。若能抓住敏感期进行针对性的训练能提高训练的有效性,达到事半功倍的效果。

研究指出,灵敏性发展的敏感期在7~12岁。苏联相关研究指出,7~10岁灵巧性高度发展。7~12岁反应速度提高幅度最大,6~12岁是培养节奏感的好时机,

7~11岁是发展空间定向能力的最佳时机，动作速度4~17岁发展最快，女子9~12岁，男子9~14岁是发展平衡能力的最佳时期。这些都与灵敏性有关，这些能力的提高会对灵敏性的提高带来帮助。

运动训练过程中强调灵敏素质敏感期训练，但绝不是只强调灵敏性的训练只有在灵敏性发展敏感期才进行。国内不少教练员认为，灵敏性也应在青少年阶段进行训练，成年后就没有时间练习这些内容。相反，灵敏性在成年阶段应该受到重视。国外研究指出，对灵敏性的训练应该贯穿运动员训练的整个过程，因为神经适应过程可以通过长时间的不断重复得到发展。另外，与灵敏有关的很多素质，如速度、力量、功率、柔韧和平衡等均可以通过科学系统的训练得到提高。

灵敏素质的训练要符合运动训练的基本规律，但灵敏素质自身的特点决定了其训练规律具有特殊性。根据灵敏素质的特点和运动训练的规律将灵敏素质的训练原则归结为：健康安全与竞技需要原则、适宜负荷与区别对待的原则和全面发展与敏感期优先原则。

二、协调能力训练

在人体综合性的运动素质中，其中最重要的一项就是人体的协调能力。人体协调能力的强弱决定着一个人运动素质的高低，通过培养人体的协调素质来提高身体的协调性，可以提高人体体能、人体技能及人的心理能力，以便达到更好的训练目的和效果。目前，可以通过对人体运动各个方面的分析来提高人体的协调性，通过分析制定出提升运动人员身体协调性合理、科学的训练方案。

（一）分析人体运动协调能力的特征

运动协调能力是指运动员的机体各部分活动在时间和空间里相互配合，合理有效地完成动作的能力。《运动训练学》中指出"运动素质是人体体能的重要组成部分，是机体在活动时所表现出来的各种基本运动能力，包括力量、耐力、速度、柔韧和灵敏等。它们之间都有各自相对独立的作用，又有着密切联系，彼此制约、相互影响，"其中每一个因素的水平，都会影响着体能整体的水平"这一观点。肌肉的活动要通过运动来实现，运动中的战术、技术及运动素质等都要通过肌肉活动来表现，所以力量素质是运动的基础。

在每日的基本训练中，运动者在剧烈的肌肉训练时，通过神经活动也可以调节和控制肌肉活动。我们从外观来看，力量训练是通过肌肉的活动来实现的。但从实际角度出发，在生理学方面来看，身体协调性是人的神经系统在起作用，神经系统接受感受器时由于外部环境或者自身体内的刺激时通过身体内的神经系统传播到大脑皮质区域，从而调节肌肉的张弛与伸缩活动。运动协调能力本身是一种重要的智力行为，在运动中对神经系统的刺激，对大脑的发育是有着积极重要意义的。通过练习掌握运动技能，细化肌肉协调的能力，它反映的是一种精细的感觉，同时反映出的也是一种对外部刺激的分析和综合能力。

（二）分析人体运动协调能力的主要制约因素

1. 遗传因素

运动能力的各种组成性状是由遗传因素和环境因素共同决定的。一般来说，不明原因性协调能力差，绝大部分都是由遗传因素而导致的。遗传因素决定了运动者运动能力起点的高低，遗传因素与人体协调能力有着紧密的联系。人的身体在运动过程中，身体能够完成非常复杂的运动技术动作，这与人的神经系统中的功能水平存在着较为密切的联系。所以说人体协调能力与神经系统中的功能水平关系极大，人体的神经系统功能是先天形成的，它很难被外界或者自身体内的因素所影响。所以说神经系统的功能是不易受到后天的改变，因为先天的遗传原因制约着人体协调能力的发展水平。

2. 大脑皮质下中枢神经系统

所谓"闻道有先后"，运动技能有些人做起来相对简单，而有些人相对难，就像很多人的身体运动协调能力都是先天发育决定的，但是仍然有不少的人是经过后天不懈努力的运动训练，提升了自己的身体协调能力。在人体的运动机体内，要想完成较为复杂的运动技术动作，仅仅依靠大脑的皮质或者神经系统的调节是不完整也不准确的。这还要取决于皮质运动区域内的抑制与兴奋过程灵活的转换支配身体机能来完成，只有这样才能完成高难度而又复杂的运动技术动作。如果人体的传导机能和反射机能出现障碍，人体的协调能力就会受到制约。

3. 感官系统机能

感官是指能够感受外界事物刺激的器官，它包括眼、耳、鼻、舌、身等。人身体的各部分都存在有感受器，它们在受到外部环境或者自己身体内的刺激时会通过身体内的神经系统传播到大脑皮质区域。经过大脑皮质区域的综合分析，从找到解决方案从而调节身体的机能。人在运动时，感受器也开始了它的工作，时刻准备着接受身体发出的信号，他们之间有很复杂而又微妙的关系，感受器作为神经系统调节的各个效应器官。为了使身体能够更好地运动提供了桥梁，身体能够更有效、正确地完成运动技术动作。感官系统具有很好的灵活性，它们能够为人体的肌肉和肝脏器官提供最为重要的支撑。

4. 运动技能的储存数量

一个人如果有丰富的运动技能储备，并且拥有高水平的运动技能，就能够轻松地建立起新的条件反射，也能够更快地接受并且掌握更高难度而又复杂的运动技术动作。与此同时，其身体协调能力也能够很好地得到提升。大脑皮质支配着人体的肌肉活动，也可以这样说,大脑皮质支配着人体的各项运动。人们对身体素质的理解就是人体肌肉活动的能力,一个人的速度、耐力、力量、灵敏与柔韧性都比较好就可以说这个人身体素质好,也可以说运动素质好。随着运动素质的发展,人体机能的能力也在不断地增强和扩大。随着运动技术水平的提高,也说明我国的运动机能有很大的提升和创新,并且技术掌握的熟练程度也在大步提升。人体的运动技能之所以能够改进、发展和提高,这都归功于大脑皮质活动的反应,这基于大脑神经在运动条件反射时做出的建立、巩固和分化。

人体运动技能的形成归功于条件反射的建立。运动技能的储存数量越多,越能顺利地建立新的条件反射,掌握新的运动技术动作,人体从而表现出较为良好的运动协调能力。反之,运动技能储蓄数量不足,人体就会表现出较差的运动协调能力。

5.其他运动素质的发展水平

人体协调能力还受其他运动素质发展水平的影响,其他运动素质包括柔韧性、灵敏性、力量、耐力、速度、身体平衡力和技术动作纯熟度等。例如柔韧性,它是指人体关节活动范围的大小以及跨过关节的韧带、肌腱、肌肉及其他组织的弹性和伸展性。发展柔韧性素质,身体柔韧性不好的运动人员,关节活动范围较小,跨过关节的相关组织的弹性和伸展性较差,他的柔韧性就制约着身体协调性的发挥。灵敏性,它是指在人体突然运动的条件下,准确、敏捷而又快速地完成技术动作的能力,它是一种运动技能综合性表现的运动素质。灵敏性较差的人,运动反应较慢,身体协调性较差,但是通过转身突然跑、倒退跳远、躲闪跑、快速启动和急停练习等灵敏素质的练习能够有效地提高人体的协调能力。平衡能力分为两种:一种是静态平衡,如座位、站立位等能在一定范围时间内对身体姿势平衡的维持;另一种是动态平衡,如走、跑、跳等运动中的身体维持,平衡能力不足会导致运动发展迟缓,从而影响人体的运动协调能力。

(三)人体运动协调性训练法

不习惯运动技术动作的各种身体练习,反向完成动作,如右手换左手实践。改变已习惯技术动作的速度和节奏,如做多组小跑、慢走、变换跑的练习等。还可以通过玩游戏的方式完成复杂的运动技术动作,如穿插一些技术动作的慢动作练习。创造性改变完成动作方式练习,可以采用不习惯组合的动作,使用已经掌握的技术动作做一些更加复杂化组合训练。改变技术动作的空间范围,适时用信号或有条件刺激使得运动人员做改变动作各种方式的练习。循环训练法:根据训练的具体任务,建立多组练习站、练习点的训练,运动人员应当按照规定的顺序、路线,依次循环完成每站所规定的练习内容和要求的具体训练方法。

一个人的协调能力愈基层,协调性训练法的使用频率愈要高。但是,如果是一米八以上的人，技术动作仍不协调，协调性训练频率也要提高。在准备时期，每周的训练频率为二至三次较为合理，动作项目至少十项，每项动作的练习次数至少三次以上才能达到锻炼身体协调能力的效果。在做训练前必须要深刻了解自己的身体情况是在哪些方面不协调的，要针对自己身体不协调的方面，适时了解和掌握训练方法并学习相关理论知识，进行科学合理的锻炼，杜绝盲目的训练。否则，不但没有锻炼效果，反而会伤害到自己的身体，因为每种训练方法所适合的协调感是不同的。在进行协调能力训练的同时也需要发展其他运动素质，从而更有效地改善身体的协调能力。

  关于一个人运动协调能力的强弱，与人体的竞技能力有着密不可分的关系。协调并不是单一的力量、速度和柔韧性等运动素质的表现，而是这几种因素的综合表现。并且，一个人如果拥有高度发达的感觉器官和神经系统，就能够协调复杂的机能活动和适应多变运动环境。研究表明，制约人们身体协调能力的因素主要有以下几种：一是遗传的原因；二是大脑皮质下中枢神经系统的支配机能；三是人体感官系统机能的灵敏性；四是运动技能的储存数量；五是其他运动素质的发展水平等。

  体育运动的目的是通过运动来进行人体运动素质的训练，身体协调是体育运动的灵魂。只有身体协调了，人体的肌肉才能依赖大脑神经系统的支配发挥其作用。一个人运动协调能力的提升和发展能够大大提升身体的锻炼效果，能够纠正错误的运动技术动作，还能够提升各个技术动作之间的协调性，并且在提升心理素质方面也有非常可观的效果，还能够附带着表现力、注意力、观察力以及自信心等个人能力的提高，从而在运动比赛过程中发挥更好的作用和效果。

第五章 体育瑜伽训练

第一节 高校瑜伽教学中柔韧素质

通过瑜伽训练，学生们不仅能强身健体、美体塑形，还能进一步理解美、感悟美与创造美，形成自信、乐观、真诚和向上的良好人生风貌。但是，瑜伽训练是否成功一定程度上取决于练习者各个关节的柔韧度，而要想实现瑜伽健身塑形的效果，瑜伽教学中柔韧素质的训练至关重要。

一、柔韧素质的相关内涵阐述

柔韧素质其实就是伸展能力，即人体各个关节处的肌肉、肌腱以及韧带等的伸展功能。柔韧素质好的，其伸展能力较强，瑜伽训练中不易造成运动损伤。柔韧素质差的，则极有可能在训练造成扭伤、拉伤等瑜伽训练类运动损伤。柔韧素质根据不同的划分标准可分为不同的类型，而不同类型的内涵也不尽相同。

根据柔韧素质与专项关系可分为两类：①一般柔韧素质。这种柔韧素质是指在瑜伽训练中，运动者为适应一般训练或者实现一般瑜伽技能的提升而必须具备的一些柔韧素质。②专项柔韧素质。即在瑜伽训练中，为了适应某一专项训练、迎合特殊化专项训练要求而对应需要的柔韧素质。根据柔韧素质外部运动状态表现也可分为两类：①静力性柔韧素质。即人们在进行静态瑜伽练习时，将肌肉、肌腱等拉伸到一定静力练习所需要的角度，并停留一段时间。如瑜伽练习中的劈叉、下桥等。②动力性柔韧素质。它与静力性柔韧素质相对应，一般表现为瑜伽训练者的弹性回缩以及动力拉伸等。在瑜伽教学中，教师要重视柔韧素质，并将其训练渗透于瑜伽教学的方方面面，不断强化学生的瑜伽练习。

二、高校瑜伽教学中柔韧素质的重要性

（一）促使高质量、高标准瑜伽动作的完成

在高校瑜伽教学中，无论是初级体位教学，还是高级体位教学，柔韧素质都对学

生的瑜伽训练结果起到一定程度的影响，是高标准、高质量瑜伽动作成功完成的关键因素。在初级体位教学中，良好的柔韧素质不仅能帮助学生完成一些基础瑜伽动作的拆分、组合等练习，还能使学生尽快投入瑜伽训练中，通过较高的身体柔韧度以及自主学习更高效地掌握瑜伽动作。例如，高校瑜伽教学中，冥想姿势训练对瑜伽训练者提出了新的要求，其中最典型的便是"金莲坐"的动作姿势训练。这一动作要求学生端坐在地，并弯曲左小腿，然后将左脚置于右大腿上，还要挺直腰杆，继而将右小腿通过左小腿外侧，最终将右小腿置于左大腿根部。然后以这样的姿势静止，并保持自由呼吸。对于这一动作，柔韧性差的同学很难轻松完成，但对于柔韧度好的，便能达到事半功倍的训练效果。

（二）有利于帮助高校瑜伽训练者提升自信心

在高校瑜伽教学中，瑜伽训练能帮助学生健美塑形，当学生完成高难度瑜伽动作，体会到人体与动作融合的美妙，并将自己最优美的身姿展现出来时，其自信心便陡然提升。但毋庸置疑，只有拥有良好柔韧素质的学生才能做到。因此，只有通过柔韧素质训练，提升学生身体关节的柔韧度，学生才能不断克服高校瑜伽练习中的各类困难动作，继而提高瑜伽训练水平，从而达到自信能力提升的目的。

（三）全面提升高校瑜伽教学的质量和水平

高校瑜伽教学水平的高低：一方面取决于教师的教学能力，另一方面则与学生学习潜能、柔韧素质等密切相关。柔韧素质好的学生能尽快掌握各类瑜伽动作要领，并积极主动地进行瑜伽动作练习，用较好的身体协调度、柔韧度等实现高质量瑜伽练习，这对教学质量的提升具有促进作用。而柔韧素质不好的学生往往会花更多的时间与精力去重复同一个动作，但一不小心便会造成运动损伤，这极大阻碍了教师教学效率的提升。可见，学生身体柔韧性的好坏直接影响着学生瑜伽动作完成的质量，也关系着瑜伽教师的教学水平。因此，瑜伽教师要意识到柔韧素质对于教学的重要性，不断强化对学生柔韧素质的训练。只有强化柔韧素质训练，才能使瑜伽教学中大多数学生达到瑜伽训练要求，用较高的柔韧素质去提升瑜伽动作质量，继而推动瑜伽教师教学质量和水平的提升。

（四）好的柔韧素质能有效激发学生兴趣

教育心理学将兴趣作为成功完成一件事的必备因素，学生一旦对某一件事情产生浓厚的兴趣，便会全神贯注、专心致志地投入其中，成功率自然很高。兴趣可分为直接兴趣与间接兴趣，两者相互融合。在高校瑜伽教学中，教师不仅要激发学生的直接兴趣，也要使其直接兴趣保持，或者将间接兴趣逐渐转变为直接兴趣，这就需要强化对学生的柔韧素质训练。良好的柔韧素质能提升学生瑜伽学习的自信心，能随时随地激发和保持学生的直接兴趣，使其执着于瑜伽学习与训练。兴趣一方面来源于外因的刺激，另一方面则来源于自身的喜爱与肯定。柔韧素质好的学生更容易在瑜伽学习中发现实现自我价值，体会到瑜伽学习的乐趣，而这样的学生能长久保持学习兴趣，提高瑜伽训练质量。

（五）提高学生学习瑜伽的积极主动性

积极主动性是学生参与瑜伽教学活动，实现师生交流互动，并高质量完成瑜伽动作的基础与前提。高校瑜伽教学要实现以学生为本，尊重学生的课堂主体性地位，关注学生个体发展。这就需要教师提升学生瑜伽学习的积极主动性，使其主动接触瑜伽，自主进行瑜伽练习。唯有如此，高校瑜伽课堂才会逐渐成为学生赏心乐读之所，并帮助学生实现自我价值需要。在高校瑜伽教学中，各个瑜伽动作对学生柔韧素质的要求不同，教师可以根据不同动作难度需求，对学生进行有针对性的柔韧素质训练。教师可以将瑜伽动作分为难、中、易三个类别。然后让学生根据自身的素质差异，选择适宜的动作来训练，并在实践训练中不断提升柔韧素质，改变训练级别，以激励学生自主进行瑜伽训练。

三、瑜伽教学中锻炼学生柔韧素质的有效方法

（一）掌握两种重要柔韧素质训练法

巧用动力拉伸法。此训练方法是相对有效的柔韧素质训练法，它是指学生在瑜伽训练中有节奏地重复某一个动作进行反复、持久地训练，对身体的各个软组织进行拉长训练，以达到对身体柔韧度的训练。如连续从各个侧面踢腿、甩肩等。

静力拉伸法需要学生先通过动力拉伸法缓慢，逐渐地将身体软组织进行拉伸、拉长，在拉长到某一个程度时可以暂停拉长，并静止一段时间，在这段时间内的拉伸便是静力拉伸。静力拉伸、动力拉伸进行配合锻炼，能有效提升身体柔韧性。

（二）柔韧素质训练要需一定步骤

胯部训练。胯部是学生进行瑜伽训练发挥重要作用的一个部位。训练胯部柔韧性可从趴胯、搬胯和劈叉等动作开始，胯部练习目的是使学生的胯部充分打开，达到 200°～400°。

正腿、后腿训练柔韧素质训练离不开对正腿、后腿的系统训练。在训练中，对于学生不规范的动作标准，教师要对学生进行正确地搬、压、耗等，直至完成反复的腿部训练。

肩、胸和腰的训练在训练中，肩、胸的训练要尽可能同时训练，先让学生学会简单的肩、胸推压训练，继而转战复杂动作。腰部训练也很重要，教师可进行多途径训练。

肌肉支撑训练这一训练属于压轴训练，教师应特别对待。

（三）柔韧素质训练的注意事项

合理把握训练力度。例如在进行拉伸身体软组织时，到底应该运用多大力气才能做到既不拉伤软组织，还能达到训练结果。一般情况下，学生在拉伸时如果感到酸、痛、胀，这时所用的力气便是最佳。

激发学生兴趣很多学生感觉柔韧度训练枯燥乏味，不愿积极配合。这时教师应在训练中渗透趣味元素，激发学生训练的自主性。

消除学生训练的紧张感，学生如果在训练时出现了紧张焦虑现象，教师要及时缓解，正确疏导，并帮助其顺利进入训练正轨。

训练强度要适中强度适中是提高柔韧素质应注意的一点，教师应强化重视。

第二节　高校瑜伽教学中形体训练

随着社会的发展，人们生活水平的提高，瑜伽逐渐走入人们的生活，并以其独特的魅力受到了大众的喜爱。随着新课改的发展，现高校也开设了瑜伽课程，以此来提升学生的气质，促进学生的综合发展。本文阐述了现阶段高校瑜伽教学中存在的问题，并在此基础上，对形体训练在高校瑜伽教学中的应用进行了研究分析。

瑜伽是一种古老的能量知识修炼方法。现代人发现了瑜伽的好处，并从瑜伽中吸取其有益精华，以此缓解生活压力，调节身心健康。现阶段，随着瑜伽的逐渐普及，高校也开设了瑜伽课程，并受到了大学生的喜爱。形体训练是一项优美、高雅的健身项目。在高校瑜伽教学中引入形体训练，不仅能够促进学生的身心发展，还可以推进高校瑜伽教学的改革与进步。

一、形体训练和瑜伽的功能作用

形体训练主要通过舒展优美的舞蹈基础练习，结合古典舞、身韵和民族民间舞蹈进行综合训练。形体训练是所有运动项目的基础。形体训练可以塑造人们优美的体态，培养高雅的气质，纠正生活中不正确的姿态。形体训练适用人群广泛，尤其适合女性。

瑜伽起源于印度，是一项有着5000年历史的关于身体、心理以及精神的练习，其目的是改善身体与心性。其中热瑜伽对于减肥、排毒和塑形等都有很好的效果，是现今比较流行的创新练习方法。长期的瑜伽练习能够提升身体免疫力，促进血液循环、使身体组织得到充分的营养，缓解人们生活压力、消除烦恼、达到修身养性的目的；还能提高人们的注意力，提升工作效率；增添人们的活力，形成积极向上的乐观心态，增强自信心，促进自身身心的全面发展。

二、形体训练和瑜伽的关系

瑜伽是需要在专业人士的指导下进行练习的，否则易给练习者的身体带来伤害。瑜伽的专业训练有前倾式坐姿、弯曲式坐姿、站姿、平衡的姿势和放松的姿势等。由此可见，瑜伽对练习者身体的柔韧性、协调性等都具有较高的要求。而形体训练的目的也是矫正身姿、锻炼练习者的耐力，在这方面，形体训练和瑜伽是具有相同点的。练习者在进行瑜伽练习前先进行形体训练，通过专业的指导、练习，提高身体的舒展度、柔韧性等，并了解掌握了一些瑜伽的基本动作。再进行瑜伽学习时，练习者便能够很快地进入状态，掌握瑜伽要领，感受瑜伽所带来的特有魅力，增强瑜伽的学习兴趣，调动练习者的积极性，从而能够更好地学习瑜伽，感受瑜伽。由此可见，瑜伽和形体训练是相辅相成、相互促进的，将形体训练融入瑜伽教学中，有着非常重要的教学意义。

瑜伽要求学生具备较强的身体柔韧性及灵活性。但目前而言，除了少数的有舞蹈基本功的学生，大部分学生的身体功底较差，很难掌握瑜伽动作，练习起来较为困难。长期以来，学生心理受挫，逐渐失去了练习瑜伽的积极性，从而放弃了瑜伽的练习。可见在瑜伽教学中引入形体训练十分重要，形体训练可以改善学生的身体条件，增强学生身体的灵活性，从而能够更积极地投入到瑜伽训练中来，感受瑜伽所带来的乐趣。

现阶段，各高校虽然都开设了瑜伽课程，但还存在着缺乏瑜伽场地设施的现状。瑜伽是一项优美的运动，需要有安静、清洁的室内场地。然而，由于各高校瑜伽室的缺乏，学生普遍在健美操教室、舞蹈教室或其他室内场所进行瑜伽练习。这不仅影响了学生学习瑜伽的兴趣，学生感受不到瑜伽所带来的优雅、宁静的气氛，而且还影响了学生对瑜伽的学习及理解，不利于高校瑜伽教学课程的开展。

高校虽然开展了瑜伽课程，但是缺乏专业的瑜伽教师。瑜伽教师多是由舞蹈老师或体育老师担任，由于没有经过系统专业的学习，瑜伽教学缺乏科学化和系统化。一方面影响了学生对瑜伽的学习及认识，另一方面也阻碍了高校瑜伽教学的开展。因此，高校应当培养专业的瑜伽教师，规范瑜伽教学，促进高校教学内容的多样化，推动高校教育事业的发展。

学生的身体条件水平参差不齐，有的学生学习过舞蹈，身体柔韧性及协调性较好，学习起来较为容易；而有的学生身体较硬，身体协调能力也较差。然而统一的教学内容使得有基础的学生不能得到优化提升，基础较差的学生掌握起来又很困难。学生逐渐失去了对瑜伽的热情，积极性也逐渐降低，从而放弃了瑜伽的学习。这不利于瑜伽在高校的普及，也达不到瑜伽教学的预期效果。因此在高校的瑜伽教学中，应当针对学生的个体差异化水平，进行因材施教，调动学生学习瑜伽的热情，增强瑜伽学习兴趣，从而达到瑜伽学习的预期效果。

三、形体训练对瑜伽教学的作用

（一）调动学生的积极性，增强学生学习瑜伽的热情

瑜伽对身体的协调性及柔软性要求较高。，大学生多为瑜伽的初学者，没有经过形体训练，身体协调性较差，也不够柔软，做起动作来很不到位，达不到预期的效果。长期以来学生的自信心受挫，逐渐失去了对瑜伽的兴趣。因此在练习瑜伽前进行形体训练十分的重要。而通过形体训练，学生身体的柔韧性、舒展度都得到了提升。从而再进行瑜伽训练时能够很快地掌握，提升自信心，调动学生的积极性，增强学生学习瑜伽的热情。

（二）提高学生瑜伽学习的质量

形体训练可以矫正学生的身姿，提高学生身体的协调性，这也是瑜伽教学中所要求的。形体训练和瑜伽练习这两者是相辅相成、互相促进的。学生进行形体训练可以提升瑜伽学习的质量。形体训练是学生在优美音乐旋律下，并使身体各个部位得到舒展。瑜伽的练习也是在音乐中进行的，学生在形体训练中对音乐的掌握有助于加深对瑜伽音乐的理解和鉴赏。由此可见，形体训练能够有助于提高学生瑜伽学习的质量。

四、形体训练在高校瑜伽教学中的应用

（一）合理安排形体训练的时间

形体训练对瑜伽教学有着极其重要的作用，因此在瑜伽教学中要合理安排形体训练的时间。在进行瑜伽教学时，教师可先利用四分之一的时间让学生进行形体训练，从而使学生在进行瑜伽训练时能够更容易地掌握动作要领，调动学生瑜伽学习的积极性。学习的形体训练要始终贯穿于学生的整个瑜伽学习过程，调整学生身姿，提升学生身体的柔韧性。从而能够更好更快地学习瑜伽，增强学生学习瑜伽的兴趣，提升高校瑜伽教学的实效，促进高校教育事业的发展与改革。

（二）培养专业的瑜伽教师

瑜伽教师的专业水平直接关系着学生对瑜伽的理解及学习，因此各高校应当加强对专业瑜伽教师的培养。瑜伽教师不仅要学习瑜伽理论知识和瑜伽技能，还要学习如何将形体训练巧妙地融入瑜伽教学中。高校可聘用专业的瑜伽师对高校瑜伽教师进行定期培训，讲授瑜伽理论知识，指导学习瑜伽动作。高校瑜伽教师也可针对瑜伽教学心得进行交流，提升自身的瑜伽教学能力。形体教师和瑜伽教师也要进行定期的交流学习，取长补短，提升自己的专业水平。从而能够更好地进行瑜伽教学，调动学生学习瑜伽的积极性，增强学生的学习热情，促进瑜伽教学的改革与发展。

（三）加强形体训练的规范性

瑜伽对学生的软度、身体协调能力等都具有较高的要求，瑜伽的一些基本动作都具有塑形、健身的作用。学生若是瑜伽动作标准，则可以达到调整身姿、提升身体柔韧性的作用。学生若动作不标准，不仅不能够掌握瑜伽的基本要领，甚至还有可能造成拉伤肌肉，损害身体健康，这就要求加强瑜伽训练前的形体练习。通过形体练习，学生可以熟悉瑜伽练习的动作，放松身体，提升身体的柔韧性和轻柔度。从而能够更好地投入到瑜伽的练习中来，达到瑜伽练习应有的效果，促进学生身心的健康发展，增强瑜伽教学的实效性，促进高校教学事业的改革与发展。

（四）形体训练时要采用循序渐进的方法

瑜伽的动作具备较强的设计性。如果学生没有做到位，在很大程度上会影响瑜伽的效果。因此，瑜伽教学要制定科学的教学计划，让学生由易到难，慢慢地进行瑜伽学习。现在教学中最常用的是适用性形体训练方法，这种方法可使学生提前了解并学习到瑜伽的一些基本知识与动作，增强学生学习瑜伽的积极性。通过不断地练习，学生逐渐掌握一些基本要领，教师逐步增加形体训练的难度，提升学生的柔韧性与身体协调能力，使学生能够更快、更容易地掌握瑜伽动作。运用循序渐进的方法，学生的接受程度高，且易掌握瑜伽基本动作要领，达到瑜伽教学的目的。瑜伽教师还要针对学生的个体差异化特征进行因材施教，保证每个学生都能够掌握瑜伽动作要领，感受瑜伽所带来的美感及艺术性。

（五）改善瑜伽教学环境，更换教学新设备

现高校的瑜伽教学环境较差，没有相应的瑜伽练习场所，瑜伽的学习是需要在安静的环境下进行的。缺乏相应的环境，在很大程度上阻碍了学生学习瑜伽的热情，影响了学生对瑜伽氛围的感受。因此，为了学生更好地进行瑜伽学习，高校应当建立专门的瑜伽室或安静的室外瑜伽场所，保持瑜伽练习时的安静，增强瑜伽练习氛围。此外，还应当完善瑜伽设备，如添置瑜伽球、瑜伽毯等，当然瑜伽毯也可以学生自备，保持清洁，避免细菌交叉感染。良好的练习环境，完善的教学设备，在一定程度上可以调动学生学习瑜伽的积极性，增强瑜伽热情。从而能够更好地进行瑜伽学习，增强瑜伽教学的实效。

瑜伽可以调节学生的身心健康，增强学生的活力，促进学生形成积极、向上的乐观态度。瑜伽练习与形体训练是相辅相成、相互促进的。形体训练可以调动学生的积极性，增强学生学习瑜伽的热情；形体训练可以提高学生瑜伽学习的质量。因此，在瑜伽训练中，也应当将形体训练引入到其中，增强瑜伽教学的实效性，合理安排形体训练的时间，培养专业的瑜伽教师，加强形体训练的规范性。形体训练时要采用循序

渐进的方法，改善瑜伽教学环境，更换教学新设备等，从而调动学生学习瑜伽的热情，增强学生的瑜伽热情，促进高校瑜伽教学的改革与发展。

第三节　高校瑜伽教学中呼吸训练

通过综合分析法和文献资料法，阐述了呼吸是瑜伽习练中的精华和关键。对呼吸在瑜伽习练中的重要性，瑜伽呼吸方式及瑜伽教学中呼吸习练要点进行分析，认为正确的瑜伽习练必须先从呼吸的开始而不应先从体位法开始。瑜伽呼吸可以帮助大学生在瑜伽习练中更深入地放松身体和精神，保持从容平静。为高校瑜伽教学课程提供的参考。

瑜伽起源于印度，是东方最古老的强身术之一。瑜伽强调呼吸、体位和冥想等独特的训练方法，也是目前最时尚的健身方式之一。它注重健全的精神寓于健全的身体，实现身心和谐的过程。

瑜伽作为修身养性的健身项目。它以呼吸柔和，动作缓慢的运动方式，将人的心理、生理、精神集为一体，通过身体和调控呼吸可以完全控制心智和情感，永远保护健康身体，减少人们压抑情绪。瑜伽作为一种时尚的健身方式走进大学校园，深受大家的喜爱。可以帮助大学生缓解学习、生活的压力，回归宁静、祥和、自信、健康。

但是在瑜伽课的实际教学过程中，对于大学生普遍存在对瑜伽呼吸的认识片面性，产生一些呼吸方面的困惑及误区。由于正确呼吸方法的理解和运用不能够同步进行，大学生往往只关注体位的规范性及柔软度，而很少从根本上进一步认识瑜伽呼吸对人机体的作用与影响。这便使瑜伽习练成为一种锻炼身体的徒手体操动作，达不到人们对其最初的追求。

一、瑜伽呼吸的目的和重要性

呼吸是人最重要的机能。呼吸人人都会，但是人们对呼吸的了解却很少，经常以不正确的方法进行呼吸。由于人为的因素，大部分的成年人都会有呼吸不完全的现象。我们的呼吸一般是任意和不规律的，大多数人呼吸浅短、缺乏规律，只利用了肺部1/3。连续不规律的呼吸，不仅损害神经系统，而且妨碍内分泌的固有功能，最终使体质变得虚弱。结果身体开始丧失力量和活力，产生经常性的疲劳和沮丧的感觉。

瑜伽理论认为，人的呼吸受意识的影响，复杂、混乱的思维意识会导致呼吸失去平衡。人的身体状况在很大程度上依赖于呼吸的规律性，呼吸方式可以高度的反应出一个人的情绪情感。当人们在心烦意乱的时候，呼吸就变得很慢和没有规律。而在狂怒、焦虑和紧张不安时，呼吸则变得迅速、表浅和混乱。

庄子说"呼吸以踵"，要用脚后跟呼吸，把呼吸深入到脚后跟。瑜伽则认为，人一生的呼吸量是有一定限度的，呼吸又快又匆忙，对健康不利。相反呼吸缓慢，犹如在品尝空气的人，可获得长寿。调整呼吸，是我们生存的基本因素，也是健康的必要基础。

所以，在开始习练瑜伽的时候，想要让瑜伽的作用发挥得更好。首先是进行呼吸的习练，而不是先进行体式的习练。只有正确的呼吸才可以让身体的放松更好。因此，先认识呼吸的重要意义和掌握正确的呼吸方法是瑜伽修炼的当务之急。

二、瑜伽呼吸的意义

呼吸是生命的特征之一。呼吸节律的变化，表明人们的情绪、行为和健康也在发生着变化。瑜伽的呼吸法训练，能让人掌握正确、科学的深呼吸方法。它能使身体变得稳定、放松，能更好地舒展筋骨，并且能最大限度地将氧气吸纳到肺部，对身体的健康非常有益处。并且深呼吸还能安抚人的情绪，使心灵获得平衡。所以瑜伽的精髓是由呼吸来控制身体的放松、稳定和平衡，从而达到身心合一的境界。因此，在所有的瑜伽经典理论中都认定："呼吸是瑜伽实践的源头"。

三、瑜伽呼吸习练的要求

用鼻呼吸：用鼻子呼吸可以过滤和温暖空气，以免刺激呼吸系统。习练过程中要保持鼻腔和口腔清洁，以保持呼吸的顺畅。习练地点：安静、通风、干净的场所；习练时间：空腹状态下或饭后3-4小时；习练姿势：坐式或仰卧。呼吸要有一定的自然节律，避免过度用力。瑜伽的呼吸是自然而然进行的。

四、瑜伽呼吸的好处

习练瑜伽首先要学会如何调整自己的呼吸，也就是瑜伽呼吸法。瑜伽呼吸法的好处有很多，它的功效就是能培养自己的身心，平稳呼吸能让自身变得从容平静，能培养出气质。瑜伽的呼吸主要靠腹肌、肋间肌和横膈膜的运动来进行。这种呼吸均匀，缓慢又深长，可以向身体的各个器官提供更多氧气。为了使心肺保持良好功能，我们必须学习瑜伽呼吸法。

瑜伽呼吸能提高免疫力，预防呼吸系统疾病，改善消化系统功能。

有效地缓解放松身心，改善失眠状态，有效的增强体质。可以向身体的各个器官提供更多的氧气，为了使我们的心肺保持良好的功能，加速血液循环，排毒。

按摩滋养腹腔器官。随着腹肌的起伏运动，胃肠的活动量就会增大，同时消化功能也将得到加强，从而使人体对养分的吸收更加充分。

减肥。增强腹肌，移除腹壁脂肪。呼吸功力越深减肥效果越好。呼吸的深度决定肠部蠕动与收缩能力，能力越强，新陈代谢越快；燃烧脂肪能力就越强，减肥效果就会越好。

保持青春。瑜伽的完全呼吸能控制身体使身体处在良好的健康状态，增强人体活力，进而促进精神的活跃。它可使头脑灵活，体力充沛，感觉越活越年轻。

消除紧张和疲劳。瑜伽的呼吸法通过有意识地呼吸排除体内的废气和虚火以及消除紧张和疲劳。当人们主动调节呼吸的深度和频率，就能有效放松绷紧的神经，从而舒缓焦虑的心情。

改善心理状态，控制情绪。当身心完全放松专注于伸展肢体时，体内会产生一种让人心情愉快的"脑内啡呔"安定心绪，就可以释放负面情绪并让人有正面想法，逐渐达到"身松心静"及"身心合一"的境界，培养了集中力、注意力。

五、瑜伽中的呼吸方式

瑜伽的呼吸方法大概有 10 多种，教学中基本的较为简单也容易为初学者所掌握的有"腹式呼吸法"、"胸式呼吸法"、"完全呼吸法"三种。

（一）腹式呼吸

腹式呼吸是瑜伽教学中最重要、也是最基础的一种呼吸方法。这个呼吸法的适用率更高，是通过加大横隔膜的活动来完成的。在呼吸的过程中，要求胸腔保持不动，感觉腹部一起一浮。正确的腹式呼吸是体位法、冥想和高阶呼吸调控的基础。吸气时，把空气直接吸向腹部。横隔膜下降，手会被腹部抬起。吸气越深，腹部升起越高。呼气时，横隔膜自然而然的升起，腹部向内、朝脊柱方向收。凭着尽量收缩腹部的动作把废气呼出双肺之外。

腹部是人体气血交汇之处，腹式呼吸可以促进全身的气血循环，通过按摩腹部内脏，把肺底的废气、浊气、淤气排出体外，消化功能也将得到加强，从而使人体对养分的吸收更加充分。腹式呼吸有效的锻炼腹部肌肉，会使小腹肌肉变得紧缩而结实，达到减肥瘦身效果。

（二）胸式呼吸

胸式呼吸主要靠肺中间的部位来完成呼吸，是通过肋间肌的收缩或舒张，可以增加人体的肺活量。每个人在日常生活中的呼吸基本上都是胸式呼吸，它是一种无意识的浅而短的呼吸方式，而在瑜伽呼吸习练中的胸式呼吸则是一种有意识的调控，深而长的呼吸方式。深深吸气，是把空气直接吸入胸部区域，胸部区域扩张（腹部应保持平坦）。吸气越深，腹部越向内、朝脊柱方向收缩。吸气时，肋骨是向外和向上扩张的。然后呼气，肋骨向下并向内收。在情绪不稳定的时候，多做几组深而长的胸式呼吸，可以使心态逐渐平和稳定下来。

（三）完全式呼吸

她是你的煞星！你要做的，是将刀插入她的心脏！不能再继续犹豫和顾虑，这只会让你更加的软弱，更加地无法握住刀柄！

此种呼吸法是把腹式呼吸和胸式呼吸结合起来完成的一种自然的呼吸方法。轻轻吸气，先吸满腹部，再充满胸部的下半部分，最后充满胸部的上半部分。尽量将胸部吸满空气，双肩可略微升起，胸部也将扩大，腹部内收。呼气时，先放松胸部，再放松腹部，用收缩腹部肌肉的方法结束呼气，确保肺部呼出最大量的空气。整个呼吸应该是畅顺而轻柔的——就像波浪轻轻地从腹部波及胸腔中部再波及胸腔的上半部，然后减弱停息。

运用完全式呼吸，排出的二氧化碳量是普通呼吸的三倍以上，可以大大增加氧气供应，使血液得到彻底的净化。还可以使膈肌和胸腔得到锻炼，从而提高胸腹组织的活力和耐力，增强人体呼吸系统疾病的抵抗能力。

六、教学中呼吸的运用法则

瑜伽智者认为，体位法中的呼吸就和我们一般时候的呼吸一样，是非常自然的，不仅不用憋气，更因种种状况的不同，长度也会调整。其次，瑜伽呼吸贯穿了整个运动的始终。瑜伽呼吸的原则，是每一个瑜伽习练者必须掌握的。

起吸落呼，开吸合呼。也就是胸腔扩开的时候吸气，胸腔缩小闭合的时候呼气。但要注意，不应在呼吸期间为了刻意追求夸张的效果而造成身体各部位任何形式的紧张。

动作顺应地心引力时呼气，动作对抗地心引力时吸气。扭转身体时呼气。呼吸要带动动作，它是动作的来源；练习时要先呼吸再做动作，动作先结束然后呼吸才结束，呼吸的过程大于做动作的过程，呼吸的深浅会影响到动作的幅度。

瑜伽呼吸习练过程中，意识必须集中于呼吸。瑜伽遵循"规则、均匀、长、深"的呼吸原则。习练时候一定要注意呼吸节奏的把握，不要急于完成动作。呼与吸的比例是1:1，逐渐过渡到1:2，尽量拉长呼吸的周期，中间不能悬息，习练三个月无悬息的呼吸习练，才可进行悬息习练。一定要量力而行、循序渐进。

困难的动作呼吸可较快，强调平衡的姿势呼吸应较深沉。强调某个部位体位法，姿势停留时，配合着数个深呼吸。当精神不佳或者很疲倦的时候：就可以通过快速有力的呼吸，给身体充电，恢复精神。当我们感到焦虑紧张的时候：就可以通过深长缓慢的呼吸，来使我们的神经变得平和平缓，达到放松的效果。

瑜伽习练中不应该有任何勉强，呼吸也不例外，保持自然、轻松地呼吸即可。当保持一个姿势的过程中，如果觉得呼吸很难维持或出现憋气、急促的现象，那是动作幅度超出个人能力范围的表现，教师应该指导学生根据自己呼吸的表现来调节动作伸展和拧挤的程度。最重要的不是动作"到位"的程度，而是自己的呼吸是否顺畅和身体伸展的肌肉走向是否正确。

对于初学者来说，掌握呼吸方法有一定的难度，这主要表现为呼吸习惯的不适应。教学中教师应随时强调体位中的呼吸方式，在指导学生的练习体式的过程中，应边讲解示范动作边语言提示学生进行正确的呼吸，对于初学者提示可以具体到何时吸气何时呼气。此外初学者可以一个动作分几次呼吸，动作就停在吸气结束的时候，但后弯的姿势除外，这样一次呼吸就已完成。尤其是简单的体位，提醒学生慢慢地适应呼吸和体位的相互配合，只有这样，瑜伽呼吸教学的效果才会更加明显。

总之，瑜伽习练时呼吸是可以练出来的，慢慢控制思维，别暗示自己刻意呼吸，逐渐将潜意识里的呼吸还原到自由、自然的状态，让呼吸和身体的动作协调起来。

呼吸对我们的健康而言，是非常重要的。练好瑜伽呼吸可以让我们的身体机能得到很好的提高，坚持瑜伽呼吸可以帮助我们调整心态，保持活力。在瑜伽课中呼吸法的运用非常关键，它贯穿了瑜伽课的始终，强调呼吸法掌握后，再进行瑜伽体式习练，这样才可以让运动起到事半功倍的效果。才能尽情享受瑜伽带给你的魅力。

第四节　高校瑜伽教学中表象训练

通过教学实验验证了瑜伽教学中运用表象训练比常规教学方法好，表象训练更有助于学生通过心理训练，使身体运动与大脑思维活动有机结合，以达到强化和加快瑜伽运动技能的准确形成，让学生迅速的掌握瑜伽技术动作，提高教学质量。

"瑜伽"，源于梵文音译。在古圣贤帕斯坦珈利所著《瑜伽经》中，准确的定义为："对心作用的控制"。瑜伽也有结合、联系、连接之意，即把精神、智慧和肉体完美结合起来。这也是瑜伽的宗旨和目的，即达到冥想而集中意识之义。瑜伽作为一种塑身美体、舒缓精神压力的体育运动项目，因为它对人们生理、心理有特殊作用，在城市中吸引了大批练习者。如今瑜伽也走进高校的课堂。瑜伽教学一般采取传统的示范法教学，即通过教师的示范、讲解、领做来完成教学任务。教学过程中，教师发现传统的教学方法会使学生感到很枯燥和乏味。运用表象训练进行教学，即利用人体的视觉、动觉、平衡觉、听觉等器官对刚建立的技术动作进行强化，可使学生建立正确、清晰的技术动作概念，加快技术动作的形成，为最终掌握瑜伽动作技术打下良好的基础。表象训练有助于发展学生的智力及心理认知能力，同时培养了学生学习瑜伽的兴趣，提高了瑜伽课的教学效果和教学质量。

一、研究对象和方法

（一）研究对象

江西现代技术学院公共体育课瑜伽选项班的学生，将其分为甲班和乙班，共女生100人，研究对象均为没有学过瑜伽且身体健康的专科学生。

（二）研究方法

查阅国内表象训练和瑜伽相关学术论文，了解到了相关理论和方法，采用教学实验法对实验对象进行分组，以两个教学班分组进行比较实验，甲班为实验组，乙班为对照组，各组人数为50人。对照组采用传统常规教学法，实验组则在传统常规教学的条件下运用表象训练法进行教学，两组教学均控制在规定的教学内容、时数的同一水平以及其他教学条件不变的情况下进行。实验研究时间为4个月，4个月后对学生进行所学内容的考核。

二、表象训练法的主要教学设计

（一）表象训练的概念

表象训练是体育运动中运用最为广泛的心理训练方法之一。表象训练就是在暗示语地指导下，利用所有的感觉对经验进行重现或再造的过程，即利用有关运动的所有适宜的感觉，如视觉、听觉、触觉、嗅觉、动觉、味觉等以及和运动经验有关的情绪或心境状态，在脑中反复想象某种运动动作或者运动情景进行演练，如重现过去的运动经验，创造新的运动形象或运动情境，从而提高运动技能和情绪控制能力的方法。在表象训练的理论与实践中，表象训练又被称为"视觉化"训练、意想演练和想象训练等。它不仅仅作为一种相对独立的心理学训练方法被广泛应用到运动实践中去，而且在其他一些心理学训练和心理干预的方法中也常常以表象训练为主要内容。

（二）表象训练在技能形成不同阶段的运用

学生掌握技能的形成要经历泛化、分化和巩固三个阶段。根据学生各阶段的生理特点不同，在瑜伽教学中表象训练的内容应有侧重。

在泛化阶段，学生大脑皮层处于兴奋状态并广泛扩散，这时他们的内抑制能力较差，易出现多余动作，视觉表象便起主导作用。这个阶段表现为肌肉的外表活动往往是动作僵硬不协调，不该收缩的肌肉收缩，出现多余的动作，而且做动作很费力。这些现象是大脑皮质细胞兴奋扩散的结果。为了让学生建立完整、清晰准确的视觉表象，教师的讲解示范应该讲究技巧，根据不同动作的技术特点，讲解应做到完整示范与分解示范相统一，正面示范与侧面示范相结合。教师在该阶段可利用图片、录像等多媒体教学手段使学生形成清晰、正确的视觉表象，对学生进行表象训练后要进行尝试性练习，使学生逐步形成动觉表象。

进入分化阶段时，大脑皮质运动中枢兴奋和抑制过程逐渐集中，由于抑制过程加强，特别是分化抑制得到了发展，练习过程中的大部分错误动作得到了纠正，能比较顺利和连贯地完成完整动作的技术，这时初步建立了动力定型。但定型尚不巩固，遇到新刺激，多余动作和错误动作可能会重新出现。这时教师特别注意错误动作的纠正，让学生了解动作的细节将促进分化抑制进一步发展，使动作更趋于准确，这对改进学生的技术动作十分重要。随着技术动作的逐步熟练，动觉表象的作用会越来越大。

巩固提高阶段，学生中枢神经的兴奋与抑制在时间和空间上更加集中和准确。此时，不仅是动作准确、优美，而且某些环节的动作可出现自动化，即不必有意识地去控制而能完成动作。在环境条件不变时，动作技术也不易破坏。但如果不经常练习巩固，已建立的动力定型还会消退，在该阶段学生可通过动觉表象，最后使动作运用自如。这时教师应多安排些帮助学生巩固动作的练习。

（三）表象训练法的步骤

实验组与对照组在场地、器材、内容的同等条件下，采用两种不同的教学方法分别进行了4个月的教学实验。

表象训练前，教师将根据教学内容制作的运动动作技术过程图片或战术示意图，发放于实验班学生，并进行讲解示范，使学生借助于想象，在脑中生动形象地重现教师的正确示范或重现图片、录像上技术动作形象，初步建立清晰动作表象并掌握基本动作。

在进行表象练习时，教师用明晰简练的语言引导学生练习。同时要求学生用同样语言记忆，并借助语言提示和巩固相应动作表象。如：三角伸展式：两手臂在同一条直线上——胸腔打开——膝盖伸直。学生随语言展开想象，反复的进行表象练习。

表象练习多次进行后，让学生进行身体练习，要求学生把视听信息变成为身体运动信息，逐渐增强学生动觉和肌肉感觉的控制能力，形成认知——动作的联结。此时，教师引导学生有意识地体验肌肉感觉，进行动觉表象的练习，逐步提高技术动作正确性，建立良好的动作本体感觉。

每次运用表象练习时，教师应激发学生在身体练习中获得成功时的情感动觉体验，以重现的方式加以巩固，并进行表象练习，使动作过程更加生动、真实，再进行身体体验。

学生每次进行身体练习前后，应做1~2次表象练习。在练习新动作时为使学生形成完整的动作表象，初步掌握动作，教师要发挥主导作用，以精练的语言提示并引导学生在脑中重现规范化动作或战术组合。其表象教学程序为：看示范、听讲解——

表象练习——身体练习。在复习和巩固动作时,其表象教学程序为:表象练习——身体练习——重点动作表象练习——改进动作身体练习。此间,以学生自我独立练习为主,教师除要求学生重现动作要领和形象以外,还要重现动作时机、时空、动作感觉等,教师应根据学生动作效果作及时的调整。

教师要总结每节课学生学习的情况、学习的进展、掌握的程度、出现的问题、取得的成绩,并给学生布置课后进行表象训练的作业。

教师应安排学生课外表象练习,利用睡前、起床后进行 3 ~ 5min 的表象练习。学生在这段时间里,自己在脑海中重现课堂所观看的录像、图片、教师的示范,以及在自己的学习过程中,像幻灯片一样反复再现。

在 4 个月教学实验结束后,采用双盲法对实验组和对照组进行测试。内容包括:坐位体前屈、左右劈腿、转肩和期末考试的套路。

三、结果与分析

教学效果的指标选用坐位体前屈、左右劈腿、转肩和自编的瑜伽套路为考核内容。

从实验前测得实验组和对照组的成绩来看,实验组的成绩没有明显的差别,这个结果表明实验的分组是合理的。实验后,实验组与对照组具有明显的差别。从实验组与对照组之间的成绩提高幅度(实验前后的差值)大小来比较,实验组的指标提高大于并优于对照组。实验组相比于对照组的成绩有较大的提高,由此说明在高校瑜伽教学中,采用表象训练法对于帮助学生学习和柔韧性有积极的促进作用。所以表象训练能调动和发挥大学生的主观能动性,能充分运用大脑思维,使"想"、"练"有机地结合在一起,避免在学习中机械的模仿现象。表象训练加速了动作技术的巩固,能有效地建立和形成正确的运动概念,不断地纠正练习过程的偏差。实验证明运用表象训练法进行瑜伽教学效果要比传统的教学法效果好。

实验组的考核成绩上升幅度也较大。实验表明,实验组在瑜伽套路的考核当中明显优于对照组。从而说明了表象训练法运用到高校瑜伽教学中比传统的教学法要好,教学效果更加显著。

四、表象训练法在高校瑜伽教学中的应用

(一)在瑜伽动作技能形成认知的阶段应用表象训练法

瑜伽动作技能认知阶段,是高校瑜伽运动教学的初始阶段。掌握此阶段的知识内容,不仅可以为学生后期的学习和训练,奠定坚实的技术,还能够有效地提高瑜伽教学的质量和效率。因此,教师在此阶段教学中,应用表象训练法,以此帮助学生对瑜伽动作形成正确的认知。首先,教师需要通过亲身演示的形式,将具体的瑜伽动作展

示给学生，以此使学生在脑海中形成视觉表象。其次，教师通过言语和肢体动作的引导，促使学生完整的还原出脑海中的动作。最后，教师在应用表象训练法时，不用过多地重视学生瑜伽动作的标准性，而是要将教学重点放在学生的瑜伽体位和整体的动作轮廓上。此外，认知阶段应用表象训练法的目的，应该以学生形成正确的瑜伽动作认识为重点，而不是以瑜伽动作要领训练为重心。例如，教师在开展"新月式"认知教学活动时，就可以采用表象训练法。如，教师为学生示范"新月式"动作，并要求学生通过视觉感官，在脑海中形成既定的动作表象。同时，教师还要告知学生，在做"新月式"动作时，要配合怎样的呼吸节奏。随后，鼓励学生不断地重复播放脑海中的动作表象，并且要在播放表象的过程中，合理地融入呼吸方式。如此一来，学生就能够在脑海中，对"新月式"动作产生完整的认知。此时，教师需要让学生还原出"新月式"动作，并且教师可以运用语言和肢体引导的形式，不断地提高学生的动作规范性。

（二）在瑜伽动作技能不断完善阶段应用表象训练法

在瑜伽动作技能不断完善的阶段，主要是以提高学生的动作标准性为主。所以在应用表象训练法时，需要教师不断地强化语言，以此提高学生对动作的理解，以及帮助学生形成熟悉、牢固的视觉表象。例如，教师在进行某一个体位动作教学时，可以根据体位动作的特点，起一个特别且形象的名字。当学生在做与此体位相关的动作时，教师就可以不断地强调体位名字，从而使学生可以通过名字不断地完善瑜伽动作技能。通过在瑜伽动作技能不断完善的阶段中，应用表象训练法，不仅提高了瑜伽教学的质量，还可以不断地完善学生的视觉表象，继而达到提高学生动作标准性的目的。

综上所述，在高校瑜伽教学中，教师应结合瑜伽教学的特点，以及学生的实际情况，采用表象训练法，不仅获得了良好的教学成效，还成功地激发了学生的学习兴趣。因此，教师仍需要在实际教学，以及不同的瑜伽教学阶段里，开展更加高效的表象训练法应用的形式，以此进一步提高瑜伽教学的质量。

第五节　高校教学中体育瑜伽体位

本文简要概述了高校体育教学中常见的祁阳式、猫伸展式、腰转动式以及前伸展式四种瑜伽体位法，进而对练习的时间地点、毯子、衣服、反向体位练习、倒立体位法、沐浴、练习强度等方面分析瑜伽体位法练习应注意的事项，希望能促进瑜伽体位法教学的安全开展，提高大学生的身体素质和心理素质。

瑜伽主要包括五大派别和八大体系，涉及体育、艺术、哲学以及科学等多学科知识，是身体、心理以及精神状态的有效修养方法。而瑜伽运动主要包括体位的调节、呼吸的控制以及精神的冥想三方面内容，在瑜伽体位法教学中要特别注意这三方面要素地协调配合，提高瑜伽体位法的教学效率，帮助大学生树立平和的心态，提高身体素质，增强心理承受能力，以饱满的精神状态积极面对大学生活中的种种机遇和挑战，促进自身的全面成长和发展，满足社会经济发展对综合型素质人才的需求。

一、瑜伽体位法基本简介

（一）祁阳式

祁阳式即"向太阳致敬式"。进行祁阳式瑜伽体位练习，需要体位、调息以及精神冥想的协调配合。具体而言，首先要保持自然的站立状态，确保两脚之间的距离接近肩宽，进而调节呼吸，缓慢吸气，同时从身体两侧将两臂向外化弧直至举向头顶上方，待吸气完成，将手掌转向前方，并保持两臂的平衡。然后开始呼气，并将身体和两臂以弧形向地面弯曲，待手接触地面时停止呼气，此时需要屏住呼吸，且要保持此姿态6到8秒的时间，同时要确保身体处于放松状态。而且要依据个人的实际身体状况来确定动作的强度，避免过度拉伸而损害身体。祁阳式瑜伽体位法练习，不仅有利于刺激呼吸系统、消化系统、呼吸系统以及内分泌系统的协调运动，还能增强肺部呼吸功能，加速血液循环，同时还可以使脊椎和腰部都到锻炼，增强体质，并有效缓解腹痛，同时还能促进消化和吸收，解除便秘问题。

（二）猫伸展式

猫伸展式的瑜伽体位练习需要跪在瑜伽垫上，将屁股坐在脚跟上，并保持背部挺直，同时缓慢地将身体向前倾斜，并伸直两臂使之与地面垂直。然后进行吸气、抬头和收背，持续6秒左右，紧接着进行呼气、低头并拱起背部，同样持续6秒左右。猫伸展式瑜伽体位法练习有利于增强人体脊柱的弹性，并促进肩颈放松，补养神经系统，同时还能促进人体血液循环，增强消化功能并消除腹部多余脂肪，具有良好的瘦身效果。而且，此姿势还有益于女性生殖系统，并帮助缓解月经痉挛痛苦，同时还能有效治疗月经不调。

（三）腰转动式

腰转动式瑜伽体位练习，首先要使双脚保持与肩同宽的距离，并十指交扣。同时要缓慢吸气，将手掌转向上方，进而缓慢吸气，再使身体向前弯曲直至双腿与背部成直角状态，同时双眼要向双手看齐，紧接着缓慢吸气，并将上身躯干转向右方，进而缓慢呼气，并将身体转向左方，重复四次这种呼吸和转向动作。然后，将上身躯干收回，恢复原来位置，并使身体恢复直立状态，进而放低手臂并松开双手，并重复整体动作。练习腰转动式瑜伽体位，主要有利于锻炼和补养手臂、腰部、背部以及髋关节，并使腹部各器官得到按摩，同时还能分散且减少腰围上的脂肪，塑造健美身形。

（四）前伸展式

进行前伸展式瑜伽体位练习，需要坐在瑜伽垫上，并使双腿向前自然伸展，然后使上身向后倾倒，同时将手掌移至髋后，并将十指指向双脚。进而弯曲膝盖，将双脚自然地平放在瑜伽垫上，接着一边收腹一边呼气，同时要轻柔缓慢地将臀部升离地面，接着双脚向前移动，使两膝伸直且不弯曲。此时，双臂要和地面垂直，而且要确保身体重心落在双臂和双脚上，并将头部自然抬起或者垂下，保持正常呼吸，保持此姿势10到30秒之间。进而缓慢呼气，并逐步将身体收回至起始姿势。练习前做伸展式有助于缓解疲劳，而且还能发展胸部，促进双腿、腹部及喉部的伸展，同时还能增强腕部和踝部的力量，促进血液循环，增强体质。

三、瑜伽体位法教学注意事项

（一）练习的时间地点

瑜伽体位法教学训练不适宜在饭后立刻进行，而且教学训练的最佳时间为日落前两个小时，这个时间段空气清新且环境幽静，且肠胃活动又慢，因此高校体育教学中可以尝试将瑜伽体位法安排在下午第一节课。而进行瑜伽体位法体育教学的地点，需要确保空气流通以及环境的安静祥和，要坚决避免在寒风凛冽或者是空气污浊的地方进行教学。

（二）练习的毯子和服装

进行瑜伽体位法教学所使用的毯子需要使用天然物质制作的可折叠式的毯子，确保毯子能隔绝地面和身体。要避免使用气垫或床垫，因为气垫和床垫不能给身体的脊柱足够的支撑，不利于瑜伽体位法的教学和练习。至于瑜伽体位法练习所使用的服装，要尽量保持衣服宽松以及轻便舒适，而且赤脚练习最好，在练习之前还需要摘下眼镜、手表以及手链等饰物，避免练习过程中造成的意外受伤。

（三）反向体位练习

在进行中、高等难度的瑜伽体位法练习时，需要注意反向体位练习。例如在后屈身之后要进行前屈身，在身体左边姿势做完之后要进行右边身体的重复练习，反向体位练习有助于身体恢复平衡状态，需要引起高度重视。

（四）倒立体位法

对于肠内有气体或者是存在发酵感、血液浓度过高或者是女大学生处于月经期时，要避免练习倒立体位法，因为在这种状态下进行倒立体位法练习，很可能引起毒素侵害大脑，也可能导致经期血液进入输卵管，危害身体健康。

（五）练习前的沐浴

在进行瑜伽体位法练习之前可以尝试洗个冷水澡，有助于提高练习效果，而在体位法练习结束后要禁止立刻洗澡。同时，在长时间日晒后，身体过热的情况下，也不适宜瑜伽体位法地练习。

（六）避免练习中扭伤

瑜伽体位法练习不宜用力过猛，很多学生在体位法学习初期会觉得肌肉僵硬，但坚持练习几周后肌肉会变得灵活。同时，学生在练习瑜伽体位法时要量力而行，切忌不可逞强，也不能性急，要确保动作缓慢，避免骤然用力，要在自身所承受的能力范围内进行体位法练习，一旦发现身体某部位疼痛难忍时需要立即终止练习，避免身体扭伤。

四、高校瑜伽体位法教学的功效

（1）保持体态健美，提高身体素质。高校开展瑜伽体位法教学，学生通过练习不仅能够增强呼吸系统功能，强化免疫系统，进而提高身体的抵抗能力，而且还有助于调节内分泌系统，提高身体柔韧度且消除多余的脂肪，帮助塑造健美的体态，提高身体素质，促进大学生的健康成长和发展。

（2）缓解精神压力，减轻心理问题。瑜伽体位法教学不仅能够对大学生身体各项机能进行调节，更有利于修身养性。在练习过程中，通过呼吸的调节以及精神的冥想，可以帮助学生树立平和的心态，并有效缓解精神压力，减轻心理问题，保持身心愉悦，促进大学生身心的健康成长。

综上所述，瑜伽是一项健身运动的项目。瑜伽体位法在高校体育教学中的开展，有利于帮助学生强身健体，缓解疲劳，消除紧张焦躁的情绪，在健身、塑形、意识形态以及生活方式方面具有积极的影响意义，而且适合作为终身锻炼的运动方式。对高校学生体育锻炼观念的树立，身体素质以及心理素质的锻炼都意义重大，可以在高校体育教学中得以拓展和深化发展。

第六章 体育舞蹈体能训练

第一节 有关体育舞蹈体能训练的理论基础

体育舞蹈国际组织被奥运会组织正式接纳后,体育舞蹈的竞技赛事也日趋频繁且规模也愈发庞大。尤其是2010年体育舞蹈成为广州亚运会的正式比赛项目,体育舞蹈的竞技性特点已经日趋明显。体育舞蹈项目的竞技性增强,是决定动作质量和技术发挥的关键,即体能也越来越受到关注。诚如所有的体育项目,体育舞蹈的十个舞种对于参赛运动员的体能有着很高的要求,运动员的体能好坏与成绩好坏有着直接的联系。无论是教练员还是运动员对于体育舞蹈体能的训练都开始有了新的思索和研究,目前的体育舞蹈体能训练的理论和实践都主要来自其他难美性项群的体育项目和体育舞蹈多年来的训练实践经验。

一、体育舞蹈体能与体能训练的基本概念

研究体育舞蹈的体能,首先需要了解有关体能的概念,只有清楚了解概念,才能深入认识体育舞蹈的专项体能,才能明确体育舞蹈体能研究的范围和内容。

我国训练学专家对体能所做的定义为:运动员体能是指运动员机体的基本运动能力,是运动员竞技能力的重要构成部分。在广义上,体能包括形态、机能和素质三个方面的状况;而在狭义上,运动员体能水平主要通过运动素质表现出来。而对体能地研究也主要是从狭义范围来进行的,即以"运动素质"为主要研究内容。对体育舞蹈运动的专项体能的概念借用运动训练学中的定义来讲,体育舞蹈专项体能是指体育舞蹈运动员的基本运动能力,是体育舞蹈运动员竞技能力的重要组成部分。该定义不能足够清晰地反映出体育舞蹈专项体能的特点。因而在此基础上,我们再结合体育舞蹈身体素质的要求,进行重新定义。根据国内外相关教练员和科研人员对体育舞蹈体能地描述,"体能"应是指运动员在体育舞蹈专项训练和竞技负荷下,最大限度地动员有关机能能力表现出身体难美和协调的动作。从某种程度上来讲,这种专项能力包括专项耐力,柔韧,协调,灵敏等。体能变成一种在专项活动中能对抗疲劳,以最大规格

和标准去完成动作的能力。体育舞蹈的竞赛是一种间歇性运动，运动员在比赛中的活动包括走路，跑步等低强度动作与跳跃，旋转，平衡控制等高强度动作地交替和循环使用。而完成这些动作需要有良好的柔韧素质、灵敏协调素质、力量素质、速度素质以及耐力素质来做基础。在体育舞蹈运动中，每项身体素质似乎并没有要求在其组合表现中达到极限，然而运动能力的贮备的确有利于运动员在场上做任何动作都挥洒自如，得心应手。这也是体育舞蹈运动场上制胜的关键因素，因而卓越的身体体能是体育舞蹈赛事的基础与保证。

体能训练，是指为提高运动员能力所采用专门的有针对性的训练，它是运动训练的组成部分；是结合专项需要并通过合理负荷的动作练习；是改善运动员身体形态，提高各器官系统机能的活动能力、充分发展运动素质、促进运动成绩提高的训练过程。体能训练是技术训练的基础。体能训练的根本任务就是要在运动训练中运用各种有效的方法和手段，使运动员各器官系统机能水平和身体形态得到全面提高，运动和心理素质得到全面发展，掌握大量运动技术和技能。从而为专项运动素质的充分发展，以及掌握、改进、提高专项运动技术和专项成绩创造条件。

和任何其他体育项目一样，体能训练是体育舞蹈运动体系的一项基础训练，也是一项专项适应性与辅助性训练。体育舞蹈的体能训练是指采用专门的训练方法与手段，结合体育舞蹈运动负荷特点以及技术特点，以改善体育舞蹈运动员的身体形态，提升体育舞蹈运动所需要的各种身体机能，且适应体育舞蹈训练和比赛，提高体育舞蹈运动的成绩。在体育舞蹈训练系统中，体能训练的目的旨在：

全面提升体育舞蹈练习者的身体机能，加强并完善运动器官、心血管与呼吸系统及植物性神经与中枢神经系统的运动功能。

提高健康水平，增强训练能力。

发展体能，包含掌握体育舞蹈动作的各项技能，达到动作完成的质量要求。例如：幅度、速度、力量、协调、灵敏等等。

改善身体的形态特征。

体能训练是训练体系中至关重要的环节，除了有科学严谨的训练计划和良好的训练方法以外，在体能训练实践中经验的摸索与积累也非常关键，尤其是对应的专项体能训练。这对于每个具体执行训练的教练来说很重要，一定要把握住该项目的体能特征和体能要求，才能做到有的放矢。

二、体能训练的分类

各个专项的体能需求千差万别，体能训练分为一般体能训练和专项体能训练。前者指运用多种非专项的体能训练手段所进行的旨在全面提高运动员身体形态、机能、素质和健康水平的基础性体能训练；后者指采用各种与专项有紧密联系的训练手段所进行的旨在提高专项体能训练水平的专门性体能训练。

（一）一般体能训练

一般体能训练是指运用多种非专项能力的体能训练手段所进行的旨在增进运动员的身体健康，提高各器官系统机能，全面发展运动素质，改善身体形态，掌握非专项的运动技术、机能和知识，从而为专项成绩提高打好基础的一种训练方式。由此可见，一般体能训练不是针对人体某一具体项目的体能训练。旨在促进练习者健康与全面的体能发展，为今后的训练奠定良好的基础。在一般训练阶段，并不需要更多地强调专项运动的训练和能力。在一项运动中，往往是身体的各项运动素质同时参与工作，而各运动素质之间又相互促进，相互制约，表现为运动素质的综合性。因而，在一般体能训练中，强调的是身体运动的基础与全面能力的训练。随着运动训练的水平不断提高，一般体能训练在不同的训练阶段就表现为专项体能训练的前提条件、辅助条件和提升条件等。

发展一般体能训练所采用的内容与手段也是多种多样且具有普及性地训练，主要是对全面发展运动素质，身体机能有益的身体练习手段，如球类运动，跑步、游泳、滑雪、划船、骑自行车、各类体育活动与体育游戏等。

在专项训练的各个阶段，决不能忽视一般身体能力的训练。如果一个优秀运动员只重视专项体能训练，会破坏人体素质整体协调能力的发展，因身体能力的短板效应，也会导致运动成绩下滑，如果运动创伤的反复出现，甚至出现过早地中断运动生命。因此，一般身体能力训练强调的是人体多因素综合参与运动的训练过程。

（二）专项体能训练

专项体能训练是指采用针对专项运动技能的专项素质的练习，以及与专项有紧密联系的专门性体能训练，最大限度地直接发展与专项成绩有直接关系的专项素质。为顺利掌握并能够高质量完成特定运动项目而进行的专门训练，以保证掌握专项技术在比赛中的有效应用，从而创造优异成绩的训练。

根据查阅难美性项群研究的资料来看，如竞技体操，艺术体操，健美操等。几乎所有的研究者在对难美项群的传统理论和运动实践深入研究后，都一致认为难美项目的人体运动能力应该分为七项：柔韧性能力、力量能力、速度能力、弹跳能力、平衡能力、协调能力、耐力能力。决定这一差别的原因在于，一般运动理论的代表们觉得弹跳力应属于力量能力或速度能力的范围，而协调能力本身就包含了平衡能力。相比起其他的难美项群，这七项素质也是体育舞蹈所要求的重要身体素质。所以，在本教材撰写中，当涉及人体运动能力分类的理论与实践问题时，我们建议：要依照体育舞蹈体能定义的七项分类实行。

1. 柔韧性能力——关节的灵活性——主动和被动地完成大弧度动作的能力。

2. 力量能力——在动力性或静力性时，肌肉用力克服外力动作的能力，包括伴随性外力动作与对抗性外力动作等。

3. 速度能力——在单位时间内快速完成动作的能力。

4. 弹跳能力——起跳高度的能力，取决于速度——力量的能力。

5. 平衡能力——保持静力性和动力性稳定姿态的能力。

6. 协调性能力——合理分配肌肉活动的能力。在这里也同样含有灵活性的概念：灵活性——快速转换动作姿态与快速掌握新动作的能力。

7. 耐力能力——抗拒疲劳的能力。

随着体育舞蹈竞技层次地逐级提高，在体育舞蹈界也有些教练在做系统的体能尝试，而体育舞蹈是多结构的运动项目，标准舞和拉丁舞在体能特征上还是略有差距，十个舞种的风格特征各异，因而练习者必须具备与之相应的身体条件和体能素质才能够完成体育舞蹈运动的各种动作。对体育舞蹈运动而言，协调性能力、平衡能力、柔韧性能力是最重要也是必须要最大限度发展的能力。

通过对体育舞蹈运动特点和体育舞蹈竞赛特点进行研究，体育舞蹈体能训练以提高动作的整体协调性是训练的最终目的。所以，不能单以速度、柔韧性、力量、耐力、协调性等单一指标的绝对数值作为评定运动水平高低的结论，而应该体现在不同动作间整体的表现上，每个动作要素的整体表现效果是核心，强调灵活流畅协调的动作单元和细节，这是体育舞蹈训练的主干。在安排体育舞蹈体能训练时，要合理的选择体现训练效果的动作，训练的任务就是要注重对肌肉能力和中枢神经能力的培养，即整体协调性的训练。

三、体育舞蹈体能训练的原则

（一）适应性原则

适应性原则表现在选择最佳的最能适应练习者和运动项目特点的训练手段，使练习者的身体素质及各种能力得以均衡地提高与发展。适应性原则同时还表现在选择合适的年龄段和时间去发展各项运动素质。专项身体素质训练地实施与评价，要考虑练习者的年龄段（敏感期），应该在发展身体素质最有利的年龄段内进行练习。

学龄前（幼儿）阶段：协调性和灵活性练习；学龄阶段：6~10岁被动柔韧性与速度练习；中学阶段：11~14岁力量、弹跳力、主动柔韧性、平衡等练习；高级别年龄阶段：15~17岁力量和耐力练习；17~22岁，综合能力发展阶段，包括体能与艺术的表现力等。再往后发展，则是维持高水平发展的阶段。

（二）结合性原则

在体育舞蹈的主要动作中，采用组合训练的方法，选择结构最接近最相似的动作同时展开训练。在运动训练过程中，切实做到体能训练，专项能力和个人特点的统一。越是优秀的运动员在个人特点的作用就越突出，因而在身体训练中，要充分发挥运动员有利于专项能力提高的个人特点，逐步改善不利因素的影响，利用整体协调的训练，把消极的因素控制到最小。把个人特点与专项能力，身体训练科学地融为一体，才能最大限度地挖掘人体运动能力。要全面发展体育舞蹈运动项目中的技巧动作、传统动作及创新动作。

在体能训练中，要结合体育舞蹈的专项特点进行练习，如灵活性训练可采用复杂的协调性动作练习、游戏活动练习及接力赛练习等。柔韧性训练主要是发展踝、髋关节的动力性练习，加强椎骨及肩部关节的弹性伸展、摆动、姿势固定及放松等练习。力量训练主要是注重手臂、腿和躯干力量地练习，可应用的方法有弯曲与伸直、外展与内收，以及跑、跳、弓步、下蹲等动作的循环练习。速度训练主要是完成高难度动作所要求地反应速度练习、身体速度练习、单位时间内要求达到的运动频率地练习。弹跳训练主要追求的是起跳的力量、速度和高度地练习，跳跃高度与跳跃耐力地练习。平衡训练是在难度增大的条件下，保持平衡姿势地稳定性练习。手段包括：动力性动作训练；刺激前庭分析器训练；无视觉的控制；支撑点的支撑面减小与支撑高度增加等。耐力训练是指在疲劳状态下，高质量高规格地完成各种动作地练习。

（三）超前性原则

相对于技术训练而言，身体素质的训练和发展要超前。不同的训练阶段，一定是身体能力先行，才有可能奠定对技术学习和发展的基本条件。在体育舞蹈技术训练的过程中，技术理念、技术环节和技术细节的高度体现，是要取决于良好的身体素质的。因而在我们的训练中，体能训练要有超前意识，同时还需要有超越现有体能要求的意识，因为良好体能的储备对于发展技术能力也是先决条件。在体育舞蹈项目中，随着竞技程度的日益激烈，看似并不需要太超越体能极限的动作技术去取胜，然而能获得裁判高分和观众认可的往往是参赛选手们的"绝活"，所有这些绝活需要突破选手个人身体能力极限去完成，以获取超越竞争对手的绝对优势。

四、体育舞蹈专项体能训练的方式

体能训练是指在保证动作完成质量的前提下，不断加大运动负荷范围和运动强度地训练。严格地讲，就是高质量完成动作地耐力训练。重要的是：要掌握体能训练的正确方法及恰当的运动负荷量与强度。

体能训练是训练体系中至关重要的环节，除了有科学严谨的训练计划和良好的训练方法以外，在体能训练实践中经验的摸索与积累也非常关键。所以说，理论教学和训练实践是相依相辅密不可分的。

在重大的国际比赛中，来自世界各国的参赛选手都要进行赛前训练。常用完成超出成套参赛动作的训练量进行，包括排除心理压力在内的赛前准备练习。但也必须考虑到，当赛前训练的负荷量增大至 1.5~2 倍时，将给比赛带来体能与精神方面的不利影响。计算数据证明，国家级优秀运动员在国际大赛期间，应该具备每天能够完成 30 至 50 支舞蹈成套动作的体能潜力。

体能训练的基本方式有：跑步、越野跑、游泳；连续 15~20 分钟的综合性健美操或节奏操练习；连续 15~20 分钟的不同风格的舞蹈基本练习；系列跳跃动作练习，如持绳跳练习等；成套动作框架练习；成套动作短暂间隙的循环练习；其他舞蹈的形体训练；特定的体能训练方式：如身体核心能力地训练等。

训练中对综合有氧无氧耐力的估计不足是体育舞蹈专业人员们始终存在的问题。应该注意到不断变化的大负荷运动能力训练对练习者的健康和运动寿命有着重要的联系和影响，并且要掌握好正确的呼吸方法：不加速，也不拖延，通过鼻腔进行均匀有力的呼吸。

五、体能恢复性训练

康复—恢复性训练是为消除大负荷运动后的不良影响，针对体能全面恢复地训练。体育舞蹈运动要特别注重运动员的神经系统和支撑运动部位（脊柱、踝关节、膝和髋关节）地康复—恢复性训练。

在运动员大负荷运动训练体系中，预防劳损性练习与恢复性练习同样重要。在开始训练前必须预先进行预防劳损地练习，训练最后，还要做恢复—康复性地练习。所采用的恢复—康复性手段，已在一览表中列出，这里推荐几项成功的恢复—康复性措施：专业保健师带揉捏地按摩；指导队员正确的坐姿、躺姿；水疗恢复—淋浴、桑拿游泳、海滨日光浴游泳；摄入维生素—鲜水果蔬菜、功能饮料、多种维生素片等；被动性睡眠—白天午睡、晚上充足地睡眠；情绪恢复措施—出席音乐会、看电影、参加舞会、户外旅游等。

六、体能训练参数的测试方法

对于体育舞蹈的教师或教练员而言，体能训练过程地控制是非常困难的，优秀并富有经验的教练员必须将理论知识、运动技能和动作技巧很好地融为一体进行指导训练，这就需要采用科学的测试方法准确获取体能训练中的各项参数，以指导自己确定正确合理的训练计划，并实施监控计划实施所获得的实际效益。

建立教学与训练中的测试制度，是帮助教练员正确控制训练过程的基本方法之一。通过测试得到的各项参数的帮助，能及时获得运动员训练过程中的准确情况，在教学与训练的指导中采用正确的方法，纠正其偏差和错误影响，而最终结果则是要通过正确地控制训练过程，不断地提高训练工作的质量。

在专项体能训练期间，只有通过测试准确获得训练过程中的各项参数，才能具有科学严格地高水平的指导训练全程，才能令运动员的运动成绩快速地不断得以提高。为准确获得专项体能训练过程中的各项参数，应该采用专业的练习与测试方法，必须遵循以下原则：

（1）被选择测试的动作与测试的方法，必须简单易行，便于操作。
（2）被选择的测试动作应该是同样年龄段的运动员都能完成和实现的。
（3）在测试结果不同时，要按不同年龄段选择最小（最不理想）的参数填写。
（4）进行测试的动作要尽可能科学、有效，能直接反映出所要求的身体素质，这样更有利于训练指导和练习提高。
（5）教练员应根据整体训练任务的需要，选择测试的动作和测试的次数。
（6）所有参加测试的运动员，应该在同等的条件和环境下进行测试。
（7）在单人连续测试时，如果是依照身体素质各顺序进行测试，有可能对后续动作地测试有相互的影响，最好是组间队员轮流进行各项身体素质的测试。

第二节　体育舞蹈专项体能特点

众所周知，良好的体能是提高运动成绩的基础，也是运动员承受大负荷训练和高强度比赛、获得优异成绩的前提条件。各个运动项目对于体能的要求有着很大的差异，因而对于体能训练地研究，一定不能脱离专项。所有该项目体能训练的内容，体能训练的方法以及体能训练的设计都要遵循该项目的体能特征。体育舞蹈项目的体能有着它固有的一种构成，我们从比赛时体能负荷特点就可以得出体育舞蹈的体能特征和对各项身体素质的要求。

一、体育舞蹈项目比赛的体能负荷特点

在一些重大的国际与国内的体育舞蹈比赛中，来自世界各国和各地的参赛选手都要进行多轮次地淘汰比赛，才能进入到最后6名次或者8名次的决赛轮次。绝大部分的比赛每一轮次的舞蹈是五支舞，每一支舞的时间是1分半（维也纳华尔兹和牛仔舞除外）。每一支舞的中间间歇不到15~30秒钟。当然轮次与轮次之间的间歇时间则根

据组织方的赛程安排。但就一般情况而言，选手所面临的常规的体能负荷特点是既要具备一分半钟全力以赴完成一支舞蹈的动作能力，同时又要有短时间间歇持续作战的能力。在标准舞和拉丁舞中，每个舞蹈的用力特点及供能方式上也略有差别。根据现在国内外的几个重大比赛的重要组别，如国内锦标赛的 A 组、专业院校组、英国黑池的业余组等等，要想进入决赛至少要比到 5～6 轮，一天之内要跳到 25～30 支舞蹈。很明显，这样的一种竞技强度，既要有单支舞的力量耐力和速度耐力，又要有舞蹈与舞蹈之间、轮次与轮次之间的快速恢复力，以利于每只舞蹈都能发挥最佳水平。

常用完成参赛成套动作 2～3 遍的训练量进行包括排除心理压力在内的赛前准备练习。但也必须考虑到，当赛前训练的负荷量增大至 1.5～2 倍时，将给比赛带来体能与精神方面的不利影响。计算数据证明，国家级优秀运动员在国际大赛期间，应该具备每天能够完成 9～20 遍成套动作的体能潜力。

二、体育舞蹈项目对各项运动素质的要求

（一）对力量素质的要求

体育舞蹈是表现力与美的典范，没有力量就没有体育运动美的体现。要分析和掌握体育舞蹈力量的作用规律，就必须了解内、外力及其相互作用。在体育舞蹈中，每个动作都通过男女舞蹈者之间的相互作用力（即内力）和地面对他们的反作用力、摩擦力（即外力）来完成，以及双人间的对抗性和引导型力量。外力是能观察到和感觉到的，而内力往往不为人所察觉。在一定条件下起主导作用的内力，让环境中的外力适应动作的要求。体育舞蹈内容多且复杂，因此，良好的力量素质是体育舞蹈选手体能建设的保证，是漂亮完成成套动作的基础。肌肉力量是基础力量，肌肉要对不同的训练内容和训练负荷逐步地适应，内容从少到多，负荷从小到大直至极限。而这个适应过程就是肌肉对各种不同刺激的记忆和感觉过程，这一过程所承受的"量"称为能力，并且这一过程所产生的结果即是通常所说的肌肉记忆能力。在舞蹈演绎中，肌肉能力爆发的适度往往能使舞蹈的展现起到画龙点睛的效果，使舞蹈作品展现得淋漓尽致。整体力量就是选手从事专项活动时各运动环节协调一致所表现出来的综合力量，它是选手专项能力的基础。

根据肌肉收缩形式，力量有静力性力量和动力性力量。选手在比赛中必须保持良好的身形和仪表。特别是标准舞比赛，选手必须自始至终都保持腰部肌肉收紧，上体保持稳定，充分地体现出选手身体内在肌肉的静力效应。一些步伐（以华尔兹为例）：旋转步（如外侧旋转步）、轴转步（双左旋转步）的旋转和摆动（如箭步）的动作都是动力性力量的体现。根据力的表现形式，力量有最大力量，要求男女舞伴都具有强有力的腰、背、腿和手臂力量。尤其是男士，体育舞蹈中男舞伴需要最大力量进行稳固

支撑、引导且给予女舞伴助力，以便女士充分展示动作。(如高位撤转)

爆发力。从体育舞蹈项目特征分析，大多只在体育舞蹈动作的某环节或某节拍需要爆发力，以表达舞蹈种类意境。舞蹈步伐是（如火箭步）跳起以及改变虚支撑面角度的重心前倾的跨步（如 Check）等。

速度力量，是体育舞蹈中最主要的力量。它是在有限的时间内伴随音乐持续不断地控制肢体关节各肌肉，展示体育舞蹈速度美的力量。选手必须在每拍做两个或两个以上的技术动作，特别是拉丁舞，选手每分钟要做大约150多个动作，平均每秒要做2～3个动作，动作速度快，难度大。

另外，根据体育舞蹈的项目特点，体育舞蹈的专项力量还包括双人间的对抗性和引导型力量。力量是速度的前提，当今体育舞蹈技术的难度显著增加，选手在比赛中更加注重动作速度与力度的体现。因此，体育舞蹈的专项力量训练在体能训练中的地位不容改变。

（二）对速度素质的要求

速度在许多运动项目中被看作是决定性因素。随着选手竞技水平的提高，比赛节奏越来越快，速度对许多动作的转换和完成质量都很重要。速度是舞蹈动作流畅的前提，如果动作跟不上音乐节奏，就谈不上舞步的轻快灵动与周旋翩翩了。拉丁舞奔放热情、亢奋热烈的风格特点更需要用速度来体现。以拉丁舞中的桑巴为例，它是2/4拍，每分钟52～54小节，在一小节里既要做脚掌的转动，又要做脚踝的升降还有膝盖的弯曲以及跨步、身体、手的动作。如果没有具备良好的快速移动能力，舞蹈中那些令人眼花缭乱的旋转与变化多端的动作将无法很好地完成。

（三）对柔韧素质的要求

柔韧素质是指人体各关节在不同方向上的运动能力以及肌肉、韧带等软组织的伸展能力。表面上看，在拉丁舞和摩登舞中，只有部分造型会有对柔韧素质的要求，其实不然。实践证明：柔韧素质能促使选手更快地掌握动作技术、提高动作质量、提升选手的机体活动能力，同时也能延长运动寿命、防止选手的运动损伤等。传统的运动训练当中，对体育舞蹈选手的柔韧素质较重视肩、胸、腰、髋、膝、踝的灵活性，这对完成技术动作的幅度、开度和表现是非常有利的。

（四）对耐力素质的要求

耐力素质是指机体坚持长时间运动的能力。随着体育舞蹈竞技水平的提高，体育舞蹈竞赛竞争变得相当激烈，正式的体育舞蹈比赛，虽然每种舞比赛的时间只有1分钟左右，但由于节奏快，技术要求高。同时为了赢取比赛，选手往往会跳很多难度较高的动作，如加快旋转的速度、步法上更加多变等等，这就使得动作的强度大大加大了。根据能量连续统一体的概念，1分钟左右的大强度运动，属于无氧耐力动作范畴。

但在实际比赛中，选手需要连续完成多个舞种、多个场次的比赛，持续时间长。因此体育舞蹈属于有氧和无氧混合的项目，对耐力的要求较高。

体能训练中的运动耐力主要指高强度长时间从事专项活动的能力。选手体能训练的运动耐力水平主要取决于：①功能系统的机能能力；②比赛中有效地利用机能潜力的能力；③疲劳情况下的心理素质和意志品质。体育舞蹈高组别选手必须参加五种舞比赛，且每种舞比赛的时间在 1 分 30 秒～2 分钟之间。由于音乐节奏快，选手必须在极短的时间内完成许多难度很大的动作，而且每个舞种比赛的间隙时间又很短（一般 30 秒左右），因此选手的运动强度是很大的。因此，体育舞蹈选手（尤其是全能选手）必须提高无氧耐力运动能力，以更好地适应比赛中高强度运动的需要，提高竞争能力。另外，每个体育舞蹈选手都会有自己的风格，目前世界"舞坛"中大致分为两种：一种是表演型（以俄罗斯选手斯拉维克 Slavik 为代表），一种是能力技巧型（以波兰选手乔安娜 Joanna 为代表）。我国选手由于身体条件和文化底蕴等原因，普遍以能力技巧型跳法为主。而能力技巧型选手需要有更好的运动耐力，才能保证在顺利地完成编排套路的同时，准确地表达音乐和诠释舞蹈，提高其表现力。

（五）对协调灵敏素质的要求

体育舞蹈较其他项目，动作更丰富、更复杂，因此需要选手有更好的身体协调能力和灵活性。协调能力主要表现在完成动作时全身的有机配合。在体育舞蹈中，主要是肌肉紧张与放松之间的协调、选手内在感受与外在表现的协调、音乐节奏与动作节奏的协调、男女双方配合的协调等。灵活性是指快速制动和转换身体动作与方向的能力，只有具有良好的灵活性，选手舞动时的移动与造型才能变得更加合理和自然。灵敏素质练习一般应安排在训练课的前半部分，在选手精神饱满、体力充沛、运动欲望强和兴奋性高的状态下进行。

1. 准确的时空判断和精确的肌肉本体感受

体育舞蹈是典型的双人舞。舞伴间不同的舞蹈动作有着紧密的联系，运动员在高质量完成成套动作的整个过程中，对本体和舞伴运动的方位、角度有着严格的要求。尤其是完成一些高难度的身体动作、舞伴间动作的配合，运动员不仅要对自身肢体方位进行精确控制，而且还要给予舞伴正确方位的引带和控制。因此，在完成成套动作的过程中，肌肉本体感觉的强弱，不仅直接影响了运动员对身体姿态的控制能力，而且还影响了对舞伴引带力的大小、方向，决定了最终呈现出的画面。总之，体育舞蹈运动员只有具备准确的时空判断能力和精确的肌肉本体感受，才能控制身体动作，引导舞伴在时空上的准确性，才能保证整体的运动轨迹及运动效果。

2. 快速的反应能力和应变能力

体育舞蹈技术复杂多变，技术动作的完成是在一瞬间通过视觉、听觉、动觉的协调配合做出快速反应的。运动员不仅要在规定的时间内对各种不同性质的动作进行快速感知,同时还要使各个有关分析器兴奋与抑制灵活转换,使动作与音乐协调配合、有节奏地完成。从目前国际体育舞蹈技术动作的发展趋势看,套路动作的节奏明显加快,动作数量增多,密度加大,对运动员的快速反应能力和协调能力提出了更高的要求。在国际高水平比赛中,每一组所有运动员在同场竞技并在规定的时间内展示自己的套路组合,在动作速率极快的情况下,运动员必须对场上千变万化的信息做出快速、有针对性的决策,从而合理运用技术动作,正常发挥技术水平。

(六)对弹跳素质的要求

体育舞蹈中的弹跳,并不等于传统概念中的跳跃,单纯追求高度。体育舞蹈的弹跳具有很强的技术性,对节奏、跳起姿态、轻巧程度、身体线条、身体控制、舞蹈韵味、面部表情等都有较高的要求。摩登中的快步、拉丁中的牛仔等都需要良好的跳跃技巧,因为很多动作不仅有跳起还有旋转。例如在一些跳起的造型中,需要选手跳起一定的高度,且步伐轻盈,当身体腾空以后,还要保持在空中的姿态,维持优美的线条,并且在空中找到停顿感,若有旋转动作,还要完成旋转度。此时不仅需要腿部的力量,同时需要腰部与腹肌的控制、手臂力量的运用、脚与脚踝的蹬力和整个身体的控制力等,即力量素质。由此可见,体育舞蹈中的弹跳技巧是非常复杂且综合性极强的技术,需要良好的力量基础才可以完成。

(七)对平衡素质的要求

人体平衡能力一般分为静力性平衡和动力性平衡两种。静力性平衡能力是指身体处于相对静止状下,控制重心的能力;动力性平衡是指身体在运动过程中控制重心和调整姿势的能力。这两种平衡力对体育舞蹈选手而言都是必不可少的。

以动态平衡在体育舞蹈中的运用为例。跳跃后的下落需轻巧平稳,一个跳起造型动作的结束通常以落地为结束标志,也可以说运动员落地的稳定性直接关系到动作的成功与否。稳定的落地动作不仅会使运动员的参赛动作赢得高分,也会为运动员的安全提供保障。运动员落地的稳定性与完成的动作质量、落地动作是否符合力学原理及身体平衡能力相关。而运动员下肢肌肉力量是制约动作完成质量、身体平衡能力的关键。因此,归根结底,运动员下肢肌群的力量大小决定着空中和落地姿态,所以力量还是体育舞蹈运动员最基础的素质。

第三节 体育舞蹈体能评定及训练

一、柔韧素质评定方法与训练发展

（一）发展柔韧性的理论基础

柔韧性能力是指关节的灵活性，即主动和被动地完成大弧度动作的能力，因而柔韧又分为主动柔韧性和被动柔韧性两类。其中，主动柔韧性取决于关节及周围肌肉的张力；被动柔韧性表现为外力作用下关节及周围肌肉的张力。影响柔韧性的主要因素有：关节结构；关节形状及关节面大小；连接肌腱以及肌肉的长度和弹性；调节肌肉紧张度和中枢神经系统的状况；环境温度：环境温度越高，柔韧性越好；昼夜周期：早上柔韧性下降；疲劳状态：疲劳时被动柔韧性提高，主动柔韧性减弱；遗传、性别及年龄：儿童及女性的柔韧性较好。

发展柔韧性的手段：放松性练习一般按照 12%~15% 的比例递增练习；重复弹性动作；被动地保持最大幅度动作；主动地保持最大幅度动作；逐渐增大幅度的摆动。

在体育舞蹈运动中，柔韧性练习对身体姿态的控制和完成高难度动作有着极其重要的作用，无论在哪一阶段的训练中都应该给予最大的重视。

在第一个训练周期，柔韧性练习要循序渐进，每隔一天训练一次，以便身体各部位都能适应训练。以后则需要每天进行训练，以免柔韧性反弹或不能得以更好的发展。

在正式进行柔韧性训练前，先要有充分的热身性准备活动，预防身体损伤，训练的最后还应安排恢复性练习。

（二）柔韧性评定的测试

1. 足部、膝部测试

（1）半蹲时踝关节的角度

开始姿势：站立，双臂前举，半蹲。控制姿势：3秒。

测试参数：测量小腿与脚背之间的角度。

（2）站立在体操凳上踝关节的角度

开始姿势：站立在靠近体操肋木的体操凳上，双手胸前扶肋木，腿伸直，脚后跟向下垂。

控制姿势：3秒。

测试参数：测量小腿与脚背之间的角度。

（3）双脚站立分开

开始姿势：靠近并侧对体操肋木站立，左手在腰部处扶肋木，右手叉腰。双脚分开至最大外展姿势。

控制姿势：3秒。

测试参数：测量双脚分开的角度。

（4）站立在椅子上身体前屈

开始姿势：站立在稳固的硬椅上面，身体前屈，双手向下，尽量延伸触地。

控制姿势：3秒。

测试参数：测量从椅子平面到双手中指间的距离。

2. 肩关节、腕部测试

（1）肩关节伸展的角度

开始姿势：背向墙壁坐立，双手高过头顶最大限度地伸直扶墙。

控制姿势：3秒。

测试参数：测量双臂与背部之间的角度。

（2）双手持绳转动肩部

开始姿势：用厘米做单位记号，双臂伸直由前向后和由后向前地转动绳子。

控制姿势：3秒。

测试参数：测量直臂转动时双手间的距离。

（3）腕关节伸展的角度

开始姿势：支撑跪坐，手指尖朝向身体，手掌尽量撑地。

控制姿势：3秒。

测试参数：测量小臂至手腕背部的角度。

3. 脊柱关节测试

（1）俯撑上体后屈

开始姿势：俯卧，双手支撑，体后屈，头部最大限度地接近臀部。

控制姿势：3秒。

测试参数：测量头部到地面的距离。

（2）桥

开始姿势：双脚分开站立，两臂上举，身体最大限度地后屈成桥状。

控制姿势：3秒。

测试参数：测量从脚后跟到双手中指间的距离。

（3）躯干转动

开始姿势：跪坐在椅子上，两臂侧平举，躯干最大限度地左右拧转。

控制姿势：3秒。

测试参数：测量两臂的水平轴和髋关节轴的角度。

4.髋关节测试

（1）横劈腿

开始姿势：可在平地上做，也可在两边垫有40厘米高物的中间横劈腿。

控制姿势：3秒。

测试参数：测量从地面至尾椎骨的高度。

（2）仰卧前举腿

开始姿势：仰卧，左（右）腿向前上方举起，臀部不离开地面。

控制姿势：3秒。

测试参数：测量前腿脚后跟到支撑点的距离。

（三）发展柔韧性的综合练习

1.发展踝关节柔韧性的练习

练习1：

开始姿势跪坐，双手体后撑地，提起双膝，身体向后从脚背向脚趾方向滚动，然后还原。

练习2：

开始姿势单腿跪姿，另一腿提膝，脚尖触地，向前和向内侧极限压脚背。

a- 右脚

b- 左脚

练习3：

开始姿势坐姿，两腿并拢伸直，双手压住双膝，勾脚，身体尽量向前屈。每组8次，每次4组。

练习4：

开始姿势坐姿，两腿并拢伸直，手撑地。

单臂上举，异侧腿最大限度地外旋上举去触及上举手臂。

a- 右脚每组8次，每次2组。

b- 左脚每组8次，每次2组。

练习5：

开始姿势双膝分开跪立支撑，上体直立，臀部尽量向下坐地。同样，也可仰卧，两腿弯曲并尽量向外分开。两脚背绷直。每组8拍，每次2组。

2.发展膝关节柔韧性的练习

练习1：

开始姿势坐姿，双腿并拢置于高处，双手后撑，另一人坐于练习者膝关节处。每组8拍，每次2组。

练习2：

开始姿势俯卧，两臂上举，借助舞伴帮助，向后上方向外展至极致。每组8拍，每次2组。

练习3：

开始姿势站立，两手握绳自然下垂，双臂由前向后及由后向前转肩。每组10次，每次2组。

3. 发展脊柱柔韧性练习

练习1：

开始姿势两人面对面站立，男伴扶住女伴的腰部，做弹腰动作。每组10次，每次4组。

练习2：

开始姿势俯卧，双手上举，借助同伴的力量挺身后屈。每组8拍，每次4组。

二、力量素质评定方法与训练发展

（一）发展力量素质的理论基础

力量是指人体克服外部阻力及反作用力的能力。按照一般的运动训练学理论来讲，力量能力划分为3种：最大力量、速度力量、耐力量。体育舞蹈负荷专项特征的力量划分应该是：静力性力量、动力性力量、爆发性力量。

● 静力性力量：含有较小的活动性动作，表现在对身体姿势的控制及身体某部位对重量物体地举起、拉伸、按压和下蹲等动作。

● 动力性力量：表现为大的移动性动作，场地跑、场地跳跃、场地滑行、场地跳跃性动作等。

● 爆发性力量：表现在单一的动作中，如转、跳等。

在体育舞蹈运动中，发展力量的理念为：①具备克服身体本身或身体某部分重量的力量。②具备克服自身或舞伴施加阻力的力量。③具备借用舞伴之间的力量，达到借力发力的目的。

根据解剖学特性，分类进行力量练习：发展手臂和肩部、腰部肌力量的练习；发展躯干和腿部肌力量的练习。

发展力量的方法：

重复用力方法：

（1）规定完成练习的次数。

（2）极限次数——根据自身力量条件，最大限度地设定完成练习的次数。

动力性用力方法：在规定时间内，最大次数地完成动作；

静力性用力方法：固定某种姿势，保持到足够长的规定时间；

最大用力方法：最大负荷地去完成练习。

（二）力量素质评定与测试

1. 腿部力量测试

（1）提踵立

开始姿势：右脚站立，左脚弯曲触及膝关节，两臂侧举，高提踵立和落踵练习。

控制姿势：3秒。

测试参数：记录不降低动作完成质量的提踵次数，用同样方法完成左脚的练习与测试。

（2）单腿前举控制练习

开始姿势：两臂水平侧举，右腿前举至90°，左脚提踵立，同样方法换右脚练习。

控制姿势：3秒。

测试参数：测量不低于水平角度的控制。

（3）仰卧分腿

开始姿势：仰卧，两臂侧平放，双腿并拢垂直上举并最大限度地分开，脚触及地面。

控制姿势：3秒。

测试参数：记录20秒钟完成动作的次数。

2. 腹部力量测试

（1）八级俯桥

开始姿势：俯卧肘撑，头、躯干和双腿在同一额状面上。

第一级：静力俯撑，30秒；第二级：抬起右腿，俯撑15秒；第三级：抬起左腿，俯撑15秒；第四级：右手前伸，俯撑15秒；第五级：左手前伸，俯撑15秒；第六级：抬起左腿，右手前伸，俯撑15秒；第七级：抬起右腿，左手前伸，俯撑15秒；第八级：回到初始动作，俯撑30秒。每一级之间无间歇，如出现不规范动作，提醒一次后仍不能正常完成标准动作，则视为该受试者无法完成该级别动作。

测试参数：记录完成级数。

（2）交叉仰卧起坐

开始姿势：四肢抬离地面，用一侧手去触对侧脚，连续交换练习。

控制姿势：3秒。

测试参数：记录30秒钟动作完成次数。

（3）控制角度

开始姿势：直角坐，双臂侧举或前举，双脚并拢前举成135°。

控制姿势：3秒。

测试参数：测定控制时间。

（4）五级侧桥

开始姿势：侧卧肘撑，身体各部分在同一额状面上，腿和躯干的角度为180°。

第一级：静力侧撑，30秒；第二级：抬起非支撑腿，侧撑15秒；第三级：向前摆腿到最大幅度，头、躯干和支撑腿保持同一矢状面，侧撑15秒；第四级：向后摆腿到最大幅度，头、躯干和支撑腿保持同一矢状面，侧撑15秒；第五级：回到开始姿势，侧撑30秒。每一级之间无间歇，如出现不规范动作，提醒一次后仍不能正常完成标准动作，则视为该受试者无法完成该级别动作。

测试参数：记录完成级数。

（5）躯干后屈转肩

开始姿势：俯卧，两腿固定同肩宽一样，两臂上举，两手指相握，躯干快速抬起至与地面垂直后肩部左右旋转。

控制姿势：3秒。

测试参数：记录30秒钟抬起的次数。

（6）躯干控制

开始姿势：俯卧，两腿分开稍宽于肩，两臂上举，双腿、躯干和双臂同时抬起至离地35厘米以上并控制住。

测试参数：测定控制时间。

3. 上肢及肩、腰背部力量测试

（1）加高俯撑

开始姿势：双手同肩宽，双脚放在增高物上俯撑，双腿直膝与躯干成水平姿势并保持。

测试参数：记录姿势控制时间。

（2）俯卧撑

开始姿势：双手同肩宽俯撑地，男受试者以脚为支撑，女受试者以膝为支撑，做俯卧撑（胸部须触底）。

测试参数：记录正确完成动作的次数。

（3）六级仰桥

开始姿势：仰卧，屈膝，双脚脚跟着地，双手交叉放于胸前，髋部抬起，使躯干、髋和大腿在同一额状面，躯干部需向两侧进行扭曲。

第一级：静力仰撑30秒；第二级：直膝抬右腿与左腿大腿平行，仰撑15秒；第三级：直膝抬左腿与右腿大腿平行，仰撑15秒；第四级：直膝抬右腿与左腿大腿平行后向外摆动到最大幅度，仰撑15秒；第五级：直膝抬左腿与右腿大腿平行后向外摆动到最大幅度，仰撑15秒；第六级：回到开始姿势，仰撑30秒。每一级之间无间歇，如出现不规范动作，提醒一次后仍不能正常完成标准动作，则视为该受试者无法完成该级别动作。

测试参数：记录完成级数。

（三）发展力量的综合练习

1. 四肢肌肉力量练习

练习 1：

基本姿势：仰卧，直膝，髋部向上抬起，髋部在最高点的控制。每组 30 秒，每次 2 组。

练习 2：

基本姿势：仰卧，两腿上举至 90°角位置，两臂侧举，双腿并拢和分开。每组 30 次，每次 2 组。

练习 3：

基本姿势：双臂屈肘与肩同宽，双腿屈膝以足尖为支撑，收腹团身。低头收腹缩臀，保持膝盖与垫面间 1 厘米距离。每组 40 秒，每次 2 组。

练习 4：

基本姿势：仰卧，两手自然置于身体两侧，双脚夹住瑞士球中部，并将球抬离地面 10 厘米，膝关节伸直，双脚连续用力夹球。每组 40 次，每次 2 组。

练习 5：

基本姿势：单脚支撑，另一只脚向后缚于无悬吊训练系统上；缓慢下蹲，至大腿与地面平行；向上跳起。膝关节不可内扣和超过脚尖，方向同脚尖方向。同样方法，换另一条腿练。每侧腿每组 15 次，每次 2 组。

练习 6：

基本姿势：单脚支撑，另一只脚向侧缚于无悬吊训练系统上；缓慢下蹲，至大腿与地面平行；缓慢回到开始姿势；膝关节方向与脚尖方向一致，且不可超过脚尖。同样方法，换另一条腿练习。每侧腿每组 12 次，每次 2 组。

练习 7：

基本姿势：将弹力环缚于双脚踝关节位置，一侧腿支撑，直膝做另一侧髋关节的屈、伸和外展。同样方法，换另一腿练习。每组动作每侧每组 30 次，每次 2 组。

练习 8：

基本姿势：两人并排站立，将弹力环缚于两人相邻的踝关节处，两人同时向相反方向用力做腿内收动作。同样方法，换另一腿练习。每侧每组 30 次，每次 2 组。

练习 9：

基本姿势：俯卧撑姿势，一手支撑于药球上；俯卧撑；迅速将药球拨到另一手支撑处，继续做俯卧撑；女性练习者可选用跪撑姿势。每组 10~15 次，每次 2 组。

练习 10：

基本姿势：俯撑与双耳的药球之上进行俯卧撑（可抬起一腿以增加难度）；女性练习者可选用跪撑姿势。每组 10~15 次，每次 2 组。

2. 核心力量练习

练习 1：

基本姿势：俯卧，躯干抬起至 90°，两腿伸直同肩宽，两臂前伸。向右和向左转体。每组 10 次，每次 3 组。

练习 2：

基本姿势：俯卧于瑞士球上，双手支撑地面，直膝上摆至最大位置。每组 30 次，每次 2 组。

练习 3：

开始姿势：俯卧于垫上，双手交叉置于前额下，双腿直膝上摆至最大位置。每组 30 次，每次 2 组。

练习 4：

基本姿势：双膝跪立，两手撑地同肩宽，手臂弯曲和伸直。胸部接触地面，躯干伸直。每组 25 次，每次 1 组。

练习 5：

基本姿势：仰卧，两腿同肩宽，两膝弯曲，两手在头部后面，下颚触及胸部，双手捏耳朵，肩腰部抬起至 45°。每组 25 次，每次 2 组。

练习 6：

基本姿势：仰卧于瑞士球上，肩关节着球，双脚分开与肩同宽，髋关节与大腿在同一平面上，双手持实心球上举，保持身体其他部位姿势，直臂左右转肩。每组 30 次，每次 2 组。

练习 7：

基本姿势：仰卧，双腿弯曲，小腿置于瑞士球上，双腿股后肌部位紧贴瑞士球，两臂侧举，肩关节贴于地面，做髋关节的左右旋转。每组 30 次，每次 2 组。

练习 8：

基本姿势：跪于瑞士球上，双手撑于地面，保持该姿势，髋部左右转动。每组 40 次，每次 2 组。

练习 9：

基本姿势：俯卧，头、胸部和下肢均抬离地面，双腿上下连续快速地打腿。每组 60 次，每次 2 组。

练习 10：

基本姿势：一人仰卧做直膝举腿动作，另一人在练习者举腿达到最高位置时给予不同方向的推力，练习者克服推力并完成举腿动作。每组30次，每次2组。

练习11：

基本姿势：仰卧，头、肩部和下肢均抬离地面，手臂前伸，双腿上下连续快速地打腿。每组60次，每次2组。

练习12：

基本姿势：侧卧，双臂持实心球上举，另一人站立于练习者双脚处，手臂自然前伸，手掌面对练习者，持球侧起，使球触到站立者手掌。同样方法，换另一侧练习。每侧每组30次，每次2组。

练习13：

基本姿势：坐姿悬脚，双手持实心球，直臂做俄罗斯转体动作。每组40次，每次2组。

练习14：

基本姿势：髋部在瑞士球上，呈侧卧姿势，双脚前后在一条直线上，抵墙，双手侧举，做躯干的侧起动作。同样方法，换另一侧练习。每侧每组30次，每次2组。

练习15：

基本姿势：俯卧肘撑于加高垫上，一腿折叠后伸，在保持该姿势的前提下单支撑腿做上下屈伸。同样方法，换另一腿练习。每侧每组25次，每次2组。

练习16：

基本姿势：仰卧，屈腿支撑，双臂上举，双手拉住弹力带，躯干向上抬起的同时，双手从头顶向下拉弹力带。每组30次，每次2组。

练习17：

基本姿势：仰卧肘撑在加高垫上，向上顶髋，使躯干、髋和下肢在同一直线上，静力保持该动作，每组30秒，2组。或直膝抬起一腿，两腿交换抬起，每侧腿抬起保持30秒，每次2组。

练习18：

基本姿势：仰卧，双脚踩在药球上，做连续顶髋动作。每组40次，每次2组。

三、速度素质评定方法与训练发展

（一）发展速度素质的理论基础

速度能力（速度）是保证在最短时间内完成动作时人体机能特性的能力。速度能力的表现形式是有区别的。速度能力的基本形式有：快速反应的能力、快速完成单个动作的能力、快速启动动作的能力（剧烈动作）、最快频率地完成动作的能力。体育舞蹈运动中大部分竞技动作都要求包括上述形式在内的综合性速度能力的发展。

1. 发展速度的手段

（1）快速反应的练习

①在变速运动中的身体动作进行不同程度的控制，如急停、快速启动等。

②选择性：按教练的意图完成动作。

（2）在体育舞蹈运动中，需要快速完成的动作如起跳、旋转及部分两人配合的动作。

（3）必须用最快频率完成的移动有：快速跑跳步、牛仔舞的弹踢腿等。

2. 发展速度的原则

（1）选用已掌握好的动作；

（2）在精力充沛时进行练习，不延长练习时间；

（3）练习难度逐渐增加。

3. 发展速度的方法

（1）环境轻松，用游戏、比赛等方式完成练习；

（2）控制速度节奏——计数、拍掌、节拍器、音乐等；

（3）用接近极限的速度对规范性动作进行连续重复的练习；

（4）条件的复杂化——在急跃升的状态下，在不舒适的状态下，带有不适应和意想不到的移动状态下练习；

（5）采用谁更快和谁更多等形式，进行比赛或游戏练习。

（二）速度素质评定的方法

1. 单个动作的速度测试

测试1：提踵立

基本姿势：站立，脚后跟并拢，脚尖分开，两肩下沉，两膝伸直。

测试参数：记录10秒钟完成提踵的次数。

测试2：举腿收腹

基本姿势：仰卧，双腿直膝摆至与地面垂直，双臂举至头顶上方，保持该姿势。开始信号发出后，卷腹，双手碰触脚尖。

测试参数：记录10秒钟完成动作次数。

测试3：立卧撑

基本姿势：蹲撑姿势，双腿同时蹬地呈俯撑姿势，迅速还原成蹲撑，原地向上跳起。

测试参数：记录10秒钟完成动作的次数。

测试4：弓箭步交换跳

基本姿势：开始信号后，小跳起的同时完成双腿的前后交换，髋部不大幅上升，弓箭步幅度大。

测试参数：记录 10 秒钟完成动作的次数。

测试 5：单腿快速内收

基本姿势：左侧卧，右腿缚于 SET 悬吊绳上，将髋关节抬离地面，左腿上摆与右腿靠拢，保证头、躯干和下肢为同一直线，做左腿快速的内收和外摆动作。

测试参数：记录 10 秒钟完成动作的次数。换另一侧方向测试。

测试 6：向侧分腿

基本姿势：仰卧，两腿向前，两臂侧举，两腿用力向侧分腿至最大幅度，并快速并拢。

测试参数：记录 10 秒钟完成动作的次数。

测试 7：沿地面摆动劈叉

基本姿势：坐姿，两臂侧举，根据信号，单腿延地面向后摆动成劈叉姿势，膝盖伸直，注意姿势。

测试参数：记录 10 秒钟完成动作的次数。同样方法，换另一腿完成。

测试 8：前摆腿

基本姿势：两手握横杆提踵立，单腿用力向上摆动至劈叉并力求最大幅度，腿落下时向支撑腿靠拢，两肩下沉，注意动作姿势。测试参数：记录 10 秒钟完成摆动的次数。同样方法，换另一腿完成。

测试参数：记录 10 秒钟完成动作的次数。同样方法，换另一腿完成。

测试 9：后摆腿

基本姿势：两手胸前扶墙提踵立，单腿用力向后摆动至劈叉并力求最大幅度，腿落下时向支撑腿靠拢，膝盖伸直，两肩下沉，注意动作姿势。

测试参数：记录 10 秒钟完成摆动的次数。同样方法，换另一腿完成。

四、弹跳素质评定方法与训练方法

（一）发展弹跳力的理论基础

弹跳力是指在最短间隔时间内，最大强度能克服地球引力的力量。具体表现为：在某一

时间内，身体克服地球引力，转为无支撑状态。身体克服地球引力而获得无支撑状态的高度

或远度是弹跳力指标的标准。弹跳力本身与弹跳耐力就是两个不同的概念，必须加以区别。弹

跳力是"速度－力量"两个因素组成，它取决于肌肉的力量、弹性和速度；此外，蹬地、腾空、落地

等技术也有着重要的意义。弹跳耐力则是描述弹跳力与保持能力的指标，是"耐

力—力量"两个因素组成。

1. 发展弹跳力的手段

（1）发展腿部肌肉弹性—伸张的练习；

（2）发展腿部、足部、小腿和大腿肌肉力量的练习；

（3）发展肌肉收缩速度的练习；

（4）技术完善与研究的练习；

①落地—触地方式和上升起跳方式：蹬地的弹性动作，单脚和双脚跳，配合手臂、头、躯干等协调动作；

②腾空—腾空阶段跳的姿势。

（5）跳的远度练习；

（6）蹬地—起跳的高度和远度练习：向上升、越过障碍、目标定向等；

（7）跳跃耐力练习：一连串跳步组合，持绳连续跳等。

2. 发展弹跳力的方法

（1）重复、反复地完成动作，但要有充分的间隔；

（2）速度准确定位；

（3）加大练习难度—在软或松散的场地，加大负重等；

（4）带游戏和比赛性。

（二）弹跳力评定的测试

测试1：原地纵跳

开始姿势：基本站立。预先半蹲，双脚用力蹬地，尽可能高地向上起跳（没有向下压弯曲动作），两臂配合向上摆动。

测试参数：将软尺固定在队员腰部，在软尺100厘米处标明测试标记，完成3次起跳，记录最好一次的成绩。

测试2：单脚原地纵跳

开始姿势：基本站立，预先半蹲，单脚用力蹬地，尽力地向上起跳，两臂配合向上摆动，根据软尺拉长度，确定起跳高度。

测试参数：软尺固定在队员腰部，下垂拉直，手柄固定在地面，完成3次起跳，记录最好一次的成绩。

测试3：立定跳远

开始姿势：基本站立，两脚分开与肩同宽，两脚用力向远起跳。

测试参数：测试开始姿势时足尖至起跳落地后与脚后跟间的距离，完成3次起跳，记录最好一次的成绩。

测试4：跨步

开始姿势：基本站立，完成用左（右）脚原地蹬地向远的跳步，并用左（右）脚落地。

测试参数：完成3次起跳，记录最好一次的成绩。

测试5：分腿跳

开始姿势：基本站立，两脚用力蹬地分腿起跳，右（左）腿在前，左（右）腿在后，两腿开度不小于170度。

测试参数：记录10秒钟内完成分腿跳的次数。

测试6：双摇

开始姿势：站立，双摇1分钟，出现第一失误则停止记录次数。

测试方法：记录完成双摇过绳跳的次数。

（三）弹跳力的综合训练

练习1：开始姿势—基本站立，两手叉腰，原地连续纵跳。40次，2组。

练习2：开始姿势—单腿站立，另一腿弯曲，脚尖触及支撑腿膝部，两手叉腰，单腿用力蹬地跳起。用同样方法换另一腿完成。20次，2组。

练习3：开始姿势—双脚蹬地跳起同时向右转体360°，两臂积极配合蹬地动作。用同样方向向左转体。10次，2组。

练习4：开始姿势—基本站立，双脚同时蹬地起跳并向前屈膝。20次，2组。

练习5：开始姿势—站立于台阶边缘，双脚脚掌处支撑，脚跟悬空，两手扶腰，完成连续提踵立动作。35次，2组。

练习6：开始姿势—站立于台阶边缘，左脚脚掌处支撑，脚跟悬空，两手扶腰，右脚悬空。

（1）左腿提踵立35次，2组；

（2）右腿提踵立35次，2组。

练习7：开始姿势—站姿，双手在腰部位扶肋木，两脚站立成一位姿势。完成：

（1）半蹲：1~2拍半蹲，3~4拍腿伸直8次，2组；

（2）全蹲：1~2拍全蹲，3~4拍腿伸直8次，2组。

（3）同样方法完成二、四、五位姿势的蹲。

练习8：开始姿势—面向体操肋木，双手肩部水平握住肋木，两脚用力蹬地跳起，两腿最大限度地向两侧分开。

练习9：开始姿势—侧对体操肋木，一手在肩水平位握住肋木，另一手积极配合动作分腿跳：

（1）右腿在前10次，2组；

（2）左腿在前10次，2组。

练习10：开始姿势—面向体操凳自然站立，双脚蹬地跳上体操凳，再从体操凳另一方向跳下，腾空时双腿尽力伸直。20次，2组。

练习11：开始姿势—侧向体操凳自然站立，双脚蹬地跳上体操凳，再从体操凳另一侧跳下，跳下腾空时双腿尽力伸直。20次，2组。

练习12：开始姿势—侧向体操凳自然站立，双脚蹬地跳上体操凳，再从体操凳另一侧跳下，落地后双脚蹬地，起跳越过体操凳，双臂积极配合动作的完成。15次，2组。

练习13：开始姿势—面向体操凳站立，一脚站于体操凳上，另一脚在地面支撑，做腾空交换腿跳动作。40次，2组。

练习14：开始姿势—侧向体操凳自然站立，双脚蹬地跳起越过体操凳，再跳回到初始位置。20次，2组。

练习15：开始姿势—侧向体操凳，一腿站立，另一腿弯曲，脚尖触及支撑腿的膝关节，单腿蹬地跳起并越过体操凳。

（1）右脚蹬地跳起12次，2组；

（2）左脚蹬地跳起12次，2组。

练习16：开始姿势：面对栏架站立，三次连续向前跳跃后，坐前后左右跳跃，之后继续向前跳跃。5次，3组。

练习17：开始姿势：侧向面对栏架站立，双腿侧向跳跃连续跨越栏架。5次，3组。

练习18：沙坑原地纵跳。40次，2组

练习19：沙坑半蹲跳。20次，2组。

五、平衡能力训练发展及评定方法

（一）发展平衡能力的理论基础

平衡能力是在不同的环境与条件下，保持身体姿势稳定的能力。从运动训练学来讲，平衡能力可以分为静力性平衡能力和动力性平衡能力，评价平衡能力的重要指标就是保持平衡的时间。在体育舞蹈的实践应用中，平衡能力反映出人体中枢神经系统功能的状态，这是体育舞蹈运动员能力的重要标准。

发展平衡能力的手段有：加强腿部和躯干肌肉力量的练习；减小支撑面的练习—双脚提踵、单脚提踵练习；加高支撑面的练习—在体操凳、平衡木上练习；视线控制之外的练习—闭上眼睛练习；刺激前庭分析器的练习—头部动作、躯干弯曲动作、转体动作、滚动动作、翻转动作等；动作结束姿势的定位—转体、跳步、波浪等。

发展平衡能力的方法为转体；判断方位的手段：在原有体育舞蹈平衡动作的基础上加大练习难度；游戏和比赛等。

（二）平衡能力的评定测试

测试1：巴塞

基本姿势：右脚支撑提踵平衡，左脚弯曲触及右腿膝部，两臂侧举。同样方法，换左脚支撑。

测试参数：记录控制时间，不能移动或改变姿势。

测试2：阿拉伯式

基本姿势：左脚支撑提踵平衡，右腿后举至90°，两臂侧举，同样方法换右脚支撑。

测试参数：记录控制姿势的秒数，不能移动和改变姿势。

测试3：控腿平衡

基本姿势：右脚支撑提踵侧平衡，左腿上举，左手上举握住脚，右手侧上举。保持姿势并完成10次立踵，之后一直保持立踵姿势，同样方法，换左脚支撑完成同样动作。

测试参数：记录控制姿势的秒数，不能移动。

测试4：双眼闭目的巴塞

基本姿势：左脚支撑提踵的平衡，右脚前屈膝足尖触及左腿膝部，两臂侧举，闭上双眼，换右脚支撑完成。

测试参数：记录控制秒数，不能移动和改变姿势。

测试5：平衡旋转

基本姿势：右脚支撑旋转360°，左腿后举至90°，两臂侧举。右脚支撑提踵立停住，保持平衡，左脚后举至90°，两臂侧举，用同样方法换左脚进行。

测试：记录结束姿势保持的时间，到出现第一个错误动作为止。

六、协调能力的评定方法与训练发展

（一）发展协调能力的理论基础

国外的一些运动训练学专家通常将协调能力划分为6种形式：

1. 对动作的动力性和"空间——时间"参数的判断与调节的能力；
2. 保持身体姿势平衡和稳定的能力；
3. 节奏感能力；
4. 空间定向的能力；
5. 随意放松的能力；
6. 动作配合能力。

还有一些专家认为，除了以上6种形式外还有4种能力：

1. 变换动作的能力；

2. 连接（组合）动作的能力；

3. 对变化的情况（位置）和不习惯动作及姿势的适应能力；

4. 对动作反应时间的控制能力。

体育舞蹈运动中，通常采用协调性、灵活性以及相适应的概念。

协调性是合理的组织肌肉群活动的能力，其中包括准确提供与身体运动相适应的速度和力量的能力。按照时间、空间和肌肉用力参数再现动作的准确性是评定协调性的标准。灵活性是身体本身及对外界快速反应的能力，包括快速掌握新动作、动作改变及变换环节的能力。

发展协调性和灵活性能力的手段有：肌肉放松练习；快速反应练习；身体各部位间协调动作练习；按时间、空间和肌肉用力地变换参数再现动作的准确性练习；技巧动作练习；非常规动作灵活性比赛。

发展协调性和灵活性能力的方法有：重复性；变换性；不同的开始姿势和结束；镜面完成；游戏和比赛等。

（二）协调性评定的测试

测试1：箭步式和滑步式

基本姿势：仰卧，两手位于躯干旁边，两腿在水平面完成箭步式，两手在垂直面完成箭步式，每经过5秒钟根据击掌声变换动作，双腿在垂直面完成箭步式，而双手在水平面完成箭步式。

测试参数：记录20秒内出现的错误次数。

测试2：协调性综合练习1

基本始姿势—直角坐，右手位于腹部，左手位于头上。右手在腹部做画圆动作，左手在头部轻微敲击。同时，左脚掌做"外展—内收"动作，右脚掌做"伸—屈"动作，每经过5秒钟，根据击掌声变换动作，右脚掌做"外展—内收"动作，左脚掌做"伸—屈"动作。双手做同样的动作。

测试参数：记录20秒内出现的错误次数。

测试3：协调性综合练习2

基本姿势—基本站立：1—双手叉腰，2—双手触肩，3—双手在背后，4—双手击掌，5—左手触鼻，右手触摸耳朵，6—双手击掌1次，7—右手触鼻，左手触摸耳朵，8—还原开始姿势。

测试参数：重复4遍，用时间和评分计算结果。

（三）发展协调性的综合练习

练习1：骑自行车

基本姿势—仰卧，两臂体侧自然下垂；腿部动作骑自行车；均匀、依次地做腿部运动。15秒，2组。

练习2：协调性综合练习1

基本姿势—基本站立；练习动作 - 右手弯曲，左手向下；左手弯曲，右手向侧；左手向侧，右手向上；左手和右手同上举；放下。

练习要领：开始稍慢，随动作完成的次数而加快动作速度，手臂变换姿势时，做到过渡准确。30秒，2组。

练习3：协调性综合练习2

基本姿势—基本站立；1—双腿起跳，落地成分腿站立，两臂前举；2—双腿起跳，落地成单腿站立，两臂自然下垂；3—双腿起跳，落地成分腿站立，两臂向侧举；4—双腿起跳，落地成并腿站立姿势，两臂下垂。各练习每组8次，2组。

练习4：协调性综合练习3

基本姿势—基本站立；1—右腿在后，足尖点地，右手指触肩，肘向侧，左臂上举，头向右转动；2—右腿并拢，右臂下垂，头转向正前方；3—左腿在后，跳尖点地，左手手指触肩，肘向侧，右臂上举，头向左转动；4—左腿并拢，左臂下垂，头转向正前方；5—向左转体1周，同时两手头上击掌，眼看双手；6—双腿起跳，空中屈腿，双手叉腰。各练习每组8次，各2组。

练习5：协调性综合练习4

基本姿势—左脚支撑，右腿向前，两臂上举；向前翻转1周，向前滚动1周，向前翻滚1次，体后屈。10~12秒每组，5组

练习6：协调性综合练习5

基本姿势—基本站立；连续前后分腿跳，体后屈。10次每组，2组。

练习7：背部向前的双脚远跳

基本姿势—基本站立；练习背部向前的双脚远跳。5次，2组。

练习8：滚动

基本姿势—基本站立；向体左侧、右侧各滚动5次。每侧5次，2组。

练习9：游戏"企鹅跑"

基本姿势—排成纵队；第一位在高于膝部的双腿间紧夹排球或石棉球，到达10~12步位置处的"到达标志"后再返回；用手将球传给同队的下一名队员，依次进行，直到最后一名队员完成后结束。（比赛时间三分钟）

练习10：过绳小跳

一人手持绳的一端，站在场地中间，沿地平面水平旋转已经打开的绳，旋转中绳经过背后换至另一手。其他参加者围成圆圈站立，当绳经过脚下时快速从绳上跳过，凡脚碰到绳或勾到绳者罚下，退出游戏圆圈。直到所有人退出游戏圈结束。

第四节　体育舞蹈形体训练的特点、内容、功能

一、形体训练的特点

（一）形体训练注重身体感觉的培养

在形体训练中是以摆动性动作、波浪形动作及弹性动作为基本运动形式。肌肉的合理紧张与放松是体现各类动作节奏性的关键，因此在动作中必须合理地调节参与运动的各肌肉群间紧张与松弛的关系，准确地运用和控制在不同空间及时间上肌肉的用力程度。只有这样才能避免不必要的肌肉紧张，使动作完成的自然、协调、流畅，并能达到锻炼身体的目的，更主要的是塑造美好的形体。在动作的选择和教学过程中，注意培养学生养成收腹、挺胸、立腰的站立姿态，肢体动作尽可能用长线条的动作来完成，以更好地塑造肢体的形态。身体动作与肢体动作的协调一致才能使动作更加优美。

（二）形体训练强调动作与音乐的和谐统一

音乐有助于练习者体会和感受各种动作的节奏、风格、速度强度等特点及其变化；有助于合理调节肌肉运动的力度变换，从而培养其节奏感和协调性；有助于激发练习者的情感，发展其丰富的想象力与表现力。音乐的节奏和风格特点与所配的动作相互一致，两者相融才能使形体操更富有感染力，使其更加专注的投入练习，完成动作的同时体会音乐的内涵，更好的完成动作，真正的达到愉悦身心的目的。

（三）形体训练必须合理运用轻器械

形体训练可通过各种轻器械进行练习，能进一步发展动作的协调能力和提高肌肉用力的敏感性与准确性。器械是身体的延长部分，与身体构成统一的运动整体，协调一致，融为一体，可以加大动作的幅度，使动作更加有节奏。器械不能被当作装饰，更不能静止不动，必须在完成各种身体动作的同时，充分合理地运用所持的器械，以体现出器械的运动特点与身体动作的完美结合。

（四）形体训练的运动强度适中

形体训练，无论是安排节奏欢快的动作还是舒缓流畅的动作，在教学过程中都会有放慢节奏的动作，让其更好地体会动作及身体的感觉，这个过程的强度自然是逐渐上升。当进行整段或器械动作练习时，运动强度就有所提高。虽然形体训练的强度不会很高，但能达到有氧训练的水平和锻炼身体的目的。

二、基本技术特点

（一）身体的挺拔感

基本的站立、行走练习中，首先要教给每一个学员身体挺拔向上的正确方法，重点强调收腹、立腰、挺胸、沉肩，在其他的一些动作中一样可以贯穿这一点。也就是说，通过形体训练，要让学生学会大胆地把胸挺起来，树立自信心，举止上更加优雅。

（二）身体动作的紧张与松弛

许多学生学会收腹、立腰的站立后，身体会有非常紧张的感觉，在教学中就要教会学生如何配合动作调整好呼吸，提高对肢体的支配能力，使身体动作紧张有度，而不会过度僵直。

（三）动作的伸展性

为了更好地塑造形体，要教会学生每一次抬手臂都要有手臂向远延伸的感觉，这个感觉并不是完全地伸直手臂，而是手臂和身体的形态一致，向一个方面延伸。腿的动作同样，每一次抬腿都应感觉腿在向远伸展，这一动作感觉要保证身体动作不变形。这几项基本技术，在教学中需逐步向学生渗透，不可刚开始教学就要求学生达到这三项要求，要逐个要求。当学生在练习过程中已经能够使身体挺拔起来，再要求学生把呼吸及身体的紧张与松弛贯彻到动作中来；当这一要求完成后再要求第三项。让学生的动作总有提高，同时心理得到一定的满足感。

三、形体训练的种类

形体动作内容繁多，性质各异。根据练习形式的不同，可分为徒手练习和器械练习两种。

（一）徒手练习

徒手练习是掌握各类身体动作技术，发展身体素质，培养协调性、节奏感和身体姿态的主要训练手段。只有在正确、熟练地掌握各种徒手动作的基础上，才能使持器械练习完成得准确、优美、自如。因此，徒手练习是形体训练的基础，尤其对初学者应特别予以重视。徒手练习包括：手臂与腿的基本练习、基本步伐与舞步的练习、摆动与绕环的练习、躯干弯曲的练习、波浪练习、跳跃练习、转体练习、平衡练习、弹性与松弛练习等。这些练习可以朝各方向去完成，也可以单个练习，更可以编成组合动作进行练习。形体徒手练习，吸收了芭蕾的基本训练内容，如芭蕾中的把杆练习、中间的控制练习和跳跃练习，同时也吸收了现代舞和爵士舞中的一些基本练习和中国古典舞中的一些舞蹈技术动作和训练方法。

徒手练习是形体训练的基础，通过徒手练习可掌握各类身体动作培养专项身体素质，培养协调性、节奏感以及良好的身体姿态。只有正确、熟练地掌握各类徒手动作，才能使成套动作完成得更准确、优美、幅度大、质量高。所有的轻器械动作都要和身体动作紧密糅合在一起，器械动作必须在同时完成一个身体动作或徒手动作时，才能塑造身体的形态和改善身体的姿态。

（二）持轻器械练习

徒手训练所使用的轻器械种类很多，除绳、圈、球、棒、带五种器械外，作为群众性表演和在一般教学活动中，还可以使用纱巾、旗、扇、手鼓、短棍等器械。除使用棒训练规定必须持两个器械进行练习外，其他项目在一般练习或表演时也可持双器械进行，如双球、双带、双扇、双旗等。无论运用何种器械，都应该充分表现出该种器械的特性，同时与身体动作达到协调一致的配合。

①绳：绳是轻快活泼的项目，绳的练习有助于发展弹跳力、速度、灵巧、协调力和耐力。由于绳子长而细软，要使绳在空中保持蛇形不变、图形好，并运用自如，必须掌握动作节奏和用力方法。

绳的基本练习内容包括：摆动、绕环和八字绕、跳过绳、连续小跳和大跳过绳、抛接绳及缠解绳等。

②圈：圈在形体训练中属于幅度较大、变化较多的一种器械，它有助于培养灵活、快速、协调和准确性及勇敢果断的意志。

圈的基本练习内容包括：摆动、绕环和"8"字绕、转动圈、翻转圈、旋转圈、抛接圈、在身上和地面上的滚动圈以及跳过圈和钻圈等。

③球：球是人们熟悉的器械。初学者常用球作为第一种器械练习，球的练习有助于发展灵活性、柔软性、协调性和准确性。

球的基本练习内容包括：摆动、"8"字绕球、拍球、弹起球、在身上和地面上滚动球、抛接球和转动球等。

④棒：棒是唯一两个器械的项目。由于它要求两臂同时、依次或相反方向地完成各种动作，对协调性和判断力要求特别高，所以通过棒的练习可有助于发展灵活性和协调性，以及培养勇敢顽强的意志与品质。

棒的基本练习内容包括：摆动、绕环、不同方向的小绕环和五花，同时或依次的、单棒或双棒的、同方向或反方向的、高或低的抛接棒及敲击棒等。

⑤带：带的练习给人以十分流畅和优美的感觉，可以培养动作的灵巧、优美和协调性。由于带长达6m，又十分柔软，很易打结和缠身，所以掌握带的技术需要有很好的协调性。带的基本练习内容包括：摆动、绕环、蛇形、螺形、8字形及抛接带等。

四、形体训练的功能

形体训练作为一个健身项目，训练过程中既要达到强身健体的功效，又要达到塑造身体形态和改善身体姿态的目的，培养良好的站姿、走姿。所以它既有有氧健身操的锻炼价值，又不失舞蹈的柔美特色，使锻炼者在优美的音乐伴奏下，能够充分感受美，表现自我，以达到愉悦身心的目的。

（一）塑造形体美功能

"形体"分为姿态和体形。姿态是从平时的一举一动表现出来的行为习惯，受后天因素的影响较大。而体形则是身体的外形，虽然体育锻炼可适当改善体形外貌，但相对来说遗传因素还是起着决定性作用。

良好的身体姿态是形成一个人气质风度的重要因素。形体练习的身体姿态的要求与日常生活中良好姿态的要求基本一致，因此，通过长期的形体练习有益于肌肉、骨骼、关节的匀称与和谐发展，有利于改善不良的身体姿态，形成优美的体姿，从而可以在日常生活中表现出一种良好的气质与修养，给人以朝气蓬勃、健康向上的感觉。

（二）达到修饰和锻炼身体局部的作用

在分解教学中，可将成套动作进行分解细化，形成单个动作。单动作的练习，可充分体会参与这个动作的身体局部的感觉，从而既学会了动作，又体会到了这一身体部位的动作感觉，达到局部锻炼的目的。

（三）培养良好的气质风度，提高生活和工作质量

形体训练中包括了许多种不同的走、跑、跳等动作，以及呼吸和身体的紧张与松弛的练习，身体局部的伸展等练习内容和方法，都是为了使学生更多地体会身体的感觉。例如，你在进行各种走的练习时，首先要体会站立时的身体位置，再通过各种走的练习，就会使你的站姿和走姿更加优雅，在生活和工作中，也就增添了一份美丽和自信。又如练习中注意动作的松弛，工作疲劳时，就可以利用一些放松动作来快速调整体力，提高学习和工作效率。

（四）使学生充分抒发美的感受

形体训练中每个人都有获得美和表现美的机会。学习单个的动作过程，也就是带动学生来体会动作、体会美。每个人通过自己的感受来获得美，这个美是身心两方面同时获得的。当熟练掌握整段动作后，每个人可以通过自己的肢体语言来表达内心的感受，因为这个时候对动作已经掌握，可以把更多的精力转移到对音乐的理解上并展示自己的体会。

第五节　体育舞蹈形体教学的特点及要求

形体教学是教师按照教学计划的要求，是向学生传授形体的知识、技术、技能以及发展学生的身体并对其进行思想教育的过程。在教学中必须遵循各项体育教学原则，并根据形体训练项目的特点，正确运用各种教学方法。

一、形体教学的特点

由于形体动作类型丰富多样，因此在教学中必须根据学生具体情况（年龄、素质、技术水平等），恰当、合理的选择教材和运用教法，做到因人施教。教材内容一般应由易到难；由简渐繁；动作速度由慢到快；先学单动作再进行联合，练习较复杂动作，应先分解教学再完整练习等。

在教学中应重视教师的自身表现和主导作用的发挥，这对学生获得形体动作美的直观感受有着重要作用。例如，教师情绪饱满的精神面貌，整洁合体的运动服装，优美舒展的动作示范，简练生动的要领讲解，准确清楚的节拍口令，及时的动作提示与纠正错误等，对激发学生学习兴趣，促进形体教学，顺利完成教学任务起着极为重要的作用。

应重视基本姿态的训练。正确的姿态是表现形体动作优美的关键，也是学生身体生长发育时期不可忽视的一个重要部分。因此，艺术体操教学中要注意养成学生良好的身体姿势，逐渐塑造其健美的体形。在此基础上，应严格训练身体各部位的基本姿态，使其符合形体训练的要求，如膝盖、脚面的绷直，腿部的外开，收腹立腰的姿态控制，手形与手臂位置的准确，以及头部动作的配合等，都应做到形体动作的规范化。

应重视身体素质的训练。良好的素质条件是顺利完成形体训练中各种技术动作的基础。因此，在全面提高身体素质的同时，应注重形体的专项素质训练，尤其是肩、胸、腰、腿的柔韧性及动作的灵敏性。

扶把练习是进行徒手动作教学与训练的主要辅助手段，可为掌握各类身体动作的技术打下良好的基础。尤其对增强下肢的力量，提高腰、背的控制力、动作平衡能力，以及培养各部位的正确姿态等有显著效果。因此，教学中应根据学生实际情况，适当选择一些把杆的基本动作进行教学。所选内容应突出重点，讲究成效，不宜过繁。

当学生已掌握一定的徒手基础动作后，应恰当地进行持轻器械动作的教学。对初学者不宜同时进行多种器械项目，应有计划的逐项进行。教学时应重视熟悉器械的性能、正确掌握器械的握法和各种基本技术的训练，同时要加强左手运用器械的训练。

当掌握器械技术后，还应加强身体动作的协调配合。

在掌握若干单个动作的基础上，应重视并及时进行组合动作的教学。形体各类组合练习是培养学生协调性、韵律感、表现力以及巩固和提高所学各类动作技术的有效手段。所编选的组合动作应符合教学任务及学生水平，如对初学者应编排以巩固基本动作为主的、简短的、有规律的组合；对有一定技术基础的学生，可使组合的内容、结构及其长短等有所变化，难度有所提高。进行组合动作教学时，一般先分节（分段）教学、逐节（逐段）连接，再完整练习。

教学中应充分利用音乐伴奏。所选配的音乐在性质、节奏、速度等方面要与所做的动作和谐一致，以利于培养学生的韵律感和激发其动作的表现力。无论单个动作或成套动作练习在初配音乐时，教师可同时辅以节拍口令。

在教学中应重视对学生的能力培养。通过提问、相互观摩、评议及编排动作等组织手段，以培养学生的讲解、示范、观察分析、纠正错误及编排组合动作等能力。

二、教学要求

（一）音乐的选择

首先选择熟悉且非常喜欢的音乐，其次可变换使用不同风格的曲子，根据曲目的风格特点来创编相适应的动作，以达到调解课堂气氛的作用。

（二）动作的创编

根据不同风格音乐来创编符合音乐特点的动作。动作的难易、连贯、变化，包括身体的位置、方向和节奏，以及参与动作的身体位置及动作难度的变化。

（三）动作的分解

让不同的学生都能跟上授课内容，是一件不容易的事情，所以就需要教师把教授的内容准备得非常充分。最重要的一点就是把编排好的动作内容尽可能地细化分解成最简单的动作，先把脚下的步伐动作分解成最简单的步伐，再配合手臂动作，最后再把身体动作加上。进行身体动作练习时可以从原地动作开始，新学的单动作教学可以把节奏放慢，反复做几遍后用正常速度再做。学会 1~2 个动作就要和前面的动作连贯练习，使学生产生动作与动作之间有前后关系的感觉。连贯练习也要在慢节奏完成的情况下再用正常速度来做。

三、教法特点

（一）语言引导与动作示范相结合

在形体训练中，学生首先是对动作进行模仿，最直观的知道教师要教给他的动作，所以说教学中的肢体语言比文字语言能够更有效、更准确、更快速的传递给学生，尤其是在要把动作感觉传授给大家时，更需注意动作要充分、夸大、意图明显，再配合上语言提示，学生就会很快理解教学要点。这时的语言提示一定要及时，这样学生就能很快跟上节拍。

（二）及时反馈

在教学中，及时反馈对学生的评价，以及动作是否正确到位等，这样做是很有必要的。第一，增进教师与学生之间的交流；第二，学生能够及时知道自己动作的对错，以提高动作质量，增强自信。这个反馈，可以是语言、手势、眼神等，教师的表情和精神面貌会影响学生的情绪，所以教师上课时一定要精神饱满，学生才会被教师的情绪所感染，进入最佳状态。

参考文献

[1] 曲宗湖，杨文轩. 学校体育教学探究 [M]. 北京：人民体育出版社 .2000.

[2] 李元伟. 科技与体育—关于新世纪体育科学技术发展问题 [J]. 中国体育科技，2002，38（6）：3-8，19.

[3] 徐本立. 运动训练学 [M]. 济南：山东教育出版社，1990：228.

[4] 王智慧，王国艳. 体育科技与体育伦理辨析 [J]. 体育文化导刊，2016（6）：146-148.

[5] 曹庆雷，李小兰. 前沿科技与体育 [J]. 山东体育科技，2004，26（1）：37-38.

[6] 董传升. "科技奥运"的困境与消解 [M]. 沈阳：东北大学出版社，2004：15.

[7] 张朋，阿英嘎. 科技与体育的对话—利弊述评 [J]. 福建体育科技，2015，34（4）：1-3.

[8] 谢丽. 从奥运会比赛成绩看运动器材的变化 [J]. 体育文史（北京），2000（4）：52-53.

[9] 杜利军. 奥林匹克运动与现代科学技术 [J]. 中国体育科技，2001（3）：6.

[10] 于涛. 从哲学角度再认识身体对揭示体育本质的意义 [J]. 上海体育学院学报，2008（3）：18-20.

[11] 张洪潭. 体育的概念、术语、定义之解说立论 [J]. 西安体育学院学报，2006（4）：1-6.

[12] 张庭华. 走出体育语言——从语言学界的共识看媒体体育语言现象 [J]. 体育文化导刊，2007（7）：50-53.

[13] 黄聚云. 从哲学角度再认识身体对揭示体育本质的意义 [J].2008（1）：1-8.

[14] 爱德华·萨丕尔. 语言论 [M]. 北京：商务印书馆，1985.

[15] 于涛. 体育哲学研究 [M]. 北京：北京体育大学出版社，2009.

[16] 董文秀. 体育英语 [M]. 北京：人民体育出版社，2009.

[17] 伊恩·罗伯逊. 社会学（下）[M]. 北京：商务印书馆，1991：719.

[18] 汪寿松. 论城市文化与城市文化建设 [J]. 南方论丛，2006（3）：101.

[19]R.E. 帕克. 城市社会学 [M]. 北京：华夏出版社，1987：41，154.

[20] 乔尔·科特金. 全球城市史 [M]. 北京：社会科学文献出版社，2006：3.

[21] 卢元镇．体育社会学[M]．北京：高等教育出版社，2001：211．

[22] 乔治．维加雷洛．从古老的游戏到体育表演[M]．北京：中国人民大学出版社，2007：107．

[23] 王祥荣．生态与环境——生态可持续发展与生态环境调控新论[M]．南京：东南大学出版社，2000：55．

[24] 郑杭生．体育学概论新编[M]．北京：中国人民大学出版社，1987：345．

[25] 周爱光．体育本质的逻辑学思考[J]．武汉体育学院学报，1999（2）：19-21．

[26] 熊斗寅．"体育"概念的整体性与本土化思考：兼与韩丹等同志商榷[J]．体育与科学，2004（2）：8-12．

[27] 王春燕，潘绍伟．体育为何而存在：20世纪80年代以来我国体育本质研究综述[J]．体育文化导刊，2006（7）：46-48．

[28] 宋震昊．"体育"本体论（二）：体育概念批判[J]．南京体育学院学报：社会科学版，2006（3）：1-6．

[29] 胡科，虞重干．真义体育的体育争议[J]．南京体育学院学报：社会科学版，2010（4）：59-62．

[30] 张军献．寻找虚无上位概念：中国体育本质探索的症结[J]．体育学刊，2010（2）：1-7．

[31] 崔颖波．"寻找虚无的上位概念"并不是我国体育概念研究的症结：与张军献博士商榷[J]．体育学刊，2010（9）：1-4．

[32] 何维民，苏义民．"体育"概念的梳理及匡正[J]．武汉体育学院学报，2011（3）：5-10．